AF878059

TRABAJO Y MIGRACIÓN INDÍGENAS EN LOS ANDES COLONIALES

Nicolás Sánchez-Albornoz

Trabajo y migración indígenas en los Andes coloniales

Banco Central de Reserva del Perú

IEP
Instituto de Estudios Peruanos

Serie: Historia Económica, 37

© Banco Central de Reserva del Perú
Jr. Santa Rosa 441-445, Lima 1501
Telf.: (51-1) 613-2000
www.bcrp.gob.pe

© IEP Instituto de Estudios Peruanos
Horacio Urteaga 694, Lima 15072
Telf.: (51-1) 200-8500
www.iep.org.pe

ISBN: 978-9972-51-996-3
ISSN: 2071-4246
Impreso en Lima, Perú
Primera edición: Lima, junio de 2020
1000 ejemplares

Hecho el depósito legal en la Biblioteca Nacional del Perú: 2020-04019
Registro del proyecto editorial en la Biblioteca Nacional: 31501132000255

Asistente de edición: Yisleny López
Corrección de textos: Daniel Soria
Diagramación: Silvana Lizarbe
Diseño de portada: Gino Becerra
Cuidado de edición: Odín del Pozo

Prohibida la reproducción total o parcial de cualquier parte de este libro sin permiso escrito de los editores..

Sánchez-Albornoz, Nicolás

Trabajo y migración indígenas en los Andes coloniales.

Lima: BCRP, IEP, 2020. (Historia Económica, 37)

W/05.01.01/H/37

1. HISTORIA ECONÓMICA; 2. TRABAJO; 3. MITA; 4. ÉPOCA COLONIAL; 5. MIGRACIÓN; 6. CONDICIONES SOCIALES; 7. MIGRACIÓN RURAL; 8. SIGLO XVI; 9. ANDES; 10. PERÚ

"La grosedad del Perú son los indios que hay desde el Cuzco hasta Potosí".

Antonio de Ayanz, 1596

Índice

Índice de cuadros, figuras, mapas e ilustraciones

Índice de cuadros

Índice de figuras

Índice de gráficos, mapas e ilustraciones

Prólogo

La ocupación europea del territorio americano conmovió de improviso la vida de sus habitantes. Alteró desde el medio circundante y el comportamiento biológico habitual hasta los complejos sistemas económicos, sociales, políticos y culturales cimentados a lo largo de milenios. Un cúmulo de vicisitudes ineluctables trastornó la alimentación, la reproducción y el trabajo diarios. Las perturbaciones prosiguieron en el siglo siguiente por otros conductos y por otras razones, ahondando la distancia que alejaba a sus pobladores de la vida llevada hasta entonces. Este libro se centra en las transformaciones sobrevenidas en la actividad y movilidad laborales de los Andes centro-meridionales en el siglo posterior a la conquista. Deja hablar a los ejemplos. En las mismas etapas, reúne estudios ya publicados y capítulos inéditos. Esta compilación corona una inquietud larga y duradera del autor. De despedida, no volverá a ocuparse del tema.

Del trabajo en los Andes coloniales se ha escrito bastante —además de con rigor y acierto— acerca de las condiciones en las que este se realizó en las minas, en las encomiendas y en las haciendas; pero se ha prestado menos atención a cuestiones previas, como son el ineludible enfrentamiento entre las prácticas y concepciones laborales locales e importadas y la dislocación en multitud de vaivenes de la mano de obra, así como la sustitución progresiva de la fuerza muscular indígena por la energía proporcionada por animales domésticos.

El presente volumen, diverso pero trabado, agrupa en tres apartados nueve ensayos sobre trabajo, movilidad y sustitución energética. Una síntesis de cada uno de los temas abordados resulta prematura. Queda mucho por averiguar en cada uno. Los ensayos reunidos pretenden más bien desbrozar terrenos y apuntar pistas para investigaciones más detenidas. El texto breve que precede a cada apartado pretende contextualizar la cuestión por tratar.

Los dos capítulos inéditos (4 y 9) más los dados a conocer antes (1, 2, 3, 5, 6, 7 y 8) responden a una misma intermitente inclinación de la que el autor se apartó de tanto en tanto, tentado como estuvo por digresiones atractivas. La seducción ocasional solo consiguió posponer el propósito perseguido. El presente libro pone remedio a la postergación extemporánea. Reúne capítulos, viejos y nuevos, y los dota de unidad. Los textos conocidos circularon en revistas o libros, a modo de artículos o capítulos, como adelanto de investigaciones en curso. El autor no dejó a continuación de sumergirse en archivos y bibliotecas. El continuo acopio de materiales por años acabó por acumular una reserva de información, sangrada ahora para redactar nuevos capítulos o enmendar a los viejos. El fondo resultante de apuntes y de reproducciones de documentos se encuentra depositado hoy en la biblioteca central de la Universidad Carlos III de Madrid. Otros escritos publicados sobre temas conexos no se han incluido, por divulgativos o circunstanciales, en estas páginas. Los textos incorporados aquí vieron la luz al ser esparcidos de Buenos Aires a México, pasando por Rosario, Quito, Lima, Arequipa y Cochabamba, así como Madrid y Washington. Su difusión data de los años sesenta en adelante del siglo pasado. Dispersión y antigüedad los han tornado poco accesibles. Parece pues oportuno reproducirlos, no tal cual, sino borradas arrugas y actualizada la bibliografía. Así se ha hecho.

La primera sección del libro discurre sobre cómo se desenvolvió tras la conquista el grueso de la mano de obra andina, acosada por la fidelidad a concepciones y prácticas laborales inveteradas y el acomodo instado a un régimen ignoto venido de fuera. El primer capítulo recapitula las nociones andina y europea del trabajo, cuyo enfrentamiento se resolvió alumbrando una especie dual. En las comunidades, los naturales retuvieron activas las modalidades laborales ancestrales para el consumo propio y pago de tributo al Estado sustitutivo al incaico. Otros indígenas trabajaron para el estrato español mediante formas de trabajo antiguas mechadas de otras importadas o por objeto de una coacción lisa y llana, colectiva o individual. Con respecto a esta esfera, se debatió acerca de qué sentido conceder al trabajo indígena y se introdujeron novedades.

El capítulo segundo pasa del planteo general a la práctica en un caso concreto. El asunto considerado trata de una forma híbrida de trabajo indígena puesto a disposición de la "república" de los españoles. Rastrea la procedencia étnica, topográfica y cronológica de la mita asignada a la capital virreinal, así como su actuación mientras Lima, esquilmados los recursos humanos de sus alrededores, desarrollaba regímenes sustitutivos: el asalariado pluriétnico y la esclavitud africana.

Cinco capítulos, del 3 al 7, componen la médula del libro. Los recuentos de indígenas consultados de mediados del siglo XVII cuantifican la fragmentación de la mano de obra nativa mediante la sangría de las comunidades. La escena se sitúa en las llamadas, desde la óptica limeña, "provincias de arriba". La mano de obra se dividió entonces en tres categorías —originario, forastero y yanacona— de incumbencias distintas. El primer capítulo de los cinco, y tercero del libro, postula el carácter migratorio de tales desprendimientos. Forasteros y yanaconas contribuyeron luego a repoblar en parte los pueblos sujetos a despoblación. Los trasvases locales y de categoría acabaron por transformar la repartición humana en el Altiplano y en su contorno. Los capítulos aquí reunidos valen también para una lectura de alcance estrictamente local, por cuanto reconstruyen las vicisitudes por las que atravesaron en el primer par de siglos coloniales los lugares examinados.

Los capítulos 4 y 5 oponen dos casos de migración rural-rural: una primera, modesta, a un inhóspito pueblo ganadero del Altiplano y otra copiosa al valle de Cochabamba, cuyo suelo feraz operó, una vez más, de señuelo para los habitantes de las ásperas tierras altas. En la vertiente occidental del Altiplano, la ciudad de Arequipa aporta a continuación —capítulo 6— el ejemplo de una migración rural-urbana.

Finalmente, el capítulo 7 se interesa por los motivos de las deserciones denunciados por un curaca local.

La última sección del libro plantea el asunto del trabajo desde una perspectiva opuesta. No discurre sobre la cuestión laboral prescrita o realizada o la movilidad de la mano de obra, sino acerca del ahorro de energía humana proporcionado por animales domesticados. El lomo de la mula reemplazó en el Nuevo Mundo a las espaldas del indígena y también, en los Andes, al dorso de las llamas. Las escasas yeguas y burros introducidos en un primer momento necesitaron aparearse y abaratar su precio antes de propagarse por el continente. Los dos últimos capítulos del libro contemplan sendos aspectos diferentes de la presencia de las mulas en el continente. El octavo ofrece un balance de la difusión del ganado mular por las Indias a comienzos del siglo XVII, un siglo después de su desembarco. El noveno contrae la óptica y detalla la copiosa transferencia anual de mulas del Río de la Plata al Alto y Bajo Perú, principalmente en el siglo XVIII, para su empleo en el trajín, la minería y la agricultura. Una fuente inopinada, el portazgo provincial a la extracción de mulas de Salta y Jujuy, permite precisar el volumen y los altibajos del flujo y del negocio correspondiente entre 1735 y 1810. La serie de internación construida a partir de esa valiosa información proporciona incidentalmente una medida aproximada de la energía transferida entonces del Río de la Plata a la economía del Perú. La cesión de energía que las pampas hicieron entonces a los Andes superó holgadamente a los flujos paralelos de Brasil o Venezuela.

El lector atento cerrará el libro extrayendo varias conclusiones historiográficas implícitas. El libro rehúye las definiciones estáticas del periodo colonial y prefiere atender a las coyunturas sociales y económicas del devenir histórico. El lector percibirá además una apuesta decidida por parte del autor por la argumentación cuantitativa que apresa la dimensión del tema bajo examen. A pesar de las deficiencias que puedan encerrar los datos numéricos, su recopilación aporta pruebas más seguras que los testimonios con una inevitable carga subjetiva. Buena parte del libro se basa en información extraída de las visitas de la época. Los padrones contienen datos individuales para su tratamiento demográfico; rara vez de orden personal. El análisis de conjunto deja entrever a veces ciertos rasgos del colectivo humano al que se refieren. Estos son la intensidad de la movilidad espacial, la condición femenina, en particular la exogamia, o el grado de aculturación medido por el desempeño de ocupaciones o por los patronímicos anotados.

Es de advertir que no todos los capítulos emplean las mismas referencias o justificaciones. En las notas a pie se registran el apellido del autor y la fecha de edición de la obra a la que corresponde el dato o el argumento aducidos, para alivio de una lectura corrida. Nombres de autores y títulos de libros o artículos se alinean por orden alfabético en la bibliografía general relegada al final del libro. En pocos capítulos, una nota al pie de página añade en cambio comentarios y mayores precisiones, amén de las debidas referencias. Cuadros, figuras y mapas, que cumplen una función ilustrativa, cuentan con índices al inicio del libro.

Conste por último mi gratitud por las deudas contraídas con numerosos colegas y amigos de los que he recibido estímulos o ayudas. Mencionaré tan solo las institucionales acordadas para el acopio de información y para la redacción de los textos. La versión anterior del primer capítulo fue elaborada y discutida durante mi estadía en el Woodrow Wilson Center de Washington. Los materiales del Archivo General de la Nación de Buenos Aires en los que se basan los capítulos siguientes fueron consultados gracias a una beca concedida por el Social Science Research Council. Las licencias sabáticas acordadas por New York University, más una beca de la Fundación Guggenheim, me proporcionaron el tiempo necesario para concentrarme en la redacción de varios de los escritos aquí incluidos. El tiempo libre del que ahora dispongo me ha permitido rematar el libro. Agradezco no menos al Banco Central de Reserva del Perú (BCRP) y al Instituto de Estudios Peruanos (IEP) por la acogida conjunta que prestan a esta obra. Hace cuatro decenios, el IEP publicó el libro precursor de muchas de las reflexiones aquí retomadas. El reencuentro actual con el Instituto es motivo para mí de nuevos parabienes. Agradezco asimismo a Carlos Contreras el afán puesto en que el libro se publique.

Ávila, febrero de 2018

I

El régimen laboral

El continente sobre el que Colón puso pie encerraba riquezas ingentes. El genovés solo divisó unas cuantas, pero ellas bastaron para justificar su viaje ante sus patrocinadores reales y mercantiles y para persistir en la búsqueda de mayor fortuna. Además de dar a conocer espacios, recursos y seres vivos desconocidos hasta entonces en el Viejo Mundo, las exploraciones posteriores reportaron beneficios suculentos a quienes se lanzaron a una aventura de resultados inciertos. Los primeros tratos entre alienígenos y lugareños se celebraron por valores convenidos por ambas partes, aunque desiguales a lo que nos parece. Oro por abalorios es el ejemplo más citado, es decir, permuta de materia convertible en capital en Europa por artículos de consumo conspicuo para los naturales. El trueque de productos por bienes de equipo, como sería el de las hachas de acero que habrían de incrementar la productividad en las selvas, vendría más tarde.

Del simple rescate, los expedicionarios pasaron a urgir la entrega de provisiones para satisfacer sus necesidades imperiosas o a confiscar bienes sin miramientos, desde vituallas hasta el tesoro de Atahualpa. Los actos de rapiña duraron en cualquiera de sus modalidades hasta agotar las existencias de los almacenes y adueñarse de los tesoros largamente acumulados. Pasada la fase de expansión, el saqueo elemental dejó de practicarse, salvo en rancherías esporádicas y tardías. Al tomar asiento fijo, los nuevos moradores necesitaron disponer para ellos mismos de bienes de consumo o de intercambio. Para obtenerlos prefirieron recurrir al esfuerzo ajeno. El factor de producción-trabajo se impuso. En los Andes coloniales, de los que tratan estas páginas, el trabajo recayó sobre los indígenas. Mano de obra no faltó. Los números lo revelan. La reticencia física y mental que los andinos opusieron a los usos laborales europeos, que limitó el acceso a ella, se debió en buena medida a desconocimiento. La distancia que separaba a viejos y nuevos pobladores en esta materia se salvó por el servicio personal, la mita y demás mezclas del pasado con el presente.

La primera sección de este libro aborda solo dos temas del trabajo colonial temprano. Un primer capítulo expone los criterios laborales enfrentados, los incaicos colectivistas consagrados y, por otro lado, los europeos individualistas en pleno cambio. Discurre a continuación sobre la combinación consecutiva fruto del encuentro y roce de ambas mentalidades y personas, así como en razón de los respectivos intereses. En un segundo capítulo, la cuestión pasa del tratamiento conceptual al concreto. Atiende a la mita urbana instituida en beneficio de la capital virreinal.

Capítulo 1

El trabajo en los Andes: concepciones del siglo XVI

El laboratorio social y económico improvisado en La Española en los primeros decenios de presencia castellana en la isla sometió a ensayo varias modalidades laborales que pasaron luego al continente americano con los ajustes locales correspondientes. Los naturales avistados entonces fueron puestos, sin más trámite y sin su aquiescencia, a explotar los placeres auríferos o a labrar conucos por cuenta de un puñado de encomenderos. Sobreexplotación e infecciones contagiosas llegadas de Europa precipitaron la drástica contracción de la mano de obra indígena, mientras que los veneros del metal precioso se agotaban. De España, acudieron poco después puñados de campesinos libres que acabaron ocupados en actividades terciarias de las ciudades recién fundadas o engrosando buena parte de ellos las huestes que conquistaron más islas o el territorio continental. Al ralear los brazos autóctonos, los ocupantes de la isla trajeron de Sevilla o Portugal esclavos africanos, sobre todo para el prometedor cultivo de la caña y el refino en trapiches de su jugo. El azúcar transformó a La Española en el primer enclave exportador del Nuevo Mundo.[1] Trabajo libre, forzado y esclavitud coincidieron temprano en la isla taína.

---

1. Rodríguez Morel 2012.

Los habitantes de la tierra firme, de organización social, política, económica y cultural más compleja que la de los antillanos, enfrentaron a los invasores con pie más firme y se mostraron capaces de preservar una parte mayor de su población y de su herencia secular. A la postre, menguaron también por explotación laboral y propagación de enfermedades contagiosas desconocidas antes en el hemisferio occidental. Mermaron más en las costas que en las tierras altas, pero su tamaño siempre superó al de los advenedizos desperdigados sobre un territorio desproporcionado a su corto número. Tampoco mostraron intención de explotarlo ellos mismos. Procedentes de un entorno en buena medida urbano, tampoco les tentó romper en el Nuevo Mundo los terrones que no habían desfondado en casa. En las Indias, prefirieron exponerse a riesgos inauditos en procura de un ascenso social rápido con promesa de ganancias espectaculares. La energía desbordante de la que hicieron gala la invirtieron en someter, encuadrar y explotar a los naturales. La mayoría autóctona quedó así condenada a trabajar para quienes traspasaron el océano. De no haberse impuesto a los lugareños, ellos habrían replegado vela pronto o habrían permanecido cercados por nativos poco serviciales en presidios costeros. La expansión ultramarina castellana se hubiera parecido entonces a la lusitana coetánea. China y Japón rechazaron pronto la presencia portuguesa. Ella quedó reducida, acto seguido, a factorías costeras en India, África o Brasil. La esclavitud indígena, excluida enseguida de los dominios castellanos, habría sido admitida como en las posesiones lusitanas. El sistema laboral de los Andes coloniales se habría parecido poco al comentado en este capítulo.

Para que los naturales del Nuevo Mundo trabajaran para ellos, los colonizadores imperiosos recurrieron a la coacción sin recato. La fuerza, sin embargo, no basta por sí sola para lograr lo perseguido. La coerción surte efecto puntualmente. A gran escala, demanda argumentos o rodeos. Los curacas, cuya autoridad fue respetada en aquel trance, obraron de intermediarios, y al intimar a sus administrados a trabajar, adujeron que se contentaban con aplicar la costumbre incaica. El tributo o el trabajo en tandas fijas (mitas) u ocasionales (repartimientos forzosos) absorbieron de este modo el grueso del esfuerzo que proporcionaron los naturales. Sobre el tributo y el trabajo indígena se ha escrito bastante, pero faltan aún importantes matices.

Historiadores y antropólogos no han prestado demasiada atención a la inserción y posterior difusión del trabajo a la europea en el Nuevo Mundo,[2] a pesar de que aquella modalidad constituye el punto de arranque del régimen laboral actual. El colectivismo andino se oponía en concepto y práctica al individualismo que los colonizadores trajeron a remolque. Este condiciona la prestación de trabajo a un acuerdo previo entre trabajador y empleador, y contempla una compensación o remuneración fijada también de antemano, no una mera gratificación. La Corona española, influida por el pensamiento secular o religioso renacentista en materia laboral, apostó por extender el individualismo a sus territorios de Indias. El intento se da por fracasado de entrada debido a la resistencia que opusieron los colonos y a la debilidad del Estado para imponer en ultramar sus mandatos. A ella se sumó la intransigencia indígena por reticencia a plegarse a un modo desconocido hasta entonces. Con el tiempo, ambas reservas fueron mermando y ambas partes acercaron sus posturas. Antes de abordar esa aproximación, convendrá hacer presente los puntos de partida.

Las concepciones del trabajo en España

Ni España ni Castilla en particular contaban, al conquistar América, con un fondo doctrinario uniforme en materia laboral. Los reinos que la componían atesoraban costumbres y concepciones de épocas y procedencias diversas, enriquecidas por aportes recientes. La economía, en la que se inserta el factor trabajo, no conformaba además la especialidad que ahora conocemos. En el siglo XVI, se la tenía por una preceptiva moral en materia de producción e intercambios o, a lo sumo, por un espacio de reflexión sobre las novedades que, en materia de moneda, valor, cambios... brotaban de tanto en tanto en un mundo en plena ebullición. La economía no llegaría a conformar una disciplina

2. Villamarín y Villamarín 1981, Monteiro 2006.

autónoma hasta un par de siglos más tarde. Dado el peso que las creencias religiosas tenían en Europa hace medio milenio, la visión cristiana del trabajo debe preceder a la secular, de posterior difusión.

El jusnaturalismo, la doctrina católica más tardía y más elaborada, reconoce al hombre como ser libre por naturaleza, al tiempo que por concesión divina. La criatura humana goza, en consecuencia, de capacidad plena para administrar su vida. En sus manos queda la decisión de trabajar para otra persona. Demandantes y oferentes de trabajo deben acordar entre ellos las condiciones y la remuneración que corresponden. Entre individuos iguales no cabe por lo tanto la servidumbre personal y hereditaria. El jusnaturalismo propicia más bien la confluencia de posiciones en un espacio físico o virtual —el mercado—, en el que los tratos se cierran al albur de la coyuntura y en condiciones de igualdad. Confabularse para que una parte saque ventaja en el trato contraría la equidad que debe presidir las transacciones y deslegitima todo acuerdo. En su lógica, el jusnaturalismo se oponía a cualquier monopolio, ya fuera de bienes o de trabajo. Grice-Hutchinson[3] ha detectado trazas de aquel lejano jusnaturalismo en la teoría económica clásica liberal alumbrada en la segunda mitad del siglo XVIII.

El liberalismo *avant la lettre* del jusnaturalismo chocó con la doctrina social organicista con largo arraigo en el cristianismo medieval y amplio seguimiento aún en los albores de la modernidad. El jusnaturalismo nunca llegó a desprenderse del todo de la herencia organicista, palpable todavía en el tomismo. El organicismo concebía la sociedad humana dividida en tres estamentos, según sus funciones: dos estimados superiores —gentes de armas o de hábito— o, por debajo, un amplio tercer estado formado por la gente del común. A diferencia de la sociología o de la historia que interpretan la desigualdad de los hombres como resultado de procesos acumulativos de poder y de riqueza prolongados, para el organicismo la divergencia cuenta con fundamento divino. Guerreros y orantes velan, a su modo, por el bienestar general, al que el tercer estado provee su manutención. Rizando el argumento de la desigualdad natural, el organicismo acabó

3. Grice-Hutchinson 1982: 107-115.

por legitimar la aberrante servidumbre,[4] amén de la esclavitud y del trabajo compulsivo.

El laicismo renacentista rescató al trabajo de su preterición y elevó su rango a sustento de la sociedad. El humanismo encomendó a un Estado, en constante ampliación entonces de sus competencias, la atención y dignificación del trabajo.[5] Esta exaltación fue no obstante gravemente empañada por una descalificación del trabajo manual. A fines de la Edad Media europea, la agricultura y la manufactura urbana habían movilizado por vía contractual la mano de obra que el auge económico requería. La difusión del asalariado contribuyó a desterrar la servidumbre y otros constreñimientos de la esfera del trabajo. No obstante, la labor manual perdió estima al asociársela con la remuneración, percibida como objeto venal. Un cambio semántico vino además a reforzar el rechazo. En latín, *tripalium* significa un cepo de tres palos. En la mayoría de las lenguas romances derivadas del latín, el nombre de ese instrumento de castigo servil reemplazó al término de "labor", de noble resonancia en la literatura clásica. "Labor" y sus derivados quedaron relegados al lenguaje culto o rural. La degradación semántica no detuvo sin embargo el esfuerzo de los humanistas por enaltecer al trabajo manual. Pensadores y gobernantes formularon argumentos morales, sociales y políticos en su favor. Para Luis Vives,[6] por ejemplo, las artes mecánicas disipaban las tendencias antisociales de los hombres y los aleccionaban a vivir en sociedad. Luis Ortiz[7] ponderó al trabajo como sustento del propio Estado. Su apología llevó a condenar la tan extendida ociosidad. Forzosa o voluntaria, la acusaron de socavar la economía del reino.

El organicismo cristiano, por adepto que fuera a las jerarquías, no se despreocupó de la suerte moral o material que corrían los pobres y mendigos. No menospreció a la pobreza. La santificó recubriéndola de la dignidad que la Iglesia concede a la vida contemplativa y

4. Zavala 1968.

5. Maravall 1972, 1983.

6. Vives 1942 [1525].

7. Ortiz 1970 [1558].

otorgada tiempo atrás a las órdenes mendicantes. Paliar la pobreza fue encomendado a la caridad. Los humanistas opinaron, en cambio, que la mendicidad, incluso la más imperiosa y legítima, degradaba al ser humano y fomentaba su pasividad. Para mitigar la pobreza y prevenir la mendicidad apostó no por la beneficencia, sino por el trabajo productivo. La comunidad o el Estado debían proporcionar ocupación, congregando a los menesterosos en talleres regidos por administradores civiles o incluso religiosos. Los pensadores humanistas, sin recursos institucionales propios, a diferencia de los que la Iglesia desplegaba, recurrieron al Gobierno para aplicar sus ideas. Ellos sugirieron la frondosa legislación adoptada contra la mendicidad y en pro de la asistencia pública. La circulación de los mendigos fue restringida y se los internó en hospitales o casas de misericordia. Disposiciones municipales prohibieron mendigar sin licencia y hasta dar limosna a los pobres fuera de los pueblos. Cristóbal Pérez de Herrera,[8] el proponente más destacado de la intervención estatal en materia de pobreza, estuvo a punto de que una ley general recogiera sus preceptos, pero la muerte de Felipe II aplazó *sine die* su promulgación.

Algunos eclesiásticos se opusieron al acoso legislativo a pobres y mendigos. El dominico Domingo de Soto alzó su autorizada voz, en 1545, en defensa del derecho natural y de la libertad que los asistía. El benedictino Juan de Robles, o Medina por su lugar de nacimiento, partidario decidido de la intervención pública en la mendicidad, lo contradijo.[9] Valido de su prestigio como teólogo, De Soto consiguió finalmente que el Concilio de Trento declarara herética la prohibición.

Antes de cerrar este apartado, conviene recordar que, al emprender la Conquista americana, España retenía poco de la anterior servidumbre. Ella constaba más a título jurisdiccional que con derecho al trabajo personal permanente. Esclavos había aún algunos en el litoral andaluz y levantino, traídos en su mayor parte de fuera de la Península, entre los que se encontraron incluso algunos indios americanos.[10]

---

8. Pérez de Herrera 1975 [1598].
9. Santolaria Sierra 2003.
10. Mira Caballos 2000.

El trabajo coactivo y hereditario no había pues desaparecido del todo, pero se hallaba en franca retirada.[11] En una economía fundamentalmente de subsistencia, prevalecía el trabajo libre y remunerado. La maraña en materia laboral mal podía ser transferida tal cual al Nuevo Mundo. A ella le salió además al paso en suelo americano un sistema local autóctono. Su sustitución lisa y llana por una modalidad ajena mal podía ocurrir de inmediato. El trabajo en Indias estaba de entrada condenado a combinar componentes de procedencias diversas.

Indígenas y trabajo al comienzo de la Conquista

Conocedora Europa, a lo sumo, de la tripartición de la humanidad simbolizada en el relato de la epifanía, el encuentro imprevisto con los naturales del Nuevo Mundo dio que pensar. En la práctica, los intrusos cerraron tratos con los desconocidos, los pusieron a trabajar de inmediato, les predicaron su fe y mantuvieron relaciones sexuales con sus mujeres, gestos de inequívoco reconocimiento de la naturaleza humana que otorgaron a los lugareños. La reflexión teórica al respecto brotó más tarde por las repercusiones que podrían derivarse de su definición. De confirmarse conceptualmente su naturaleza humana, los originarios deberían ser tratados como gente racional y libre. De no serlo, cabría someterlos a servidumbre y esclavitud. Los términos del debate, su intensidad y duración son conocidos. La racionalidad y libertad del indio acabaron por prevalecer.[12] El grueso de la población del Imperio incaico escapó de tamaña afrenta, aunque extralimitaciones no faltaron. La esclavitud indígena quedó reducida legalmente en los Andes a las capturas hechas en conflictos fronterizos. La servidumbre personal, propiamente dicha, resultó por ser un episodio pasajero. Al faltar el consentimiento, quienes fueron los privados de la esclavitud idearon otras modalidades de trabajo compulsivo.

---

11. Domínguez Ortiz 1952, Piqueras 2011.

12. Capoche 1959.

Los naturales prestaron auxilio a la conquista transportando bastimentos o pertrechos e intervinieron incluso en los combates al lado de los castellanos, pero su participación, de grado o sin él, no les hizo acreedores, más adelante, de un trato menos sañudo. Al fundarse las ciudades, al apropiarse la tierra, al descubrirse minas, al regularizarse los trajines y al repartirse encomiendas se recurrió a mano de obra indígena en provecho público o particular. A falta de esclavitud y, todavía, del asalariado, se apeló a subterfugios para reclutar a mano de obra. Los yanaconas incaicos, que los conquistadores tomaron por una suerte de siervos, fueron confiscados y sometidos al servicio directo de sus nuevos amos. Su número fue escaso. Los indios del común fueron, por su lado, puestos a servir a gran escala en las minas o en las ciudades por tandas anuales rotativas. Los dueños de tierras no beneficiados por los repartos tuvieron que de idear cómo hacerse de los brazos que necesitaban para explotar sus propiedades.

Las encomiendas, concebidas para gratificar a quienes habían ampliado el dominio territorial de la Corona, vinieron acompañadas del disfrute de tributos locales, renta en suma en especie, luego en dinero, pero no de una cesión privada de mano de obra. Los encomenderos no obstante se propasaron y trataron a los indios de su encomienda las más veces como siervos, al extremo en ocasiones de traspasar o vender la tierra con quienes trabajaban en ella. Por temer que tales abusos fueran el germen en el Nuevo Mundo de un sistema feudal recién mochado en la metrópoli por recortar el rey el poder de los grandes señores, las *Leyes nuevas* promulgadas en 1542 redujeron entre otras cosas la duración de las encomiendas. Los perjudicados se levantaron en armas. Vencidos en lucha cruenta, la interpretación flexible de las leyes consiguió aplacar los ánimos soliviantados y evitar todo asomo de desmembración o despoblación de los dominios americanos.[13]

Leyes ulteriores reiteraron la libertad de los naturales y regularon los desplazamientos y las condiciones de trabajo. Prohibieron su cesión o venta, los traslados a alturas desusadas (sierra-costa), las cargas excesivas, desautorizaron la sujeción de los yanaconas a encomiendas y

13. Para el caso de Perú, Zavala 1973: 847-945.

propiciaron la reversión de estas a la Corona. La cantidad de indios en realengo aumentó entonces.[14] La Corona insistió en que el trabajo fuera remunerado, aunque admitió su tasación, contraviniendo la preceptiva libertad en el trato, e intervino para frenar alzas intempestivas de salarios. Para asegurar el abastecimiento puntual de los centros mineros, la ley aceptó el "destajo en precio convenible, que no por vía de jornal, porque lo llevarían (las provisiones) poco a poco y en los tiempos que menos daño les hiciese". Para los cargamentos menores, otra disposición admitió que, a falta de acémilas, "los pueblos comarcanos [...] se repartan por su tanda personas que se alquilen". Para evitar que los intermediarios sisaran una parte del salario, la ley reclamó su abono en propia mano.[15] La monarquía reaccionó ante situaciones llegadas a su conocimiento, salpicando a sus dominios con leyes puntuales generalizables por vía de jurisprudencia a todas las Indias. La implantación del régimen laboral preconizado llevó, sin embargo, tiempo.

En busca de un sistema laboral

La introducción del régimen salarial tropezó en los Andes con una doble oposición, por interés y por desconocimiento. Los beneficiarios del trabajo indígena se resistieron a perder discrecionalidad a la hora de manejar la mano de obra. Los indios, por su parte, ajenos a las modalidades importadas, además de la natural renuencia a trabajar por exigencia, se apegaron a los usos laborales que conocían. El individualismo ultramarino y el colectivismo local colisionaron sobrevolados por un ojo oficial sesgado.

El trabajo colectivo

Escritos oficiales o particulares tempranos describieron y valoraron los usos incaicos, entre ellos la forma en que los naturales trabajaban.

14. Konetzke 1953.

15. Ibíd., pp. 252-255.

A la violencia difundida por la Conquista, solieron oponer la imagen de un orden anterior armonioso regido por normas que incluso el régimen colonial debería adoptar para perseguir sus fines propios. De la versión indígena, resaltaron la ejecución del trabajo en común. "Ley de hermandad", en palabras del jesuita Blas Valera, por la "que todos los vecinos de cada pueblo se ayudasen unos a otros a barbechar y a sembrar, y a coger sus cosechas, y a labrar sus casas, y otras cosas de esta suerte, y que fuesen sin llevar paga alguna".[16] En suma, actividad colectiva no remunerada, a diferencia de lo habitual en Europa. Los *suyos*, o parcelas de tierras comunales, se explotaban por unidades familiares. Los rebaños pastaban en tierras del común. Las parcelas que tributaban al Sol y al inca, así como las reservadas al disfrute del curaca y al sustento de incapacitados —huérfanos y viejos— se cultivaban igualmente de forma colectiva. En la construcción y en el mantenimiento de las obras públicas, varios ayllus colaboraban aportando por turno cuadrillas, conocidas como mitas. El trabajo prestado por las familias entre sí se compensaba de forma simétrica, no en bienes o en moneda, desconocida aún ella, sino en una cantidad de trabajo equivalente al aportado o, también, en bienes para su consumo retirados del fondo común. Los tambos del Estado incaico almacenaban, a mayor escala, los excedentes acumulados para su redistribución en el caso de una calamidad imprevista.[17] Los mismos textos tratan también de cómo los gobernantes incas reclutaron la multitud que participó en la construcción de obras monumentales.[18]

Por su contenido y por su actitud, la *Relación de los fundamentos acerca del notable daño que resulta de no guardar a los indios sus fueros* de Polo de Ondegardo[19] destaca por encima de escritos del mismo tenor de su época. Miembro eminente del entorno virreinal escribe: "Estando determinado por los teólogos la obligación que hay de guardar sus fueros y costumbres, cuando no repugnasen al derecho natural, ni

16. Vega 1960, II: 162.

17. Murra 1975, cap. 5.

18. Sternfeld 2007.

19. Polo de Ondegardo 1571 cit. en Lamana 2012: 217-330.

tampoco que el ejemplo ofrecido fuera conducente a ese fin". Evocar a teólogos escudaba de posibles reproches.

> Con esta orden —prosigue— los [indios] hallamos, y en ella se han criado y conservado, y tenían riquísimas repúblicas, y la misma conviene para que se pueda tener cuenta con ellos en lo que toca a sus ánimas, pues está claro que hasta el día de hoy los que hallamos gobernados de esta manera, hemos podido dominar y predicarles el evangelio.[20]

Ondegardo no oculta su respeto por el orden antiguo, garante de prosperidad y, además, propicio para que la colonización posterior tuviera éxito. Responsabiliza a la conducta improcedente de los colonos el haberlo comprometido: "Hemos perdido mucha parte del crédito y hecho a los mismos naturales hacer innovaciones malas y reprobadas [...] tanto para su cristiandad como para su policía".[21] Los indios —opina— no muestran mala disposición, sino inercia ante "leyes que ni supieron, ni entendieron ni vendrán en conocimiento de ellas en cien años". A lo sumo, "sería dificultoso de remediar sin mucha violencia y castigo", a los que obviamente se opone. Ondegardo confía pues, fundamentalmente, en el efecto que el tiempo habrá de tener en la propagación:

> Si un vicio fuese común en todo un reino —dice—, para sacarle de raíz convenía mucho ayudarse del tiempo, porque todos de los demás eran remedios y negocios de cumplimientos y no esenciales, mayormente entre estos indios, cuya costumbre en este caso es antiquísima, de gobernarse y regirse por comunidades en todo.[22]

Ondegardo encarece el colectivismo, aunque sin demasiado entusiasmo. No lo considera deseable, ni tampoco la cima del progreso humano. A los indios sujetos a ese régimen los sitúa en una infancia a rebasar. "La verdadera libertad es que vivan como a ellos propios les

---

20. En Lamana 2012: 321.
21. Ibíd., p. 220.
22. Ibíd.

conviene, como niños; hasta que el tiempo muestre que tienen capacidad para tratarlos de otra manera".[23] Gracias a ese infantilismo, la evangelización y la colonización tuvieron éxito, observa con un punto de impudicia: "Está claro que hasta el día de hoy los que hallamos gobernados de esta manera hemos podido dominar y predicarles el evangelio".[24]

Del orden incaico, la administración colonial adoptó la prestación laboral rotativa titulada mita en idioma vernáculo. La más conocida por su envergadura y duración fue la destinada a la explotación de los ricos socavones argentíferos del cerro de Potosí,[25] pero hubo de varios géneros y para diversos lugares. Recurrir al pasado no significó calco. Su sustento fue desvirtuado. Si la mita incaica operaba bajo el principio de la reciprocidad, la colonial consistía en una prestación a favor de la Corona y de poderosos empresarios, con compensación individual, no en beneficio de la comunidad que proporcionaba los trabajadores. El salario contrariaba la lógica, ajena hasta entonces al concepto de salario y de dinero, dentro de la cual se había desenvuelto el trabajo indígena. Las contradicciones entre ambos sistemas resultan evidentes. Agia ensalzará la interpenetración que le facilitará deshacerse de la mal vista servidumbre personal.[26]

Una observación de un contemporáneo, Hernando de Santillán, resaltó la tendencia de la economía incaica a la autarquía frente al régimen de signo extractivo de la época colonial:

> Todo aquello que tributaban los indios en el dicho tiempo de los incas, se convertía y consumía dentro en su propio reino, sin que cosa alguna saliese de él para otras tierras ni gentes [...], y después que los cristianos se enseñorearon de ellos sustentan con lo que tributan, y de ellos se saca de ordinario, veinte o treinta mil ánimas españolas [...]; y demás de esto, grandísima suma de oro y plata que desde que la tierra se conquistó se ha sacado [...].[27]

---

23. Ibíd., p. 321.
24. Ibíd.
25. Zagalsky 2014, Bakewell 1989, Tandeter 1982, Cole 1985.
26. Agia 1946: 53.
27. Santillán 1968: 127-128.

El tributo colonial detraía de forma flagrante una parte de la producción para su disfrute por quienes no la generaban.

El régimen laboral tradicional sobrevivió a trancas y barrancas al cobijo de las comunidades hasta aceptar algún que otro contagio. El mismo régimen estuvo expuesto en la esfera económica española a un deterioro más temprano, con progresiva incorporación de modalidades mixtas. En esta transición, forasteros y yanaconas hallaron la ocasión de hacer reconocida su presencia.

El trabajo asalariado

Expuestos los andinos al régimen salarial, hubo españoles, como el citado Ondegardo, que confiaron que el ejemplo llevaría a los indios a renunciar a sus ideas y prácticas ancestrales y a realizar el trabajo a título individual. Fray Francisco de Morales había expresado en 1568 una opinión parecida: "Háganles buen tratamiento que ellos se vendrán alquilar, cuando le pareciere no padecer daño en sus haciendas".[28] No todos compartieron la certeza. Lo poco atractivo del salario percibido sembró la duda. Tres años antes, el propio Hernando de Santillán había denunciado la mísera remuneración y propuso duplicarla: "Para que se aficionen y codicien el trabajo, y sea mediante alguna ganancia, sería necesario subirles el jornal, porque el que ahora les dan a los que se alquilan que es un tomín y un cuartillo de maíz cada día es poco". Su crítica prosigue: "Como estaban habituados los españoles hasta allí a servirse de ellos de balde, pareció que aún era mucho el dicho tomín; pero, ahora, ya que las cosas se van poniendo más en razón, parece que sería jornal competente dos tomines cada día y el cuartillo de maíz y alguna carne o pescado, pues vale tan barato".[29] La cita enjundiosa deja constancia de la anterior explotación gratuita de la mano de obra indígena. Deja entrever también el doble componente del salario, en dinero y en alimentos, al tiempo que nota la variación del precio de los bienes de consumo.

---

28. Assadourian 1965b: 110.

29. Santillán 1968: 140.

Para corregir el desfase creciente entre salarios y coste de la vida, Antonio de Ayanz propuso años después (1596) un remedio sin precedentes, el salario móvil:

> Puede advertirse que, como en España y otras partes, suben y bajan los jornales y el precio de mercaderías por la abundancia o falta de ellas, así, de la misma manera, es muy conforme a razón que el salario y jornal que por cada día se hubiere de pagar a los indios, no sea siempre uno mismo, sino más o menos conforme al valor y precio de las cosas atendiendo siempre a que han de comer, y vestir, y pagar muy gruesa tasa, y gastar algunas mantas en sacar el metal para el minero, y también ha de sustentar su mujer e hijos, y en esto no pierde el Rey nada, y los que los mineros ganaren será con mejor título y más seguridad de conciencia.[30]

Salario móvil, pero no negociado, sino fijado —puro paternalismo— por expertos más que nada religiosos: "Parece se podía cometer muy acertadamente el tasar y señalar lo que se ha de pagar a cada indio por su trabajo, sentencia Ayanz, [...] con sendos religiosos y que con juramento y firmas suyas dijesen lo que les pareciese en conciencia se había de dar a cada indio y que eso fuese lo que pagasen todos".[31] Ayanz se esfuerza por reinsertar la moral en la economía.

La Corona se opuso desde primera hora a los excesos cometidos con los indios y, por lógica extensión, a la ya mencionada servidumbre personal. Leyes contra los abusos se promulgaron en 1563, 1569 y 1591.[32] La reiteración denota que no bastaba con emitir una sola vez la disposición. La Real Cédula de 1601 vuelve a la carga contra la servidumbre personal, el servicio en cocales, las cargas, la venta o traspaso venal de chacras con sus trabajadores, la supresión de los jueces repartidores y de sus repartos, y añade una novedad: indios, españoles de condición servil, mestizos, mulatos y zambos "se lleven y salgan a las plazas y lugares públicos" y "se concierten y cojan allí por días y por semanas y ellos vayan con quien quisieren y por el tiempo que

---

30. Vargas Ugarte 1951: 66-67.

31. Ibíd.

32. Konetzke 1953, I: 405-408, 446-447, 615-616.

les pareciere de su voluntad sin que nadie pueda detener contra ella", tanto en Nueva España como en los Andes.[33] La cuenca mediterránea, donde el desempleo rural era habitual, conocía desde hacía tiempo el alquiler de brazos en plaza pública. El modelo de contratación se supuso que valía también para las Indias, en el supuesto erróneo de que el trabajo se regía en ultramar por la ley de la oferta y la demanda.

Las minas, admite sin embargo la misma Real Cédula en su texto, necesitaban un tratamiento especial, en particular las de Potosí y Huancavelica:

> La conservación de estas provincias y de los mismos indios y la de estos reinos —dice— depende como sabéis en el estado presente, principalmente, de la labor y beneficio de las minas de oro y plata y azogues, lo cual estoy informado que en ninguna manera se puede hacer sin la industria y trabajo de los indios y que por estar habituados y acostumbrados en ello en ningún caso se puede excusar de acudir a esto.[34]

Renuncia al principio en aras del pragmatismo; libre mercado para el trabajo en el campo; compulsión en las minas, al menos mientras no se disponga de sustitutos para los indios. La Real Cédula de 1601 apunta ya el remedio: reemplazar a los mitayos por negros o indios asalariados. Visto lo poco viable de la primera sugerencia, Agia descarta la idea y se inclina por un mercado en el que la compulsión sustituya súbitamente a la libre contratación: "Obligándoles y compeliéndoles a que trabajen y se alquilen y no estén ociosos y que para este efecto se junten y lleven a la plaza".[35] Su pluma tergiversa además el sentido humanista de la ociosidad, considerándola congénita y el remedio propuesto: proporcionar trabajo en establecimientos de titularidad pública. Agia lleva al andino a una actividad privada para provecho en última instancia de la Corona.

---

33. Agia 1946: XXX-LII.

34 Ibíd.

35. Ibíd., p. LII.

En el contexto reformista, la Real Cédula del 11 de julio de 1552 admitió la compulsión de una forma meramente residual y en interés de los propios indios.

> A nos se ha hecho relación —dice— que los indios de esas provincias es gente ociosa y que no quieren trabajar, a cuya causa la tierra está falta de mantenimientos y ellos pobres [...]; vos mando que proveáis [...] que los indios que sean oficiales entiendan y se ocupen en sus oficios, y los que fueren labradores que cultiven y labren la tierra y hagan sementeras para sí mismos [...] y los indios que en ninguna cosa de las susodichas se ocupen, daréis orden que se alquilen para trabajar en labores del campo y obras de ciudad y para ello, si fuere necesario, los compeleréis de manera que no estén ociosos.[36]

Estas actividades han de efectuarse bajo supervisión: "Lo susodicho se haga y se efectúe por mano de la nuestra justicia y que los españoles no les puedan compeler a ello, aunque sea a los indios de su encomienda, y daréis orden que les paguen el jornal de su trabajo a los mismos indios y no a sus principales ni a otra persona alguna".[37] Un siglo más tarde, ecos del reformismo resuenan aún en la famosa *Política indiana* (1648) de Solórzano:

> Generalmente está dispuesto por derecho civil, y del reino, que todos los hombres pobres, ociosos y vagabundos, sean compelidos a tomar oficios, trabajar y servir en obras públicas y particulares, o en otros ministerios por justos y competentes jornales, por ser tan conocidos los daños que trae consigo la ociosidad.[38]

Imputar ociosidad y torpeza a los indios fue el argumento preferido de los voceros de los encomenderos, hacendados, mineros y de toda clase de propietarios, Iglesia incluida. El reproche encubría poca propensión a reclutar mano de obra indígena de una forma no abusiva.

---

36. En Konetzke 1953, I: 306-307.

37 Ibíd.

38. Solórzano Pereyra 1972, I: 179.

Las recriminaciones a esa actitud tan frecuente no abundaron, pero las hubo. El citado Santillán no tuvo empacho en mostrar su desacuerdo con el reproche. Escribió:

> Aunque es gente de bajo entendimiento y poca policía, pero no es gente tan bestial como la hacen los españoles; y lo que más les hace parecer gente bruta es la servidumbre que sobre ellos se ha puesto y haber usado de ellos como de bestias, sin hacer ningún caso de ellos más que servir; y esto les ha hecho a ellos también tenerse en poco [...]. Y así, aunque su codicia sea mucha de llegar bienes y haciendas, les es imposible pensarlo, y por eso tienen quitada la esperanza, y no se tratan sino como gente que va de paso y que no curan más de para la necesidad presente, porque si más de aquello pueden haber, saben que no es para ellos.[39]

Los españoles, viene a decir, son responsables de que los indios declinen trabajar por como los tratan. Poco después, Matienzo achacó su supuesta ociosidad "a no haber tenido hasta aquí cosa propia sino todo en común". Matienzo concede en fin que la brecha cultural explica también la falta de colaboración.

El debate, basado en textos legales o en el testimonio que los oficiales reales, los religiosos o los particulares emitieron, acumula argumentos a favor del trabajo de los indios. En ese pleito, los afectados no dispusieron de voceros ni en número ni de talla comparables. Su disconformidad, apenas expresada de palabra, se desprende a lo sumo de reacciones mencionadas nada fáciles de interpretar.

Al preconizar el empleo público para los desocupados u ociosos, los humanistas perseguían rescatar al necesitado de la dependencia de la caridad y proporcionarle medios para que ganara por sí mismo su sustento. Cruzado el mar, el trabajo de los indios en las minas no mereció alegaciones humanitarias, sino que se prefirió argüir su necesidad para el éxito de los designios mundiales de la monarquía. Ellos resultaban distantes e inaprensibles para el trabajador andino. La razón de Estado ahondaría y puliría el argumento aducido.

---

39. En Vargas Ugarte 1951: 140.

La razón de Estado

La ascensión de un nuevo monarca, Felipe III, brindó a la metrópoli la oportunidad para reiterar disposiciones laborales para las Indias. La Real Cédula del 24 de noviembre de 1601 recordó la supresión de los servicios personales, ordenada por sus predecesores, pero desnaturalizada por otros conductos. "Que los repartimientos que hasta aquí se han hecho y hacen de los indios e indias para la labor de los campos, edificios, guarda ganados y servicios de las casas, y otro cualquier servicio, cesen", expresa taxativamente la nueva cédula.[40] En Perú, el sector afectado en sus intereses volvió a recibir con disgusto la obstinación de la Corona o de la administración imperial central, pero el momento no daba para insurrecciones como las de antaño. En un Estado colonial afianzado, altisonancias o exhibiciones de fuerza no cabían ya. La disconformidad debía expresarse con cautela y disimulo, respaldada por figuras de solvencia y prestigio. Más que clamar por los perjuicios que la Real Cédula causaría a los particulares, la prudencia aconsejaba alertar de los inconvenientes que esta traería a la propia Corona. Ante la disyuntiva de desobedecer al rey o de malquistarse con los sectores influyentes locales, el virrey Velasco optó por cubrir sus espaldas sometiendo la cédula a dictamen de una junta general compuesta por varios clérigos de prestigio y supuestamente independientes por su condición sacerdotal. El jesuita Alfonso Messía[41] compartió asiento en la junta con los mercedarios Juan López, Juan Colombres y Nicolás de Ovalle, el deán de la catedral de Lima, Pedro Muñiz,[42] y el lector de Teología en el convento de San Francisco, Miguel de Agia. El franciscano redactó para aquella ocasión tres escritos publicados en Lima con una misma cubierta en 1604,[43] con el visto bueno de la élite laica y religiosa limeña, y la autorización expresa del virrey. La obra

---

40. El texto completo en Agia 1946: XXXI-XLII; sobre sus precedentes, Konetzke 1953, II: 43-47.

41. Vargas Ugarte 1951.

42. Fox 1962.

43. Agia 1946.

recapitula las objeciones al designio soberano e identifica a quienes fustigaron la Real Cédula.

Las tesis jusnaturalistas contrarias a que el indio fuera explotado por ser humano llevaban tiempo en retirada en los círculos áulicos de Lima. Mal cabía esperar que la junta designada por el virrey rectificara la tendencia. Sus proponentes se apresuraron en cambio a reanimar la tesis organicista. En el dictamen emitido, el indio quedó relegado sin miramientos al estamento inferior. Ese estrato mayoritario debía sustentar a las capas superiores que por medio de las armas o impetrando a la divinidad velaban por el conjunto, como se ha apuntado ya más arriba. Muñiz, el deán de la catedral limeña, simplificó la estructura social andina dividiéndola en tan solo dos estratos: "Diversas condiciones de gentes, unos para un ministerio y otros para otro, unos para honrados y otros para servir, y todos dirigidos al bien común", y más adelante precisa que "estos reinos son una república particular, son miembros de ella españoles e indios que deben de la propia manera comunicarse en el bien y acudirse mutuamente a evitar los daños y males que les pueden suceder".[44] Agia, el teólogo, añade otros grupos a la piña formada por ambos segmentos, y concluye que a todos les corresponde trabajar para el bien común, incluso por la fuerza: "Haciendo los indios y españoles, y demás naciones que residen en las Indias un cuerpo solo de república entero y perfecto [...] pueden y deben lícitamente ser compelidos y forzados (siempre que convenga y sea necesario) a que sirvan y trabajen en servicio de este cuerpo, que es propio oficio de los miembros".[45] A nadie exime de la obligación, pero Agia pretexta además para apadrinar el repartimiento forzoso de los indios su mala disposición: "No queriendo servir los indios a la república de su voluntad, como la experiencia lo ha mostrado y muestra, lícitamente [...] son compelidos y forzados a hacerlo en la forma de repartimientos que hasta ahora se ha usado para el beneficio de la tierra, guardas de ganado, edificios de casas [...]",[46] y añade una nota que revela su identificación sin fisuras con el poder secular:

---

44. Fox 1962: 77-78.

45. Agia 1946: 101-102.

46. Ibíd.

> La tierra del Perú para su conservación no tiene otro comercio sino el de la plata y oro que se saca de las minas, el cual si faltase faltaría la conservación de la república, pues ni de España vendrían a vivir los españoles a estas partes, ni aquí quedarían los que al presente están; lo cual es causa justa y bastante para compeler los indios al beneficio de las minas, pues faltando los españoles de estos reinos ninguna seguridad tendría de ellos el rey, nuestro señor.[47]

En su opinión, el trabajo de los indios, especialmente el compulsivo en las minas de plata y oro, aseguraba nada menos que la continuidad de la ocupación española del suelo americano.

El reformismo del siglo anterior confió al Estado promover objetivos humanos en el orden laboral. Las propuestas de Agia, Muñiz y otros clérigos, de obediencia contrarreformista, al apelar al Estado hicieron a un lado la inquietud por el ser humano y apostaron por la conveniencia política más cruda. El agobio por el que atravesaban la administración metropolitana y colonial a comienzos de siglo por su inflexible despliegue imperial se trató de resolver cargando sobre los indios la imperiosa tarea de proporcionar los recursos necesarios para sustentar la hermandad forjada entre monarquía y religión.

> La justificación y probanza de esta conclusión (la licitud de compeler a los indios a trabajar en Potosí y demás minas de oro y plata) —arguye Agia— tiene su fundamento en la necesidad pública y notoria que Su Majestad padece, y en las urgentes ocasiones de guerra que tiene contra los herejes y otros infieles para exaltación y conservación de nuestra santa fe católica y conservación de estos reinos y señores.[48]

Muñiz reafirma por su lado la inexcusable explotación de las minas. De ellas "depende poderse conservar aquellos reinos y estos defendiéndoles de los enemigos de nuestra santa fe católica que tanto procuran infestarlos y ocupar, si pudiesen".[49] Agia y Muñiz se

47. Ibíd.

48. Ibíd.

49. Fox 1962: 102-103.

manifiestan así dispuestos a sacrificar la humanidad reconocida al indio por sus antecesores, en respaldo al conflicto mundial del que la monarquía hispana capitaneaba uno de los bandos. Un espíritu de cruzada, maquinal por su condición de clérigos, alienta ambos pareceres y entrelaza la oposición a que el trabajo compulsivo sea suprimido en las minas de oro, plata y azogue.

La razón de Estado, eco austral de la divisa de Giovanni Botero a quien Agia reconoce como fuente intelectual, justifica las contradicciones argumentales sobre el trabajo del indio, lo sustrae de los intereses mezquinos de encomenderos y terratenientes y eleva su rango a pieza clave para la realización de los altos designios de la monarquía católica. En otros tiempos, inmolar indígenas a la supremacía militar en pugna había parecido inadmisible. El mencionado Morales rechazó, en 1568, ese sacrificio: "No tiene obligación el pobre y mísero indio [...] a sustentar las guerras de Ave María, ni de Flandes".[50] Las reservas se relegaron. En sus pareceres, Agia tejió argumentos para someter a los indios a los intereses de una lejana metrópoli y de los más cercanos mineros potosinos.

A los claros mandatos de la Real Cédula, Agia contrapone compromisos. Accede a suprimir los servicios personales perpetuos y no remunerados, así como los repartimientos forzosos, por ser todos ellos abusivos. Libra pues a su suerte a los viejos pobladores y reserva la coacción al servicio del Estado. Apoya resueltamente las levas mineras y otras mitas en pro del bien público y de la religión. Sacrifica sin inconveniente un sector social declinante, como es el de los encomenderos, a otro que estima indispensable —el de los mineros— partiendo de la razón de Estado. Acepta el trabajo compulsivo, siempre que sea remunerado, limitado en tiempo y con intervención de los oficiales reales. En Agia, las mitas perdieron definitivamente el halo incaico para quedar sometidas al designio colonial. Los servicios personales y el repartimiento forzoso se resistieron a desaparecer, como ocurrió otras veces. La Real Cédula del 26 de mayo de 1609 restableció y reguló los repartimientos forzosos. Los servicios personales volvieron a ser

50. Assadourian 1985b: 113.

abolidos por Real Cédula del 14 de abril de 1633. La orden hubo de ser incluso repetida para zonas marginales del Perú, como era entonces el Tucumán.[51]

De lo referido en este capítulo, queda claro que el Estado monárquico propició desde temprano la equiparación de la metrópoli y de las colonias americanas en materia laboral, lo que tiene poco de sorprendente visto el clima intelectual de la época. A ambos lados del Atlántico, la Corona y sus consejos auspiciaron el trabajo individual, pactado y remunerado con plena transparencia y para lapsos ajustados de antemano. El amparo oficial impidió así que dos modos laborales en retirada en la metrópoli —servidumbre y esclavitud— se extendieran en ultramar a los naturales, aunque sus disposiciones fueran diversamente aplicadas. A diferencia de la metrópoli, donde quedaban escasos residuos de un colectivismo remoto, la masa laboral andina retuvo por varios siglos el sistema tradicional, no obstante las presiones disgregadoras recibidas. El colectivismo andino no logró sin embargo mantenerse incólume. El trabajo prohijado para las labores mineras y urbanas fue abierto temprano a la remuneración, en detrimento de la reciprocidad incaica. El mitayo recibió un salario diario, no negociado sino tasado de antemano. Los mitayos potosinos se familiarizaron con él, al punto de exigir su abono. A su regreso, difundieron en sus pueblos los usos adquiridos en Potosí. Salario e individuación se propagaron luego en el medio rural andino al amparo de la descomposición del universo político, social y mental indígena.

El relato de cómo los Andes se incorporaron al dominio español suele tratar primero los acontecimientos militares, seguidos por los ajustes institucionales y culturales producidos. Rara vez presta atención a la conflictividad cultural y práctica que enfrentó a diario al mundo del trabajo. Los próximos capítulos de este libro pasan del tratamiento conceptual de la cuestión al estudio de casos. Ellos exponen las transformaciones que el trabajo y las migraciones impusieron a las comunidades indígenas, específicamente en el siglo XVII.

---

51. Konetzke 1953, II: 154-158, 337-339, 463-464, 684-685.

Capítulo 2

La mita de plaza de Lima: magnitud y procedencia (1575-1631)

La *Noticia general del Perú*, publicada en 1630 por el contador Francisco López de Caravantes, personaje de primer rango dentro de la administración virreinal, menciona las levas de mano de obra indígena concedidas por los virreyes a las ciudades con el nombre de mitas de plaza. Por su cargo, conocía la institución e, incluso, fue agraciado en una ocasión con un reparto de mitayos. De las mitas urbanas de los Andes, sigue faltando el estudio que puntualice qué lugares se beneficiaron y qué circunstancias aconsejaron la concesión de cada una, así como de qué manera operaron y se transformaron hasta desaparecer. De la mita minera potosina se ha escrito mucho; de las de plaza, demasiado poco; de las mitas agrarias, aún menos.[1]

De las ciudades peruanas que gozaron de mitas, al menos por un tiempo, se desconoce el elenco completo. El capítulo sexto de este libro se refiere brevemente a la de Arequipa. Recientemente se ha estudiado también la de Jujuy.[2] Algunos historiadores aluden a las de Huamanga,[3]

1. Glave 2009: 440.
2. Sica 2014a.
3. Stern 1986: 163-164.

Trujillo[4] y Saña.[5] Un tardío repartimiento de mita del corregimiento de Cajamarca de 1666 se ha dado a conocer últimamente.[6] Falta información sobre las mitas de poblaciones menores como Córdoba y Cochabamba, por el sur, o como Ambato y Riobamba, por el norte. De la Audiencia de Quito, un trabajo necesitado de actualización recoge noticias sobre la disfrutada por la capital.[7] De la de Cuenca, se sabe por noticias del Cabildo (1581)[8] y por provisión posterior del virrey marqués de Montesclaros de 1612[9] del empleo de mitayos para edificar iglesias, conventos, edificios públicos, casas particulares y puentes.[10] Además, cabe encontrar algunas referencias sueltas a mitas urbanas del subcontinente americano: Pamplona,[11] Tunja,[12] Vélez[13] y Ubaque.[14] Samudio[15] ha estudiado la mita de la ciudad de Mérida en los Andes ahora venezolanos.

El presente capítulo persigue fundamentalmente la magnitud y la procedencia étnica y espacial de los mitayos concedidos a la capital virreinal. Recuerda además a sus beneficiarios públicos o privados y su duración institucional. El hallazgo casual en el Archivo Nacional

4. Castañeda 1996: 161-162, Ramírez 1975: 59.
5. Ramírez 1986: 81-82.
6. Argouse 2004.
7. Pérez 1947.
8. Poloni-Simard 2000b: 45.
9. Truhan y Guapizaca 2010: 122.
10. Las de Cuenca y Huamanga apenas tuvieron unas decenas más de mitayos. Por debajo estuvieron las de Ibarra, Trujillo, La Plata, Cañete y Arica (López de Caravantes 1985-1989, II: 52, 57, 72, 97, 108, 110, 136, 189, 219; la referencia a Ibarra en Pérez 1947: 154). Breve mención a las mitas de Lima y Riobamba, en Agia 1946: 61. Este mismo autor se refiere a la de Santa Fe de Bogotá en 1603.
11. Colmenares 1968: 462-467.
12. Ibíd., pp. 480-483.
13. Ibíd., p. 315.
14. Ibíd., p. 383.
15. Samudio 1988.

de Buenos Aires de un documento de comienzos del siglo XVII sobre la mita limeña motivó el artículo que antecede a la versión actual.[16]

Como cualquier ciudad de las fundadas en Indias, la bautizada como Ciudad de los Reyes requirió mano de obra abundante para su erección, tanto más al no poder aprovechar estructuras preexistentes, como en Cuzco, donde todavía cabe admirar edificios coloniales insertos en otros incaicos. Por ser capital de reino requirió esfuerzos edilicios mayores que los realizados en ciudades de menor entidad. Mano de obra no faltó en un primer momento en sus alrededores, a pesar de lo cual se necesitó por años indios "de cien leguas a la redonda de la ciudad", en palabras de Molina.[17] Al despoblarse los aledaños de Lima, por haber sido privados los naturales de sus sementeras, los brazos escasearon.[18] La fuerza de trabajo indígena opuso por añadidura una reticencia lógica a trabajar para los intrusos, tanto más por ser la forma requerida ajena a su propia concepción del trabajo. Su rechazo se tradujo *in extremis* en huidas u ocultaciones. El servicio público acabó resintiéndose por la falta de brazos. El Cabildo de Lima escribió al monarca en 1550:

> Por cuanto esta ciudad tuvo indios encomendados cuando se pobló en Jauja, que Su Majestad se los confirme o le haga merced de los primeros que vacasen en ella o sus términos para los reparos de la dicha ciudad, puentes y acequias, porque es muy necesario y provechoso a los naturales.[19]

Invocar privilegios antiguos no parece que fuera el mejor argumento para ganar la voluntad de un soberano que acababa de oponerse a las encomiendas y a los servicios personales. Un tanto desvergonzado parece además que el reparto se solicitara para beneficio de los naturales.

---

16. Sánchez-Albornoz 1988.

17. Molina 1968: 67.

18. Jaramillo 1992, Vergara 1995, Charney 2001.

19. *Cabildos de Lima* 1935, III: 254.

La iniciativa del virrey marqués de Cañete de agrupar a los indígenas dispersos en la proximidad de Lima se tradujo en el establecimiento de los pueblos multiétnicos de Magdalena, Surco, Carabayllo, Lati y Luringancho,[20] más otro pegado a la capital. El solar elegido para edificar este pueblo a poco más de un kilómetro de distancia fue adquirido en 1566. El terreno fue dividido en 35 manzanas asignadas luego por encomiendas y repartimientos.[21] Cuando Toledo asumió el mando del virreinato, la edificación del pueblo no estaba aún concluida. No lo estaría hasta julio de 1570. En este apéndice indígena de la ciudad convivieron originarios, yanaconas y mitayos. En el casco urbano, solo pudo pernoctar el servicio doméstico en la casa de sus amos españoles. En el casco, se fueron estableciendo de a poco oficiales y tenderos indígenas. En vano se intentó expulsarlos al arrabal en 1603.[22] El nuevo asentamiento, puesto cáusticamente bajo la advocación del apóstol Santiago, figura poco amistosa para los naturales, fue conocido en el lenguaje común como Cercado, por la cerca o muro que lo rodeaba y a la vez lo aislaba de la ciudad española. Andando el tiempo, el pueblo indio acabó por dar nombre al corregimiento, capital incluida.

La mita de plaza de Toledo a Velasco

El virrey Francisco de Toledo reguló el flujo de mano de obra hacia la república de españoles ordenando levas anuales de trabajadores que los pueblos habrían de proporcionar para emplearlos en las actividades económicas básicas. Toledo no concedió mita a cualquier mina, obraje, hacienda, chacra o ciudad, sino que reservó, a él y a los gobernantes futuros, la facultad de otorgarlas. Tampoco decidió a su antojo el monto de las levas, sino que lo fijó en función de los hombres en edad de trabajar con que contaba cada pueblo. Algunos de ellos consiguieron librarse de entrar en el sorteo, y a ciertos pueblos o sectores

20. Vergara 1995: 10.

21. Málaga Medina 1975: 23-36.

22. Charney 1988: 19.

les fueron asignados cupos mayores o menores por circunstancias que no siempre quedan claras. El rasero atribuido comúnmente a la mita potosina fue la "séptima", o sea un 14% de los hombres adultos. Las audiencias septentrionales del virreinato se inclinaron por una carga más pesada, el quinto o 20%. En la Mérida venezolana se "quintó", según la visita de 1620, salvo en los lugares de tierra caliente.[23] Las variaciones locales del área recubierta por el área de Lima se comentarán más adelante.

La adopción del nombre y del régimen de la mita contradecía de lleno el reiterado criterio oficial en pro del trabajo voluntario. Toledo escudó su decisión en que la mita no innovaba. En tanto que heredero legítimo del Imperio incaico, lo estipulado se contentaba con prolongar prácticas ancestrales con fines comunitarios. La inclusión del salario le restó sin embargo abolengo, al no corresponder al modo en el que el andino esperaba que su trabajo fuera compensado. El intercambio solidario se transformó en obligación. Denigrada por la historiografía, la mita toledana no obstante duró en el tiempo.

Los argumentos con los que el virrey Toledo justificó el reparto de mitayos yungas entre los labradores y vecinos de Lima, que recoge la ordenanza del 4 de noviembre de 1577,[24] se reducen básicamente a tres: mita por interés público, falta de mano de obra alternativa y vehículo para la aculturación del indio. La mita resultaba, se decía, imprescindible para el abastecimiento de la ciudad, pero no para la construcción. La edificación debía realizarse con trabajadores alquilados. Negros y mulatos ya se veían en Lima, pero no bastaban. Por otra parte, argumentaba que la compulsión vencía en el indio al aborrecimiento, la indolencia y los vicios congénitos. El salario lo invitaba a ganar dinero para su sustento y para pagar el tributo.

Las deserciones en momentos de escasez de brazos suscitaron lógica alarma. En 1586, el Cabildo de Lima dio a conocer su inquietud:

---

23. Samudio 1988: 180-191.

24. Sanabria 1992, II: 329-341.

> En este ayuntamiento el señor corregidor dijo que a causa de no venir a esta ciudad tantos indios como están repartidos por su Excelencia, no se pueden cumplir las provisiones que su Excelencia dio y también por no haber tanta suma de indios no se puede cumplir con los labradores de que padece la República y vendrá a haber falta de bastimentos.[25]

Ante el remedio que el monarca propuso poco después, un testigo de la época mostró desconfianza. Por cédula de 1601, citada en el capítulo anterior, Felipe III dispuso que los jornaleros acudieran a las plazas de los pueblos para ser ajustados por quienes competían por la mano de obra.[26] Messía se preguntó en 1604:

> Los indios que trabajan, pongamos por ejemplo, en Lima, *et sic de reliquis*, se traen de la sierra, de veinte, treinta o cincuenta leguas de aquí, como son de Guadachiri, Tangos, Huamatanga, Santa, Atavicos, Piscas y Antapisias; ¿pues qué orden se ha de dar para hacerlos salir a las plazas, o quien los podrá mandar venir y alquilarse con efecto, pues aún cuando vienen los indios por sus mitas y los traen sus caciques y los entregan para repartirlos por su número y cuenta, faltan gran parte de ellos?[27]

Messía reconoce la escasez de brazos, destaca la contradicción entre mita y mercado, y pronostica el fracaso en Indias de una práctica laboral principalmente del campo andaluz.

Los mitayos fueron traídos a la capital virreinal desde un área extensa y rica en contrastes étnicos y fisiográficos. De sur a norte, el territorio afectado a la mita limeña se extendía del río Cañete al Pativilca, una distancia de unos 350 kilómetros a vuelo de pájaro; de la costa se adentraba hasta las altas cumbres (véase mapa 1). Una sucesión de ríos que bajan de la sierra a desaguar en el Pacífico excava, de las montañas abajo, valles angostos que forman planicies costeras por sedimentación del material de acarreo. La ciudad de Lima se erigió, precisamente, en la desembocadura del río Rímac, ampliada por las de

25. *Cabildos de Lima* 1935: 352.
26. Agia 1946: XXX-LII.
27. Messía 1871 [1604]: 343.

los ríos Chillón y Lurín. Varias de esas planicies fueron incluidas en una unidad administrativa de nuevo cuño, el corregimiento. La costa proveedora de mita quedó dividida en tres de ellos, descompuestos a su vez en repartimientos, pueblos o guarangas.

El tramo sur de la costa, atravesado por los ríos Lunahuaná, Omas y Mala, conformó el corregimiento de Cañete. Las desembocaduras de los ríos Lurín, Rímac y Chillón compusieron el corregimiento del Cercado. Los valles de Chancay, Supe y Pativilca formaron, al norte, el corregimiento de Chancay. Tierra adentro se replicó la división. Los altos valles de los ríos mencionados más las serranías circundantes dieron lugar a cuatro corregimientos. El de Yauyos abarcó los altos del río Lunahuaná; el de Huarochirí, los de los ríos Mala, Lurín y Rímac; el de Canta, los del río Chillón. El corregimiento de Chancay se internaba por su parte hacia el interior del valle homónimo. Trece pueblos de la costa y otros tantos de la sierra fueron los encargados de proveer mitayos a la plaza de Lima.

Los corregimientos costeros asignados a la mita de la capital contaban en 1572, fecha de la visita toledana, con 3498 tributarios y los serranos más del triple (11.036). Que la sierra se hallara más poblada que la costa se explica, entre otras razones, porque el declive provocado por la conquista del territorio afectó menos, en general, a las tierras altas que a las bajas.[28] A ese motivo se sumó la acción depredadora que una ciudad del tamaño de la capital ejerció sobre su entorno litoral. La región costera hubo de proporcionar por reglamento a Lima 360 hombres por año y la sierra, 985. Los 1345 mitayos limeños equivalen a la décima parte aproximada de los 13.382 mitayos concedidos a Potosí o a cuatro décimas partes de los 3280 cedidos a las minas de Huancavelica.[29] Plata y mercurio gozaron de una obvia preferencia a la hora de asignar mitas. La mita de plaza limeña encabezó por tamaño a las restantes de su clase.

---

28. Cook 2010: 201-222.

29. Lohmann 1949.

Mapa 1
Provincias sujetas a la mita de Lima (siglo XVII)

El corregimiento del Cercado, el más castigado, debió proporcionar más de la mitad de los mitayos exigibles a la costa; Cañete el 30%, a pesar de contar con una masa tributaria mayor; y Chancay solo el 16% (véase el resumen en el cuadro 1). El reparto de mitayos entre ellos no fue pues uniforme. Las columnas *a* y *b* del cuadro 1 consignan la cantidad de tributarios y mitayos de cada pueblo alrededor de 1575 y la *c*, el cociente de la división de una cifra por la otra, o sea la proporción de mitayos correspondientes a cada pueblo. La columna siguiente a la derecha consigna los tributarios que documentos de alrededor de 1603 atribuyen a los mismos lugares. La última columna divide la *d* por la *b*. El resultado revela cuántos tributarios desaparecieron en un cuarto de siglo. Biología, huidas y ocultaciones explican su reducción a la mitad, en especial en el Cercado.

Tierra adentro, la leva experimentó un reparto asimismo desigual. Si en la costa la carga representó en término medio el 10,3% de los tributarios, en la sierra esta fue algo menor (el 9%) (véanse los cuadros 1 y 2). Por corregimiento o pueblo, la diferencia crece. Oscila entre la séptima convencional, vigente en el Cercado, y la mínima del 5,5%, del pueblo de Mama en Yauyos. No por excluidos de la cuenta ciertos lugares escaparon del trabajo forzoso. Bernabé Cobo[30] escribió hacia 1629: "De los demás repartimientos del distrito de esta ciudad que no acuden [a Lima], la mitad de ellos van a servir a los otros pueblos de los españoles como son Cañete, Guaura, Santa e indios de cédula, cada dos meses". El pueblo de la sierra más agobiado por la mita parece haber sido Huarochirí, sometido a nada menos que a cuatro de ellas: la limeña de plaza, la del corte y trasporte de hielo a Lima, la local para el servicio de los tambos y, después del descubrimiento de Nuevo Potosí, la minera.[31] López de Caravantes[32] informa que la leva asignada a Nuevo Potosí contó con 100 mitayos. Para desgracia suya, los habitantes de Huarochirí no tuvieron pues motivos para echar en falta el trabajo compulsivo fuera del pueblo.

---

30. Cobo 1882 [1639]: 76.

31. Spalding 1984: 165.

32. López de Caravantes 1986: 63.

Cuadro 1

Mitayos yungas de Lima, 1575-1603

		a	b	c	d	e
		Mita	Trib. 1575	% a/b	Trib. 1603	Remanente d/b
Cañete						
Lunahuaná[1]		49	740	6,6	641	0,87
Coayllo Calongo		37	397	9,3	250	0,63
Chilca y Mala		21	225	9,3	142	0,63
Cercado						
Pachacamac		23[2]	162	14,2	70	0,43
Magdalena		30	246	12,2	89	0,36
Maranga Huatca		18	133	13,5	91	0,68
Surco[3]		80	479	16,7	264	0,55
Manchay[4]		9	66	13,6	27	0,41
Carabayllo		24	184	13,0	20	0,11
Lurigancho		12	83	14,5	31	0,37
Chancay[5]						
Végueta[6]		10	124	8,0	131	1,06
Huara[7]		30	391	7,7	273	0,70
Barranca		17	268	6,3	169	0,63
Resumen						
Cañete	30	107	1362	7,9	712	0,52
Cercado	54	196	1353	14,5	592	0,44
Chancay	16	57	783	7,2	573	0,73
Total	100	360	3498	10,3	1877	0,54

Notas:

1. Comprende Chica, 316, y Guarco, 5
2. Comprende indios canxigas.
3. Comprende Chuquitanta, 20; Huancayo, 45; y Guanchihuaylas, 47.
4. Comprende Cacahuasi, 9; y Porocucha, 6.
5. Excluye Ancayama.
6. Incluye Cupi, 79.
7. Incluye Chancay, 22; y Cupila, 3.

Fuentes: Mita 1575: Málaga Medina 1975: 33; Tributarios 1573: Cook 1982; Tributarios, *c.* 1603: Vázquez de Espinosa § 1832, 1834, 1836.

Cuadro 2
Mitayos serranos de Lima, 1575-1631

		Mita	Trib. 1575	%	Mita	Trib. *c*. 1631	%
Yauyos							
Mancos y Laraos		164	1157	14,2	104	1027	10,1
Colpa Chungamarca		27	1343	7,9	85	1243	8,5
Huaneque		58	–	–	–	–	–
Atun Yauyos		21	–	–	21	–	–
Huarochirí		202	1821	11,1	240	1481	16,2
Mama		56	1026	5,5	56	551	10,5
Chaclla		99	1386	7,1	100	854	12,5
Canta							
Canta		120	1137	10,6	120	782	15,3
Atabillos		40	382	10,5	40	353	11,3
Huamantanga		81	734	11	81	631	12,8
Hananpisca		28	469	6	34	425	12,5
Lurinpisca		22	382	5,8	21	244	8,6
Chancay							
Checras[1]		71	1199	5,9	60	1050	5,7
Resumen							
Yauyos	22	270	2500	10,8	210	1862	8,9
Huarochirí	49	357	4233	8,4	396	2886	13,7
Canta	23	291	3104	9,6	296	2435	12,2
Chancay	6	71	1999	5,9	60	1050	5,7
Total	100	989	11.836	9	962	8233	11,7

Fuentes: Mita 1575: Málaga Medina 1975: 33; Tributarios 1575: Cook 1982; Mita 1603-1623, Sánchez-Albornoz 1989a: 207-209; Tributarios 1591-1623: Vázquez de Espinosa § 1836, 1842 y 1844.

Notas:

1. Incluye Ancayama, 125.

El corregidor Dávila Briceño[33] dividió a los antiguos yauyos de la sierra en cinco repartimientos: Mancos y Laraos, Atunyauyos, Huarochirí, Mama y Chaclla, reducidos luego tan solo a dos: Yauyos y Huarochirí. Ambos corregimientos compartieron las obligaciones de la mita serrana con los de Canta y Chancay, poblados por etnias distintas.[34] Consumada la Conquista, los indios de las tierras altas tuvieron por costumbre bajar a trabajar al litoral al decir de Hernando de Santillán:[35]

> Porque hay algunos repartimientos que son gruesos de mucha gente y no alcanzan algodón, porque están en la sierra, ni lana, porque el ganado de que en tiempo del inga la sacaban, se les ha menoscabado por los españoles, y hay muchos oficiales de hacer la dicha ropa, y a éstos, por las tasas que agora tienen, se les manda dar plata, teniendo respeto de la gente y no a que en sus tierras no tienen minas, para habella, de necesidad bajan a los llanos a alquilarse, así como son los de la provincia de Guaylas y Guadachirí y los Yauyos y otros muchos.[36]

Menoscabo de los rebaños, redundancia de tejedores y pago del tributo en plata indujeron a los serranos a alquilar sus brazos río abajo. Fueran espontáneos o forzados, estos desplazamientos depositaron un espeso sedimento humano en la capital. Cobo explica:

> Demás de estas mitas o repartición, son muchos los que voluntariamente se vienen a alquilar de sus tierras, los cuales suelen ganar uno y dos reales más cada día que los primeros, y de éstos acostumbran muchos, después de haber cumplido con su obligación y mita quedarse por algún tiempo a ganar jornal.[37]

---

33. Dávila Briceño 1965 [1586]: 155-165.

34. Sobre el pasado preincaico de las etnias del área sometida más tarde a la mita limeña, véase Rostworowski 1978. Para el valle de Lima, pp. 45-107; para los Yauyos, pp. 34-44, así como pp. 109-122; y sobre Canta, pp. 151-190. Los yauyos llegaron a conquistar entonces parte de la costa, lo cual confirma la relación primordial entre sierra y costa restaurada en la mita de plaza.

35. Santillán 1968: 130.

36. Ibíd., p. 130.

37. Cobo 1882 [1639]: 76.

Bastantes de los indios censados en la capital en 1613 admitieron ser originarios de Huarochirí.[38]

Los serranos bajaron a la costa por costumbre, necesidad o imposición. Además de las conquistas territoriales, los serranos adquirieron allí tierras agrícolas fértiles por métodos pacíficos. En ellas instalaron mitimaes que proveyeron a la comunidad serrana alimentos cultivados en suelos templados. Los incas, por su parte, implantaron en la sierra soldados fieles o colonos de distancias tales como Huánuco o Cajamarca.[39] López de Caravantes[40] señala la presencia de mitimaes de Canta y Huarochirí en repartimientos de Jauja. En tiempos de Toledo, varios repartimientos de Yauyos contaban también con mitimaes del contiguo Huarochirí (cuadro 2, nota 1). Por hallarse sujeto a la mita de Lima, Yauyos se salvó de proveer mitayos a las cercanas minas de azogue de Huancavelica.

De los 995 mitayos de los pueblos serranos asignados a la plaza de Lima por Toledo, la mitad recayó sobre el corregimiento de Huarochirí, el de mayor renombre antes y en la historiografía moderna.[41] La detracción media de efectivos presenta variaciones internas que van del simple al doble: el 11,1% en el propio Huarochirí, el 7,1% en Chaclla (otras veces llamado Chacallac) y el 5,5% en Mama. Yauyos aportó por su parte a Lima el 22% de los mitayos serranos, en tandas igualmente dispares: Mancos y Laraos proporcionaron la clásica "séptima" y Colpe casi la mitad. El corregimiento de Canta cubrió el restante 23% de la cuota general. Sus pueblos —Canta, Atabillos y Huamantanga— tuvieron comprometidos una décima parte de sus tributarios, mientras que las dos parcialidades de etnia pisca (atun y urin) (Pacarao y Lanpián, por otro nombre) se limitaron a enterar el 6%. En Canta, como en Huarochirí, los indios "no tienen minas, sino solamente el rescate de Lima —escribe fray Lope de la Fuente— y para juntar dos mil pesos [para el pago del tributo] con alquilarse y vender leñas, yerba han menester estar en la dicha ciudad más de los cinco

38. Jaramillo 1992: 273.

39. Spalding 1984: 87.

40. López de Caravantes 1986: 62.

41. Taylor 1987, Spalding 1984.

meses de invierno del año y así enferman y adolecen con el tiempo caliente y se mueren muchos".[42] Más al norte aún, en Chancay, Checras remitió igualmente el 6%. Descartada la consabida séptima como regla general, habrá que detallar la desigualdad pueblo a pueblo.

Las tres columnas situadas a la derecha del cuadro 2 indican, en la primera, el reajuste de mita efectuado en los corregimientos serranos por el virrey Luis de Velasco en 1603. La iniciativa se limitó a consolidar rectificaciones hechas antes. La columna siguiente da cuenta de los tributarios censados en las últimas revisitas celebradas. La fecha que preside la columna es convencional, no exacta. La tercera columna consigna por último la razón entre las cantidades anteriores. Los cambios admitidos entre Toledo y Velasco son mínimos, incluido el aumento de mitayos a Huarochirí. Los tributarios menguaron una cuarta parte, la mita no. Los comuneros tuvieron por consiguiente que redoblar los turnos y el esfuerzo correlativo para satisfacer la misma obligación.

Los indios serranos era fama que enfermaban o morían a menudo al bajar de las alturas al litoral. Para remediar el problema, el segundo obispo de Lima fundó el hospital de Santa Ana.[43] Vázquez de Espinosa describe la institución en estos términos fulgentes:

> Enfermerías tan grandiosas, que exceden a todo encarecimiento con camas aseadas y limpias, y su ropería tan abastecida que pueden dar lo necesario a mil camas, y como los indios están acostumbrados a sus comidas de maíz y hierbezuelas sazonadas con ají y pimiento, se les adereza a su modo, y con ser tantos, particularmente cuando bajan de la sierra y pueblos comarcanos, que cuando bajan a tierra caliente de los llanos al repartimiento de la mita para el servicio y labores de la tierra, que es cuando hay más enfermos a la entrada del verano, se hacen las curas a cada uno con gran diligencia y cuidado.[44]

Los mitayos serranos constituyeron, por lo tanto, los pacientes habituales del hospital, cuyos gastos además sufragaron. La tasa

---

42. Rostworowski 1978: 262.

43. Santillán 1968: 124, Hanke 1978, II: 60.

44. Vázquez de Espinosa 1948: § 1273.

promulgada por el virrey Toledo especifica en efecto cuánta pensión anual debía disfrutar el hospital sobre los tributos percibidos del repartimiento de Yauyos.

Los rasgos básicos de la rotación limeña son en conclusión los siguientes: doble fuente de mitayos —costeños y serranos—, reparto desigual entre corregimientos o pueblos y mayores exigencias a mayor proximidad de la capital (Cercado en la costa y Huarochirí en la sierra). Los mitayos acudieron por tandas de tercios bimensuales de tamaño desigual: serranos en invierno y ribereños en verano.[45] León de Portocarrero definió por entonces la alternancia como mensual y atribuyó su empleo a labores agrícolas.

> En el cercado de indios de Lima ha todos los meses mita de indios, esto se entiende que son indios que están señalados por cédula de los visorreyes, y los reparten por los señores que tienen chacras para que trabajen en ellos, y les pagan tres reales de su trabajo cada día. En el verano sirven indios yungas que son de los llanos, y en el invierno serranos de la sierra; y estos indios no pueden faltar porque los corregidores de su partido tienen obligación de los enviar y los alcaldes de los indios de traellos.[46]

La alternancia entre indios yungas en verano y serranos en invierno seguía en pie en tiempos del virrey Príncipe de Esquilache.[47]

La mita de plaza tardía

El informe solicitado sobre el estado de la mita limeña puso de manifiesto que las modificaciones introducidas de 1603 a 1631 constituyeron simples retoques, no un profundo reajuste. Alonso de Carrión advirtió al virrey que las provisiones de 1606 simplemente habían eliminado incrementos y devuelto a Huarochirí y Chacallac las magnitudes fijadas por Toledo. Pucarao experimentó una leve rebaja en 1612, Chacallac

---

45. *Cabildos de Lima* 1935, XIV: 537, 1603.
46. León de Portocarrero 1958: 74.
47. Hanke 1978, II: 175.

mínimamente en 1623 y Huamatanga en 1630. No constan en el documento consultado los motivos de los reajustes. En contrapartida, Laraos fue conminado a mandar 10 mitayos más: 6 para el contador López de Caravantes y 4 para Francisca de Aliaga. Carrión se lamenta: "No los han dado, aunque han sido apremiados a ello".[48]

A mediados del siglo XVI, el Cabildo de Lima solicitó al rey el mencionado reparto para reparo de los puentes y acequias de la ciudad, propósito aún vigente en 1603, cuando el 12 de septiembre el mismo municipio aprobó poner a todos los serranos a reparar por dos o tres días el puente dañado por una fuerte riada.[49] A principios del siglo XVII, el cometido de la mita había cambiado. Del mantenimiento de las acequias de riego se había extendido al cultivo de las chacras de los alrededores de la ciudad.[50] El ya mencionado Alonso de Carrión resaltó que los mitayos "se han repartido entre los labradores y no sabré decir si los ocupan en el servicio de sus casas y lo más cierto es que los ocupan en el servicio de sus chacras". El número de heredades y huertas ascendía entonces a 220, precisaron Cobo[51] y López de Caravantes.[52] De los mitayos se aprovechaban los altos cargos de la administración virreinal y determinadas instituciones (conventos y cárceles, entre otras). El reparto databa de la ordenanza toledana.[53] Los cabildantes habían quedado excluidos de él por desempeñar un cargo público. Pocas semanas después de reclamar en 1603 el servicio de la mita, los regidores recapacitaron y añadieron una solicitud para que el virrey les concediera mitayos como había hecho con los demás.

> En este ayuntamiento —dice la presentación elevada— se trató como a muchas personas de esta ciudad en razón de los oficios que ejercen se les

---

48. Sánchez-Albornoz 1988: 209.
49. *Cabildos de Lima* 1935, XIV: 523.
50. Informe del virrey Chinchón a la Corona de 1636 (Bowser 1974: 91). Los indios descollaban en el manejo de las acequias preincaicas. La red de acequias en torno a Lima en Rostworowski 1978: 48.
51. Cobo 1882 [1639]: 76.
52. López de Caravantes 1986: 52.
53. Sarabia 1992, II: 332 y ss.

da y reparte indios serranos de mita, y que no eran de peor condición los regidores pues velaban por el bien de la República y se ocupaban en él y habiéndose tratado sobre ellos se acordó que el procurador mayor pida al señor visorrey de estos reinos se sirva mandar repartir a los dichos regidores algunos indios.[54]

Los cabildantes se quejaban de preterición y argumentaban por comparación que habían acordado su disfrute a otros empleados administrativos. Aunque la ley del 26 de mayo de 1609, prohibía el reparto de mitayos a los oficiales reales,[55] López de Caravantes aceptó que se le asignaran seis de plaza del cupo serrano. Al parecer, nunca los disfrutó por obstrucción de los naturales. Nuevos actores parecían haber entrado a contender por los despojos de la conquista. El episodio ilustra la rivalidad larvada que oponía a segmentos de la élite colonial. A principios del siglo XVII, un grupo misceláneo sin más mérito que la proximidad al poder local pugnó en varios lugares por ascender socialmente. Stern[56] ha observado en Huamanga la misma aprehensión de la mita por los detentadores del poder.

Privados los naturales de sus tierras o arrinconados en una estrecha franja a lo largo de la costa,[57] el entorno de Lima cayó en manos de propietarios españoles. Ellos necesitaron brazos para explotar sus propiedades. Siendo caros los esclavos y elevados los jornales de los indios y mestizos libres, los hacendados y chacareros, en cuyo círculo aspiraban a ingresar los funcionarios reales, procuraron hacerse de la decaída mita de los encomenderos.[58] Bartolomé Cobo, testigo de la vida limeña, destaca por otra parte los cambios étnicos y laborales registrados:

---

54. *Cabildos de Lima* 1935, XIV: 547.

55 *Recopilación de leyes* 1973 [1681]: lib. VI, tít. XII, ley XLII.

56. Stern 1986: 163-164.

57. Glave 2009: 394-407.

58. Los mitayos de plaza se sacaron en la costa de las siguientes encomiendas: los de Lunahuaná, en el corregimiento de Cañete, de la de Diego de Agüero; los de Coayllo y Calongo, de la de Antonio Navarro; y los de Chilca y Mala, de la que disfrutaba Catalina de Alconchel; en el corregimiento del Cercado, los de Pachacamac, de la de Juan Maldonado Buendía y Francisca de Zepeda; los de Magdalena, de la de Juan de

Al principio de la ciudad era mucho mayor el número de indios que servía en estos oficios [agrícolas y domésticos], los cuales repartía el gobierno a los vecinos por cédula o padrón conforme a la necesidad de cada uno, así por haber en aquellos tiempos poco número de negros, como por ser mucho mayor que ahora el que había de indios, los cuales al paso que se van disminuyendo, va el gobierno acrecentando los repartimientos y mitas, que así llaman a estas distribuciones, y los vecinos comprando negros que sustituyen a los indios.[59]

Los mitayos aliviaron la escasez de brazos que sufría la agricultura; los esclavos desplazaron a los indios del servicio doméstico.

Miguel Jaramillo ha estudiado la formación de la fuerza de trabajo asalariada en la ciudad de Lima a partir del padrón de 1613 y de los contratos notariales suscritos por indígenas en el primer quinquenio de aquel siglo.[60] Del padrón dedujo el volumen de la mano de obra disponible y de las escrituras desglosó la ocupación de los trabajadores. Los contratos consultados abrazan un periodo corto y una salvedad insalvable: no incluyen, por lógica, los tratos verbales, que en la agricultura tuvieron que ser muchos más que los escritos. Censo y contratos contemplan una fuerza de trabajo asalariada que, en Lima, además de indígena fue negra esclava, mulata y mestiza. A ese propósito, Cobo comenta:

Bien es verdad que no bastarán para el servicio de tan gran ciudad los indios referidos [mitayos y asalariados] y se sintiera grande falta de jornaleros si no se fueran trayendo tantos negros como ha tantos años se traen, con que la República está muy abastecida de servicio, que hay muchos vecinos que tienen por trato y granjería traer sus esclavos a ganar jornal,

---

Mendoza; los de Maranga y Huatca, de la de Nicolás Rivera; los de Surco, de la de Antonio Navarro; los de Manchay, de la de Francisco de Ayala; los de Lurigancho, de la de Su Majestad; finalmente, en el corregimiento de Chancay, los de Végueta, de la de Juan de Rivera; los de Huara, de la de Juan Bayón de Campomanes; y los de Barranca, de la, una vez más, de Antonio Navarro (Cobo 1882 [1639]: 75). Varios encomenderos se plegaron a las nuevas corrientes y procuraron hacerse con mercedes de tierra en los alrededores de Lima (Vergara 1995: 20).

59. Cobo 1882 [1639]: 74.

60. Jaramillo 1992.

y éstos se alquilan en las plazas a tres y cuatro reales cada día para cualesquiera trabajo y ministerios, unos con solo sus personas y otros con bestias de carga con sus angarillas para llevar carga de unas partes a otras.[61]

La inventiva limeña había concebido ya la figura original del esclavo asalariado a cuenta de terceros.

La fuerza de trabajo había dejado de estar constituida entonces únicamente por indios. En 1613, los hombres y las mujeres indígenas suponían solo el 8% de la población censada, mientras que los negros ascendían al 42%. La ingente masa servil competía o suplía el trabajo indígena, a pesar de que su adquisición suponía una gran inversión. Los mulatos no representaban todavía sino el 3% y los mestizos no llegaban al uno. El resto estaba obviamente formado por españoles, criollos o peninsulares. Del trabajo femenino sabemos menos de Lima que de la ciudad de La Paz.[62] En suma, los 1078 trabajadores indios censados en 1613 (829 hombres y 249 muchachos, presumiblemente aprendices) constituían una fuerza de trabajo masculina permanente diez veces superior a los 113 mitayos mensuales facilitados por la costa o la sierra. Ante el crecimiento urbano, los mitayos habían llegado pues a ser prescindibles, salvo para el puñado de agraciados con el privilegio.

Los mitayos habían quedado relegados a trabajar en las actividades remuneradas menos especializadas y apreciadas.[63] De los 523 indígenas concertados ante escribano a principios del siglo XVII, el 42% eran aprendices y el 35%, sirvientes. Únicamente, el 12% eran labradores, a los que habría que sumar los usualmente ajustados de palabra. De los 829 trabajadores censados en Lima después en 1613, el 69% eran artesanos y el 21%, sirvientes. La disminución de los aprendices en menos de un decenio sugiere un ascenso de los mismos individuos al rango de artesanos. Los labradores fueron apenas el 7,2%. Los mitayos valieron pues fundamentalmente para compensar la escasez de brazos que aquejaba a la agricultura.

---

61. Cobo 1882 [1639]: 76.

62. Glave 1989.

63. Vergara 1995: 30.

El censo de 1613 revela un flujo indígena procedente de todo el virreinato. Mitayos aparte, el 15% había acudido en los 12 meses anteriores a la celebración del censo y el 52% en los nueve años precedentes. Dos tercios había llegado pues cuanto más en 1603. Del tercio restante, el 18,5% llevaba de diez a veinte años en Lima y los menos, una décima parte, más de veinte años. La afluencia había experimentado una aceleración reciente. Originarios del lugar debían quedar entonces pocos. En 1613, la gran mayoría eran pues forasteros con corto arraigo en la ciudad. Por procedencia, el grueso, 34,5%, provino del norte, del límite con Nueva Granada hasta Santa. Del sur, es decir de Chile a Ica, Altiplano incluido, solo provino el 19%. El menor caudal recibido desde allí se explica en parte por la competencia ejercida por grandes ciudades: Potosí, Cuzco y Arequipa. La costa y la sierra cercanas sujetas a la mita aportaron 24,5% de migrantes y el interior serrano, un modesto 18%.[64]

La mita de plaza fue destinada entonces a las labores agrícolas menos calificadas. Su energía dejó de ser imprescindible para el desarrollo edilicio. Los 113 pares de brazos adultos que la mita aportaba por mes equivalían tan solo a la quinta parte de los indios bajo contrato y cerca de treinta veces menos que los esclavos disponibles, amén de los mulatos, mestizos y el puñado de españoles pobres que se habían ido incorporando a la fuerza de trabajo. La mita no se extinguió en el siglo XVII por inercia, la que opusieron los propietarios rurales conectados con el poder o que formaban parte de él. Los esclavos proporcionaban ya el grueso del trabajo.[65] Los inmigrantes indígenas solieron especializarse en producir bienes para el consumo urbano, dando forma a oficios como sastres, zapateros, pasamaneros, guarnicioneros, etc. Lima acabó por prescindir de la mita de plaza en un futuro no muy lejano; pero, antes de su extinción, el daño quedaba hecho. Los pueblos que habían estado sujetos año tras año a esta modalidad se hallaban desquiciados. Las comunidades se vaciaron y empobrecieron.

---

64. Cook 1968: 13-14.

65. Bowser 1974: 340.

II

Migraciones en los Andes en el siglo XVII

Los andinos nunca han dejado de desplazarse de aquí para allá, a corta o a larga distancia. La imagen de un ámbito rural inmóvil o rutinario a lo largo de siglos, que los historiadores y los antropólogos han suscrito por años, no corresponde a la realidad prehispana, colonial ni moderna. Los hechos la desmienten. Dejando atrás las correrías de los pueblos cazadores-recolectores que acabaron por ocupar el continente entero en pocos milenios, la vieja palabra quechua *mitma* remite en tiempos ya prehispanos al agricultor —o minero— que se desplaza en rotación comunitaria entre pisos ecológicos situados a varias jornadas de camino de la sede principal. También se refiere a núcleos reasentados por disposición estatal, por motivos económicos o para reforzar, mediante la inserción de gentes de fidelidad contrastada, el dominio sobre lugares sometidos. Algunos trasvases forzosos supusieron marchas superiores a los mil kilómetros.[1] Menos perceptibles resultan para el ojo contemporáneo los desplazamientos a corta distancia, individuales o en familia, ocurridos también entonces. El mundo andino conoció milenios de animación que la expansión unificadora incaica aceleró. Cerca de

1. Lorandi y Rodríguez 2003.

cinco siglos después de que concluyera el desenvolvimiento autónomo del continente, estallaron en la América Latina del siglo XX migraciones laborales cuantiosas del campo a la ciudad y de nación a nación. Ellas no han concluido aún. Entre el pasado distante y el presente palpitante, la población rural andina, tanto la colonial como la republicana, no ha conocido sosiego alguno. Sobre ese agitado telón de fondo, se perfilan y cobran particular relieve las convulsiones del siglo XVII detalladas en este libro.

Desvincularse del núcleo primordial —parcialidad o ayllu— no resultó ni anímica ni físicamente practicable para individuos con largo arraigo y sujetos a curacas locales interesados en mantener a su grey cohesionada. La Conquista propagó dudas sobre las ventajas que reportaban la fidelidad a la raigambre y el acatamiento a la autoridad tradicional. Las nociones individualistas propias de la Europa renacentista alimentaron una parte de las vacilaciones. Unos naturales optaron entonces por desertar de las comunidades en las que habían crecido. Indios hubo que, por razones no siempre discernibles (fiscales, laborales, religiosas, pasionales, judiciales, crisis alimenticias, epidemias o catástrofes naturales), renunciaron a la seguridad y a las ventajas que ofrecían las creencias, los antepasados y la convivencia en común y decidieron afrontar la incertidumbre que conlleva la disyunción. Al multiplicarse estos hechos, las deserciones personales se transformaron en colectivas.

La dislocación del incario no propició desplazamientos humanos pautados al modo prehispano. Partidas de indios disconformes con su anterior trasplante aprovecharon la desaparición de la autoridad imperial para dar marcha atrás y volver al punto del que habían sido arrancados. Otros prefirieron acompañar a las huestes invasoras en su ocupación progresiva del territorio, con o sin sus curacas al frente. Los yanaconas incaicos, individuos al servicio personal de los curacas o de las instituciones políticas o religiosas, se valieron de la barahúnda para sacudir su dependencia, cayendo las más de las veces bajo la férula de los intrusos. La Conquista obligó a muchos andinos a tomar decisiones sin precedentes, a desplazarse a otras partes del Altiplano, a las alturas o a los valles circundantes. Una vez asentados, otros motivos dieron lugar a más estampidas.

El gobierno colonial no tardó en comprender que le convenía agrupar a la población antes dispersa o a la desbaratada por la invasión. El peso del Estado cayó de nuevo sobre los naturales, esta vez el de la monarquía hispana. Tras realizar una visita general del virreinato, el virrey Toledo se empleó, entre 1570 y 1575, en agrupar a los naturales desperdigados por caseríos y aldeas de forma metódica en pueblos de traza nueva. Arrancados de suelos cultivados desde tiempo inmemorial por ellos, la disconformidad reanudó las deserciones, algunas de ellas irreversibles.

Este libro comprende, en la segunda sección que estas líneas encabezan, cinco capítulos sobre los movimientos de población desatados en las "provincias de arriba" tras la magna concentración toledana. El primero expone los términos generales. Los cuatro restantes ejemplifican lo dicho con casos extraídos de un arsenal documental. Dos de ellos ilustran migraciones rurales: la primera percibida a su llegada a un pueblo del áspero Altiplano del Collao; la segunda, tierra abajo, en el jugoso valle oriental de Cochabamba. Una migración urbana de doble sentido, de y hacia Arequipa, cabecera del litoral suroccidental vinculada continuamente con el Altiplano, completa los ejemplos. El último capítulo de esta sección perfila los motivos que asistieron al ausente irrecuperable para abandonar su pueblo, según testimonio del curaca de la provincia de Chayanta. Entre ellos sobresale el agobio provocado por el servicio de la mita potosina.

¿En qué quedaron esos movimientos? La formación académica incide sobre las conclusiones. Los historiadores sociales tienden a interpretar los sucesos como una migración al estilo de las que estudian los sociólogos; los antropólogos prefieren ver en ellos la prosecución, bajo denominación colonial, de desplazamientos de solera prehispana. La índole de los datos disponibles de aquella época coincide con la que los sociólogos o demógrafos se valen para sus estudios contemporáneos. Que un funcionario colonial haya atribuido al censado la condición de forastero o de yanacona no afecta a la estadística de los datos. Por otra parte, todo aumento o disminución, más allá de lo que explica el movimiento natural de la población, tiene por origen un préstamo o un desplazamiento en el espacio. Las deserciones dividieron en tres la mano de obra local. En la tripartición, los originarios representaron el apego a la tradición y a la estabilidad. Forasteros y yanaconas, carentes de raíces locales, personificaron el movimiento y el revoltijo consiguiente.

La palabra castellana "originario" reemplaza al *hatunruna* quechua. *Yanacona* perpetúa un vocablo incaico vaciado de su significado original[2] para expresar en el periodo colonial una disyunción rural o un modo de acceso a la ciudad. Por etimología, "forastero" alude a un desplazamiento. Los tres términos tuvieron una aplicación administrativa más que coloquial o doméstica. Saignes recela que definir la condición del indio por un tipo de residencia responde a un afán administrativo con intención de desconectarlo de su "filiación" étnica, es decir, de definirlo en términos coloniales.[3]

Las numeraciones coloniales persiguieron en su confección al menos tres objetivos. El primero fue, por lógica, inquisitivo por desconocimiento de la sociedad local. Ejemplo temprano de semejante recopilación demográfica es la ampliamente conocida inspección de Huánuco llevada a cabo en 1562 por Ortiz de Zúñiga.[4] A ella se antepone el recuento más modesto, aunque también aldea por aldea, de los indios conchucos (Áncash) de 1543.[5] Block ha inventariado al conjunto de aquella primera tanda de visitas.[6]

La siempre mencionada visita general del virrey Toledo fijó y reglamentó luego el asentamiento de la población andina. Al método empleado se le endosa ahora una finalidad *performativa* (valga el anglicismo) subrepticia. Alineados los pobladores por parcialidad, ayllu y familias en una explanada del pueblo, los curacas los fueron nombrando ante los oficiales venidos de Lima, siguiendo el orden anudado en el quipu.[7] Al empadronamiento de *visu* se le atribuye un doble propósito, desde luego informativo, pero también el de inculcar en los

2. Murra 2002: 328-340.
3. Saignes 1978.
4. Ortiz de Zúñiga 1967.
5. Cook 1978.
6. Block 2003: 15-50.
7. Petersen 1936: 241, con respecto a la visita de Chuncha de 1558.

naturales su encuadre definitivo en el sistema colonial. Guevara Gil y Solomon interpretan perspicazmente esa ceremonia censal como un acto simbólico reductor de la variedad de identidades primigenias en la especie uniformadora de *indio*, opuesta binariamente a la de español.[8] Aparte de las intenciones perseguidas, las cantidades recogidas se prestan a tratamiento estadístico normal. Las dudas se arrastran sin embargo sobre el valor de la información étnica contenida. Se supone que los etnohistoriadores confiaron demasiado en esas fuentes por suponerlas menos sesgadas que lo extraíble de las crónicas coloniales.[9]

Estas numeraciones pausadas, onerosas y cuyo buen resultado dependía de la recta colaboración de los curacas, perdieron, con el tiempo, solemnidad, ganaron en celeridad y sobriedad y pasaron a perseguir ante todo objetivos fiscales. Su modo de ejecución varió cuando la administración virreinal contó con representantes (corregidores o tenientes, párrocos o doctrineros) con conocimiento directo del medio en el que ejercían su cometido. En las visitas de esa época, la finalidad descriptiva o normativa quedó desplazada por otra eminentemente práctica. El recuento de la población persiguió maximizar ingresos y mano de obra disponible. Con esa aspiración en mente, cobró especial interés la distinción entre tributarios y exentos. La fiabilidad de los datos acopiados dependió entonces de la diligencia y competencia desplegadas por los encargados de llevar a cabo las visitas. Alguna hubo de ser anulada por sospechas de fraude, como ocurrió con una encomendada a los corregidores. Los padroncillos levantados a mitad de siglo por párrocos y doctrineros proporcionan en cambio una base estadística sólida, como podremos comprobar en los próximos capítulos. A finales del siglo siguiente, el Estado colonial recuperó por último la ejecución de las visitas, encargando su confección a oficiales reales.

La compilación de datos demográficos no siguió, a fin de cuentas, un criterio uniforme y progresivo, ni la presidió un mismo esmero. Los datos más recientes no son por fuerza más de fiar. Sus defectos, por la pericia desigual de los enumeradores o por circunstancias fortuitas, no invalidan

8. Guevara Gil y Solomon 1996.

9. Por ejemplo, Murra 1967 y Pease 1978.

sin embargo el contenido. Desde una perspectiva global, resulta honroso que las estadísticas coloniales de población, prolongación ultramarina de la experiencia previa europea, superen en frecuencia, cobertura y confianza a las pocas y deficientes no europeas coetáneas.

Las noticias de los desplazamientos andinos que llenan las páginas próximas no proceden de comentarios u opiniones incontrastables, ni de indicios como a los que se recurre para trazar la evolución prehispana o la de la temprana Conquista. La información que proporcionan los padrones del siglo XVII es aritmética y susceptible de cálculo. De tanto en tanto, la misma fuente colorea el proceso con información personal. La magnitud de las migraciones induce, además, a reconsiderar puntos de la historia colonial andina, entre los que destaca el conocido declive demográfico provocado por una conquista intempestiva. La pérdida humana acaecida no se haya en entredicho, sino la medida por la merma de los tributarios. No todos los ausentes desaparecieron. Huidos u ocultos reaparecieron más adelante, ellos o sus descendientes, bajo otro rótulo. Los que fueron en tiempos originarios pasaron entonces a ser tildados de forasteros o yanaconas. El tributario perdió su valor indicativo para la demografía. Forasteros o yanaconas integraron el conjunto efectivo.

Las migraciones repercutieron también sobre las mentes y sobre los hábitos laborales. Los forasteros y yanaconas, desmembrados de sus comunidades de origen, ofrecieron menos resistencia que los originarios a las ideas y usos extracontinentales. Se mostraron mejor dispuestos —fuerza también ahorca— a trabajar a título individual por una remuneración. Tamañas migraciones repercutieron obviamente sobre los órdenes cultural y laboral, y provocaron una redistribución territorial de la población. Las ciudades, fundamentalmente españolas, crecieron por sustracción de mano de obra rural para el servicio doméstico y público, para la arriería, la edificación y la artesanía. También hubo resta de rurales para labrar metales en los centros mineros. La transferencia rural-urbana no fue abrumadora. Un tercio de los hombres en edad de trabajar participó en 1645 en migraciones de estricto signo rural. Al desplazarse, repoblaron tierras abandonadas en el Altiplano o bajaron de las alturas inclementes a los fértiles valles y crearon a veces anejos o nuevos pueblos.

Capítulo 3

MIGRACIONES EN LAS "PROVINCIAS DE ARRIBA"

> Las reducciones que hizo el Sr. D. Francisco de Toledo están algo desbaratadas en las provincias de arriba, a causa de haberse muerto muchos indios, y otros que se han huido por evadirse de las mitas de las minas y de los servicios personales a que están repartidos, y de las vejaciones y malos tratamientos que reciben de sus corregidores y ministros de doctrina, que son muy grandes, y de sus caciques, que son los que peor los tratan, y haberse recogido otros a chacras, donde los retienen a título de yanaconas.[1]

EL VIRREY LUIS DE VELASCO resume en el párrafo anterior, extraído de su memoria de gobierno, los cambios experimentados por los pueblos de las *provincias de arriba* —Altiplano y aledaños mayormente— después de la contundente congregación humana emprendida por su predecesor. Su observación, extensible con matices al resto del virreinato peruano, rezuma decepción por no haber permanecido la población ordenada y compacta, tal como Toledo había concebido y dispuesto. Este virrey había completado tres decenios antes la reorganización territorial del Perú a gran escala, empezada por sus antecesores por

1. Velasco 1604; Beltrán 1921, I: 118-119.

partes.[2] El plan visaba agrupar y fijar a los naturales zarandeados por la conquista y víctimas de mortandades implacables. Recuento y congregación aspiraban en última instancia a someter a los andinos a un estricto control político-administrativo, cultural y religioso.

Toledo congregó a los habitantes de decenas de aldeas o caseríos dispersos en los sitios dispuestos por sus subalternos. Entre pueblo y pueblo llegaron a quedar despobladas leguas que los lugareños o los españoles volverían a ocupar por apropiación, compra o merced. El *repartimiento* típico asentó a alrededor de unos cuatrocientos tributarios, equivalentes a unos dos mil habitantes, tamaño económicamente viable y fácil de administrar y adoctrinar. Los hatunrunas y sus familias de las parcialidades y ayllus de la etnia dominante local compusieron el estrato principal de cada asentamiento. De él dependieron los mitimaes situados, mayoría de las veces, en rotación periódica, en pisos ecológicos complementarios. El repartimiento albergó, por otra parte, remanentes de pasados trasplantes, incaicos u otros, a la vez que a artesanos de etnias distintas, por ejemplo olleros o plateros. El pueblo contuvo en ocasiones forasteros y vagabundos, nunca demasiados todavía. El rótulo mayoritario encubría pues a un colectivo relativamente heterogéneo. El pago de tributo y las prestaciones de trabajo corrieron a cargo de los miembros de pleno derecho de la comunidad constituida de esta manera. Los núcleos adicionales —mitimaes u otras etnias— vieron reducidas o excusadas sus obligaciones en razón de su reconocida menor capacidad contributiva. Los yanaconas siguieron además gozando por tradición incaica de la exención de mitar. Curacas, principales... o sacristanes, cantores..., intermediarios con el poder político y religioso colonial, fueron asimismo dispensados de tributos y mitas. La exención a la vista constituyó un aliento tangible a desertar.

La catástrofe causante del declive demográfico se halla documentada impecablemente,[3] así como la inmediata explotación económica y laboral de los naturales. La estampida humana siguiente no ha merecido en cambio igual atención, pese a los funestos efectos sociales y

2. Zagalsky 2014.

3. Cook 1982, 2010.

económicos acarreados. La sociedad indígena salió dividida de estos cambios en tres ramas —originarios, forasteros y yanaconas— con derechos, obligaciones y cometidos distintos.

Yanaconas y forasteros: los inicios

En el Tawantinsuyo hubo yanas adscriptos a determinadas instituciones o personajes. Ellos y sus familias no estuvieron sujetos a las obligaciones comunitarias, pero sí a otras estatales o personales, en favor de templos, del entorno imperial o de los curacas.[4] La institución constituyó un primer asalto a la integridad del colectivismo andino. Los conquistadores interpretaron su existencia como el equivalente de la naboría novohispana. Derribado el Estado incaico, los invasores procuraron someter a su servicio a cuantos indios se topaban en su avance imparable. Otros se les ofrecieron. Reducidos a servidumbre como "criados perpetuos" o bajo la acepción impropia de yanaconas, padecieron a menudo abusos, pronto denunciados.[5] Algunos de ellos acabaron sometidos directamente a la Corona a título de yanaconas del rey, siguiendo la lógica de la sustitución de soberanías. Toledo sometió a los yanas, antiguos y nuevos, al pago de tributo, pero no a la mita, igual que en el incario. Ramírez del Águila resume cómo se gestó la condición de yanacona, a diferencia de la tradicional:

> [...] gente que en las conquistas, rebeliones y guerras civiles [...]. Unos por fuerza y otros por su voluntad, dejaron sus tierras y se fueron sirviendo a los españoles [...] atraídos con halagos y dádivas y así hallándose fuera de su natural hacían alto con sus amos y tomaban asiento donde paraban los españoles [...] sirviendo cada uno en lo que lo ponían sus amos, teniendo por naturaleza la tierra donde se quedaban [...] sin que jamás ninguno de estos reconociese señor ni pagase tributo [...] hay muchos por todo el Perú unos en minas, otros en estancias de ganado y otros en labores y sementeras y en otros oficios de muchas maneras.[6]

---

4. Murra 1975: 230 *passim*.
5. Carta del obispo de Cuzco (1539) en Lissón Chávez 1943, II: 111.
6. Ramírez del Águila 1978 [1639].

El mismo vocablo designa en principio dos condiciones cronológicamente distintas, vernácula una y postincaica la otra. La colonial se diversificó pronto en función de las ocupaciones desempeñadas: mineras, agrarias y urbanas.[7] En la provincia rural y minera de Chichas, Gil Montero[8] distingue tardíamente, en 1683, una tripartición por adscripción: yanaconas del rey, de haciendas y de ingenios.

Matienzo, alto funcionario de la administración toledana, silencia la servidumbre de hecho en la que los yanaconas habían caído y expresa su confianza en que el efecto de demostración —expresión académica— los llevaría a abrazar el individualismo a la europea. Los yanaconas, advierte,

> [...] se vuelven libres; de no saber qué cosa era no tener cosa propia, poseen agora su ganado y chácaras y hacen sus sementeras para sí y tratan y contratan; y de no tener ninguna policía [...] estando con españoles la tienen, aprendiendo oficios de sastres, zapateros, labradores y otros oficios mecánicos con que ganan de comer. Viven como cristianos entre cristianos.[9]

Para Matienzo, individualismo equivale a libertad, un juicio arraigado en política y en economía hasta nuestros días. De los yanaconas evoca solo dos tipos: campesinos y artesanos.

Las tasas dictadas por Toledo para los yanaconas los localizan en La Plata, Potosí, Cuzco y Arequipa, al servicio de conventos, de organismos públicos o de las chacras de la periferia urbana.[10] Otros pasan pronto a trabajar en las minas.[11] En otro párrafo de su memoria, el virrey Velasco reconoce su rápida propagación:

---

7. Escobari de Querejazu 2001, 2011.
8. Gil Montero 2013: 133.
9. Matienzo 1972: 25.
10. Cook 1975.
11. Escobari de Querejazu 2011.

> Hánse metido después acá otros muchos más indios en las dichas chácaras, de su voluntad o atraídos de los dueños de ellas, nombrándolos yanaconas, por huir de las mitas de las minas y de otras a que estaban repartidos en sus pueblos, de que se han huido teniendo por mejor vida y de menos trabajo lo que tienen en las chácaras; y de esto ha resultado en las provincias de arriba quedar sus pueblos sin gente y cargar el trabajo de las mitas sobre los pocos indios que hay en ellos, que es causa de que se vayan acabando aprisa.[12]

Velasco concibe ya al yanacona de su tiempo como migrante rural, huido de su comunidad por razones laborales. Sugiere incluso que es así como los chacareros llaman a sus peones. El párrafo no contempla aún al tributo como motivo de deserción.

El proceso social en curso en el medio rural de los Andes entonces recuerda a la "enfeudación" medieval. El campesino europeo agobiado por la inseguridad circundante se sometió a un señor en busca de protección, a la vez que por un pedazo de tierra de cuyo cultivo pudiera sobrevivir su familia.[13] El terrateniente americano, necesitado de una mano de obra menguante y controlada además por los encomenderos, disponía de un modelo ultramarino para retener brazos a su servicio. Para ganar la voluntad del trabajador, le ofreció un lote en su chacra o hacienda, así como amparo ante los apremios de corregidores, curacas e hilacatas. El acuerdo entre señor y sujeto se perpetuó en Indias como en Europa de padres a hijos. Este yanacona de factura no incaica se propagó rápido por las provincias de arriba al punto de preocupar su multiplicación a las autoridades limeñas.

Polo de Ondegardo redondeó en cinco mil los yanaconas "visitados y tasados en los repartimientos" en tiempos de Toledo,[14] un puñado en comparación con la dimensión de la fuerza de trabajo detectada en aquella numeración. Su volumen se disparó luego. En 1609, el oidor Alfaro emprendió por orden del virrey marqués de Montesclaros una visita circunscrita a los corregimientos de Charcas. Ella reveló que los

12. Beltrán 1921, I: 122.

13. Chevalier 1989.

14. Lamana 2012: 305.

yanaconas se habían multiplicado en los tres últimos decenios. De los 9141 yanaconas hallados por Alfaro en 920 estancias y chacras (ciudades aparte), solo 554 restaban de la época de Toledo, o sea 6%, compuesto seguramente por los adolescentes de antaño a punto de dejar ya de tributar y pasar a la categoría de reservados. Los hombres maduros de la época de Toledo habrían desaparecido entonces o estaban fuera de juego. Los yanaconas toledanos naturalmente procrearon. Su descendencia ascendía, según Alfaro, a 1225, a 13% del total registrado. Las cuatro quintas partes restantes no eran pues yanaconas por abolengo, sino de reciente acceso a la categoría. De los flamantes, los "allegados sin padrón", los más nuevos, sumaban 1782 según Alfaro. Más del 60% llevaba por consiguiente alrededor de un par de decenios perteneciendo a esa nueva capa.[15] En otras regiones del virreinato, la misma transformación concluyó en concierto o inquilino.

Las ordenanzas de minas del conde de Nieva (1561) sitúan a yanaconas "naturales" codo con codo con los forasteros.[16] Los primeros debieron ser tempranos y los forasteros mineros más recientes. Compartidas las labores no solo en la minería, sino también en la agricultura y otras actividades, ambas figuras tendieron a ser conocidas en el siglo siguiente bajo el denominador común de forastero. Los yanaconas antiguos procuraron más bien aposentarse en las ciudades.

Los padroncillos de Charcas de 1645 revelan una drástica contracción de los yanaconas de la visita de Alfaro en adelante. Los no originarios, es decir la suma de yanaconas y forasteros, creció en cambio a nada menos que el 2,6% anual. Este aumento inusitado no se explica por un desperezo genésico repentino, sino por el registro por primera vez de los forasteros en un recuento general. Los yanaconas solieron confundirse con los forasteros, en parte por reticencia oficial a su aumento. Toledo recortó su número y el virrey Montesclaros volvió a cercenarlo al revocar muchas de las licencias de yanaconas concedidas por sus predecesores a las haciendas, so pretexto de prevaricación o exceso de generosidad. Los enredos consiguientes llevaron a descubrir

15. Escalona y Agüero 1941 [1647], vol. 2, cap. 19, nota 12.

16. Martiré 1972: 363.

que los yanaconas de Potosí encubrían en 1671 a forasteros. En varios pueblos de Sicasica ocurrió al revés en 1688: los supuestos forasteros resultaron ser en realidad antiguos yanaconas del rey.[17] La extensión del territorio sometido a escrutinio en 1645 contribuyó también a acrecentar la dimensión conjunta de ambas categorías.

El *Gazophilatium regium perubicum*, publicado en 1647, un par de años después de que el referido recuento se hubiera celebrado, considera yanacona al hombre que entró a servir en las haciendas. Dice: "Este nombre compete a los indios que desmembrados antiguamente de sus reducciones y pueblos, se aplicaron a servir a los españoles en sus haciendas y chácaras, donde se conservaron mucho tiempo, labrándolas por concierto de paga a ciertos tiempos".[18] A mediados del siglo XVII, cuando la concesión de mercedes requirió más brazos para explotar las tierras adquiridas, el yanacona rural representó a un exoriginario entrado a trabajar a sueldo en ellas. Escalona y Agüero emplean el término de "concierto" en el sentido etimológico de "acuerdo", que el vocablo concertaje perdería con el tiempo, en particular en Nueva Granada. Por otra parte, el terrateniente no siempre mostró entonces paciencia al negociar, como exige el concierto legítimo. Al comenzar el siglo XVII, la mano de obra rural no parece haber sido reclutada mediante "halagos o dádivas", en la vieja expresión de Ramírez de Velasco. Al escasear ella por huidas y por declive demográfico, los hacendados sortearon el inconveniente que se les presentaba recurriendo sin escrúpulo a la fuerza. Un amplio campo se abre a la investigación sobre la creciente adopción en el periodo colonial del lábil término de "yanacona" con distintos sentidos locales a lo largo del tiempo.

En el siglo XVI, "forastero" designó, de acuerdo con su etimología castellana, a persona ajena, tanto español como andino, sin avecindar, un mero vagabundo a veces. Hasta los tiempos de Toledo, los forasteros no fueron demasiados, pero sí suficientes como para que los curacas manifestaran, de tanto en tanto, el deseo de que se los restituyera a sus comunidades. En la imposibilidad de conseguir su propósito,

17. Sánchez-Albornoz 1978: 53-54.

18. Escalona y Agüero 1941 [1647], vol. 2, cap. 17, nota 1.

recurrieron a una fórmula que veremos enseguida. Toledo abrió en su día la posibilidad de que los forasteros se avecindaran, al uso de Castilla, tras diez años de residencia en el lugar. El temor a tener que pagar tributo y servir en la mita como cualquier convecino los llevó a renunciar a la oportunidad brindada. La comunidad, por su lado, se resistió a compartir con ellos derechos. Por superar los forasteros sobradamente a los yanaconas, la sociedad indígena acabó compendiada en la oposición originario versus forastero.

Durante el pasado prehispano, los desplazamientos estuvieron a la orden del día. Fuera de la comunidad, cupo toparse, merodeadores aparte, con mitimaes, llactarunas, mitayos, chacaneadores, chasquis, trajinantes..., dispuestos a regresar al pueblo tarde o temprano.[19] Polo de Ondegardo equipara al segundo de la lista anterior con el forastero:

> El poco asiento —comenta— que los indios hacen en sus tierras a lo cual por la mayor parte la calidad de ellas les fuerza, y con esto es casi ordinario tomarlos fuera de sus pueblos el tiempo de sembrar, y en tal caso quedaban adonde se halla, mayormente con gente de su tierra que están puesto por mitimaes [...]. Y después se vuelven e aún algunos se quedan, y desde allí acuden a sus curacas con las tasas [...] a estos forasteros llaman llactarunas que quiere decir "hombre de la tierra" [...] como ya estas provincias de las Charcas están tan bien pobladas de españoles, a donde quiere hallan quien les dé tierra para sembrar porque les ayuden, e aun otros regalos, mediante los cuales se les quedan allí, e aún les casan con indias a quien han faltado los maridos que para ellos poco los embaraza haber dejado mujeres en sus tierras; e por esta e por otras muchas razones se salen.[20]

La ecuación forastero-llactaruna propuesta por Ondegardo se despinta en el siglo siguiente al entrar los forasteros en las haciendas o arrendar tierras de la comunidad o del curaca. En Cuenca, Truhan[21] observa cómo los forasteros, en vez de contribuir a recuperar el antiguo dominio comunal, prefieren, ajenos al interés del pueblo, adquirir, de palabra o

---

19. Cabello Balboa 1951 [*c.* 1586]: 229.

20. En Lamana 2012: 305.

21. Truhan 1997.

ante notario, tierras de mano de los terratenientes españoles de última hora. Los forasteros llegan, por otra parte, a constituir la mano de obra exclusiva en los minerales descubiertos, por ejemplo, en Oruro.[22] En las ciudades españolas, como Cuzco,[23] Arequipa (capítulo 5) y La Paz,[24] los forasteros entraron a formar parte del artesanado, aunque, según vacilaciones del léxico local, también lo fueron los yanaconas.[25]

Las ausencias permanentes del setecientos absorbieron parte de las prehispanas consuetudinarias. Los llactarunas dejaron entonces pocos rastros escritos. Los mitimaes se enrarecieron también a medida que la administración política y la religiosa apostaron por la concepción territorial continua, en detrimento de la muy ventajosa configuración ancestral en archipiélago. Los vínculos tradicionales entre Altiplano y yunga tendieron a resquebrajarse. Privadas de la diversidad de recursos procedentes de diferentes pisos ecológicos, las comunidades resultaron perjudicadas, así como sus miembros individualmente. Presionados por la incertidumbre, los curacas procuraron no perder las prestaciones fiscales y laborales de su grey. Curacas e hilacatas surcaron el Altiplano en busca de los ausentes del pueblo. Con muchos de ellos dieron. De ellos recabaron adeudos, pero los rastros de otros fueron desapareciendo, adrede a menudo. Por afán protector, los padres cambiaron a sus cachorros el nombre étnico dado al nacer por otro, incluso cristiano.[26] Listados de ausentes quedan muchos de fecha temprana en Nueva Granada o Quito.[27] La iniciativa tardó en llegar hasta el sur. A finales del siglo XVII, el virrey duque de La Palata mandó confeccionar cuadernos separados de ausentes presentes y de perdidos.[28] El capítulo séptimo se basa, precisamente, en un cuadernillo de perdidos.

---

22. Zulawski 1987, 1995.
23. Wightman 1990b.
24. Glave 1989.
25. Escobari de Querejazu 2011.
26. Saignes 1987b: 441.
27. Villamarín y Villamarín 1981, Powers 1995.
28. Gil Montero 2013: 11.

Forasteros y yanaconas salieron del anonimato en el setecientos. Su reinserción invita a revisar ciertas afirmaciones históricas consagradas, en particular la relativa a la contracción demográfica experimentada al filo de la Conquista. El declive de los primeros tiempos suele ser estimado a partir del registro a la baja de la masa tributaria. Grandes mortandades y sobreexplotación redujeron en gran escala el contingente humano. A esas pérdidas se sumaron enseguida las deserciones y las ocultaciones. Los indios huyeron de sus comunidades. Por su parte, corregidores y curacas desaprensivos los ocultaron.[29] No toda resta de tributarios supuso necesariamente un quebranto humano. Huidos y ocultados no desaparecieron de este mundo. Ellos y su prole sobrevivieron hasta que las circunstancias propiciaron su reaparición. En cuanto forasteros y yanaconas afloraron en la contabilidad del siglo XVII, los tributarios dejaron de ser el único indicativo disponible para cuantificar el tamaño y el curso de la población masculina indígena y, por extensión, de la general. Recortar el declive no supone descartar el drama biológico y social padecido. Se limita a reducir un tanto el declive experimentado.[30] Forasteros y yanaconas son objeto del capítulo que la demografía histórica dedica al crecimiento —positivo o negativo— de la población. Los desplazamientos que los originaron se insertan en cambio en el capítulo relativo a la movilidad espacial, es decir, las migraciones.

El virrey Velasco y sus consejeros atribuyen a huidas los desplazamientos tempranos registrados en los Andes. Otros factores intervinieron, como acabamos de señalar. Glave,[31] por ejemplo, ha desenmarañado los padrones de los indios canas, que ocuparon ambos lados de La Raya divisora de las cuencas del lago Titicaca y del río Vilcanota. En estos papeles, descubrió bajo el rótulo de forasteros a hermanos étnicos de pueblos contiguos, sujetos aún a sus curacas y al día con sus obligaciones tributarias. Su mudanza no suponía una ruptura. La presencia y el trabajo de canas en una comunidad que

29. Saignes 1987b: 439-442.

30. Sánchez-Albornoz 1974, 1978, cap.1; Saignes 1987b.

31. Glave 1992.

les era ajena habían sido negociados antes por los curacas respectivos en el marco de una "política antifiscal" bastante generalizada.[32] "Los pueblos dispersaron sus efectivos —dice en otra parte el mismo autor—[33] buscando ocultarlos de las exacciones fiscales y activar diversos mecanismos de captación de recursos". Gracias a los ingresos por remuneración, los forasteros dispusieron de recursos monetarios para pagar sus tributos y, en última instancia, para aliviar las penurias que aquejaban a la caja de comunidad del pueblo. Forasteros de etnias no canas, es decir migrantes ellos sin vuelta de hoja, residían también en los mismos pueblos. Dos tipos de forasteros se codearon pues en aquellos lugares, sin que los numeradores se esforzaran por distinguir a unos de otros. El término de "forasteros" da cobertura a múltiples situaciones.

Por otra parte, Saignes[34] observó que, en los valles orientales de Larecaja, muchos de los forasteros inscritos en los padrones de 1645 ocupaban tierras cultivadas antaño por mitimaes del Altiplano. Para él, lo percibido constituía una prueba de continuidad antes que síntoma de desarraigo. Los antropólogos se inclinan por semejante interpretación por reforzar la idea de una resistencia étnica tenaz ante el acoso cultural sufrido. Forasteros, yanaconas y originarios compartieron indiscutiblemente raíces y acervo, pero ellos fueron degradándose a ritmos paulatinamente. El compartir un mismo tronco no impide que forasteros y yanaconas sean considerados sociológicamente. Pocos años después de la confección de los padrones referidos, en tiempos del duque de La Palata, el contador José de Usquiano escribió un parecer sobre minas e indios en el que contempla a los forasteros en simples términos de mano de obra flotante, alerta al calendario laboral. "Los indios forasteros, por la mayor parte andan —dice— en continuo movimiento para sustentarse, por no tener tierras propias, agregándose a las de los españoles, refugiándose y cultivándolas". Y prosigue:

32. Glave 1989: 351.

33. Ibíd., p. 348.

34. Saignes 1987a.

> Por el tiempo de los hielos que son en los meses de abril, mayo y junio asisten en las jurisdicciones de los pueblos de las punas en la cosecha de papas y quinuas, que es solo los mantenimientos que dan estos territorios. En agosto, septiembre y octubre en los valles de tierras calientes, en la cosecha de maíz, trigos y las demás semillas de España que solo estas las producen, y en este respecto y correspondencia de tiempos en las siembras y cosechas de estos mantenimientos, que todas ellas son en distintos meses del año.[35]

Forasteros y yanaconas en 1645

Al comenzar el siglo XVII, las visitas acometidas en ciertos repartimientos a instancias del conde de Monterrey comenzaron a poner de manifiesto la multiplicación en curso de los forasteros.[36] Su sucesor, Montesclaros, encargó al oidor Alfaro la pesquisa ya comentada acerca del aumento de los yanaconas en Charcas. Una visita general prevista para después no llegó a efectuarse. El número de exentos de mita creció en medio de esas consideraciones, a costa de aquellos originarios que no pudieron o no intentaron desprenderse del incómodo peso que los atenazaba. Ellos no cesaron en cambio de apelar a las autoridades coloniales para que les rebajaran las tasas impagables por falta de efectivos. A pesar del obvio recrudecimiento de la carga del tributo y del entero, la administración se mostró inclemente.[37] Los mineros potosinos emplearon su influencia en sentido contrario. Objetaron la reducción del entero de la mita y pidieron nueva asignación de brazos a las minas. Lo sugerido consistía en devolver a los ausentes a sus pueblos, donde volverían a ser sorteados para alivio de los originarios impertérritos, o, también, en ampliar el territorio sujeto a la mita de Potosí. Antes de decidir en un sentido o en otro, el virrey necesitaba verificar de qué cantidades se trataba. El Príncipe de Esquilache tomó el asunto en sus manos en 1617. La visita general proyectada fracasó por las ocultaciones y

---

35. Carnero Albarrán 1981: 90.

36. Beltrán 1921: 166.

37. Zagalsky 2014: 380-369.

los fraudes cometidos por los corregidores que recibieron el encargo de acometerla.[38] La irresolución arrastró y agravó el problema.

El procurador y diputado del gremio de azogueros, Felipe de Bolívar, acudió al virrey: "a quien oí en diversas conferencias —escribe el conde de Chinchón en su relación de gobierno— y, asentando, que siendo el principal punto para el acierto del repartimiento, disponer primero el número de indios competentes para el entero de la mita, se despacharon provisiones para las provincias donde se propuso estaban".[39] Su sucesor, Mancera, retomó la cuestión, y el 25 de mayo de 1645 recabó finalmente de párrocos y doctrineros un listado de los naturales confiados a su custodia, con distinción precisa entre originarios y yanaconas/forasteros, diáfano reconocimiento de la escisión producida. Mancera confió en que los sacerdotes tendrían menor interés en ocultar indios que los corregidores. El clero disponía además de información útil para su cometido. El Concilio de Trento, celebrado tres cuartos de siglo antes, impuso a curas y doctrineros la obligación de llevar libros de bautismos, defunciones y esponsales de sus feligreses, así como registros de sus confesiones y comuniones. El Concilio Provincial Limeño prescribió, el 15 de agosto de 1583, el modo de aplicar los preceptos tridentinos.[40] Aquel encargo administrativo proporcionaría a la larga una información inesperada para reconstituir la evolución demográfica de los territorios de confesión predominantemente católica, como son los indianos. Al recurrir al brazo eclesiástico, la Hacienda virreinal se ahorraba además las dietas de numeradores y escribanos, en tiempos de agobios fiscales. Mancera apostó pues por un recuento fidedigno y, a la vez, barato.

Los padrones de 1645 aportan información fiable, pueblo tras pueblo, a pesar de sus irregularidades y defectos. En vísperas del recuento, el Altiplano sufrió, como ejemplo de fallos inevitables, una sequía, preámbulo de una hambruna. El subregistro consiguiente quedó sin embargo compensado en parte por haberse tomado la información

38. Wightman 1990b: 27.

39. Hanke 1978-1980, III: 149.

40. Levillier 1919, II: 174-284.

en invierno con los habitantes en casa y no, como otras veces, fuera del pueblo en plena cosecha.[41] La omisión del resumen de dos provincias, Chayanta y Yamparaes, y de dos ciudades, Chuquisaca y la joven Oruro, impide cotejar hacia atrás. Otro tanto ocurre al incluir en este caso provincias libres de mita hasta entonces: Mizque y Santa Cruz, por oriente; Tomina y Pilaya y Paspaya, por el sur; y al norte la ciudad de Cuzco, junto con las provincias de Quispicanchis y Canas. La extensión concebida se detuvo ante Yamparaes y las desoladas provincias de Lípez, Atacama y Arica. Cabe recordar también a título de curiosidad la confección de un padrón del norte de Quito en la misma fecha.[42]

En los padrones o en el cómputo final, errores no faltan, como era previsible. Glave[43] ha detectado 128 yanaconas que el resumen de Canas y Canchis dejó de sumar. Extraña, por otra parte, que no se consignen originarios en Cuzco, la antigua ciudad imperial, o en la nueva La Paz (cuadro 3). En la Villa Imperial, sorprende al revés la presencia en números redondos de 9000 naturales, remanentes de anteriores turnos de mita, más 1000 yanaconas. No hay, en cambio, ningún forastero inscrito allí. Un análisis pormenorizado de los padrones de mediados del setecientos resulta pues obligado. Las próximas páginas ejemplifican qué cabe hacer con el resto de los padrones disponibles.

Párrocos o doctrineros anotaron a los originarios, yanaconas y forasteros conforme a las instrucciones recibidas, seguidos de sus familias y por alguno que otro individuo suelto, por ejemplo, huérfanos. La anotación de mujeres, niños y viejos deja mucho que desear, como apunta en coletilla final uno de los párrocos. Unos sacerdotes cumplieron su cometido con meticulosidad, otros apresuradamente. El resultado fue por fuerza dispar, sin desnaturalizar la composición del pueblo ni su tripartición. Los padrones originales y su resumen por diócesis, más el padrón de Arequipa, objeto de los capítulos siguientes, se hallan hoy en el Archivo General de la Nación de Buenos Aires, tras su extracción y traslado del repositorio limeño al Río de la Plata, al crearse este virreinato de más de un siglo más tarde.

---

41. Saignes 1987b.

42. Freile Granizo 1981.

43. Glave 1992: 60.

Cuadro 3

Originarios y farosteros en las provincias de arriba, 1645

	Originario	Forastero	Yanacona	Total	Nat.	For.	Yan.	%
Cuzco								
Cd. de Cuzco		--	412	2497	2909	--	14	86
Quispicanchis		2235	449	162	2846	79	16	6
Canas y Canchis		3219	797	128	4144	78	19	3
Azángaro y Asillo		2478	484	130	3092	80	16	4
Cabana y Cabanilla		2137	1105	172	3414	63	32	5
Paucarcolla		1775	1085	178	3038	58	36	6
Chucuito		3194	925	365	4484	71	21	8
Total	15.038	5257	3632	23.927	63	22	15	34
La Paz								
Cd. de La Paz		--	132	718	850	--	16	85
Larecaja		3883	1916	951	6750	58	28	14
Omasuyos		963	890	508	2361	41	38	22
Pacajes		2546	571	301	3418	75	17	9
Sicasica		1286	1664	672	3622	36	46	19
Total	8678	5173	3150	17.001	51	30	19	24
Chuquisaca								
Villa de Potosí		9000	--	1065	10.065	89	--	11
Paria		1987	307	16	2310	86	13	1
Porco		3517	433	1349	5329	67	8	25
Carangas		1391	91	40	1522	91	6	3
Cochabamba		1047	2946	318	4311	24	68	7
Mizque y Santa Cruz		1662	169	--	1831	91	9	--
Tomina		995	179	152	1326	75	13	12
Total	2.1546	5016	3304	29.866	72	17	11	42
Total general	45.262	15.446	10.086	70.794	64	22	14	100

Concluido el encargo, los párrocos elevaron los originales a la autoridad suprema por conducto de los corregidores. El empeñoso Bolívar se encargó de sumar los parciales y de someter las conclusiones al virrey. El resultado es conocido y ha sido objeto de comentarios.[44] Bolívar resume la información por obispados —Cuzco, La Paz y Charcas— subdivididos en provincias. Estas conjuntan a su vez pueblos. Los hombres en edad de trabajar ascienden entonces a 70.794 en los tres distritos eclesiásticos (cuadro 3). Incluidas las mujeres, los niños y los viejos, amén de los españoles, mestizos, negros y mulatos, los habitantes del área cubierta por los padrones rondarían el cuarto de millón. Habida cuenta de las omisiones fortuitas, sobrepasarían tal vez el tercio del millón, densidad en cualquier caso extremadamente rala.

Los hombres se repartían por obispado en las proporciones siguientes: Cuzco, 34%; La Paz, 24%; y Chuquisaca, sede de la minería potosina, 42%. Charcas era pues de las tres la zona más habitada, más aún si no se hubieran omitido del recuento las provincias de Chayanta y Yamparaes, así como las ciudades de Chuquisaca y Oruro. Norte y sur retenían entonces los contingentes mayores de originarios. El resumen elaborado por Bolívar dista de ser exacto, pero, a falta de alternativa, no caben mayores exigencias. Por categorías, el reparto de los hombres se descompone de la manera siguiente: 45.262 originarios (el 64%), 15.446 forasteros (el 22%) y 10.086 yanaconas (el 14%) (véase de nuevo el cuadro 3). El predominio de los originarios es pues holgado en los extremos del área enumerada. El Cuzco rural, excluidas las provincias quechuas y la capital, alberga nada menos que 88% de originarios. En Chuquisaca, los originarios varían según la provincia, entre 91% y 67%, excluidos Potosí, Cochabamba y Pilaya y Paspaya. En La Paz, zona intermedia entre ambas posiciones extremas, los originarios superan en cambio apenas a los forasteros y yanaconas juntos. En determinados casos, perdieron incluso la supremacía. En los fértiles valles de Cochabamba y Pilaya y Paspaya, los forasteros constituyen en efecto mayoría. Los yanaconas, los menos, se encuentran esporádicamente en el rústico Altiplano, de preferencia en las ciudades. En las provincias de Omasuyos, Sicasica, Porco y en las fronteras de Tomina y Pilaya y Paspaya, los yanaconas sobrepasan apenas la décima parte de los hombres en edad de trabajar (cuadro 3).

---

44. Zavala 1979, II: 109; Assadourian 1982: 308; Sánchez-Albornoz 1982b.

De los 70.794 individuos censados, 13.824, o sea una quinta parte aproximada, habitan en las ciudades de Cuzco, La Paz y Potosí. A ellas habría que añadir los residentes en Chuquisaca y en Oruro, ciudades de las que, según lo dicho, carecemos de información. Los restantes 56.970 individuos constituyen la mano de obra rural con que cuentan los tres obispados. Su reparto por distrito eclesiástico se presenta bastante equilibrado: a 21.018 ascienden los anotados en Cuzco (37%), 19.831 en Chuquisaca (35%) y 16.151 en La Paz (28%) (véase cuadro 4 y figura 1). Los originarios prevalecen en todos los casos en términos absolutos. En Cuzco, llegan a ser el 72%, en Chuquisaca el 64%, para decaer al 54% en La Paz. Este obispado alberga en cambio la porción de forasteros más alta (31%), por encima de las de Cuzco (23%) y de Chuquisaca (25%). Los yanaconas no pasan del 15% en La Paz y del 11% en Chuquisaca. Los menos (apenas 6 yanaconas) se dieron cita en Cuzco.

Los guarismos del cuadro 4 renuncian a su aridez habitual y entran por los ojos en la figura tridimensional 1. La tripartición por obispado cobra en ella relieve. Tres paralelepípedos de altura conspicua y grosor desiguales se elevan al fondo de la imagen. Indican el volumen de originarios existentes por distrito. Delante de ellos, se erigen otros paralelepípedos de alturas menores, pero de dimensiones parecidas entre ellos. Corresponden a forasteros. La minoría yanacona se agazapa en la fila delantera.

Las figuras siguientes por el estilo (2, 3 y 4) detallan la tripartición por provincias obispado tras obispado. El distrito eclesiástico de Cuzco comprende solamente a las provincias aymaras de Quispicanchis y Canas y Canchis, emparentadas con las del Collao contiguo (Azángaro y Asillo, Cabana y Cabanilla, Paucarcolla y Chucuito). Las cuzqueñas de etnia y lengua quechua (Yucay, Abancay, Cotamambas, Chumbivilcas...) no entran en el padrón encomendado a los párrocos. A uno y otro lado de La Raya, los originarios descuellan, en especial en Canas y Canchis y Chucuito (figura 2). Los forasteros escasearon en las provincias de Cabana y Cabanilla, Paucarcolla y Chucuito, situadas en el Altiplano septentrional. Los contados forasteros detectados en Canas y Canchis suelen proceder, según se ha dicho, de pueblos vecinos. Los yanaconas son en general pocos, salvo en el señorío lupaca de Chucuito.

Cuadro 4

Población rural de los obispados de Cuzco, La Paz y Chuquisaca, 1645

	Originarios	Forasteros	Yanaconas	Total	Orig.	For.	Yan.
Cuzco	15.038	4845	1135	21.018	72	23	6
La Paz	8678	5041	2432	16151	54	31	15
Chuquisaca	12.546	5016	2239	19.801	63	25	11
Total	36.262	14.902	5806	56.970	63	26	10

Fuente: Cuadro 3.

Figura 1

Provincias de arriba. Rural, 1645

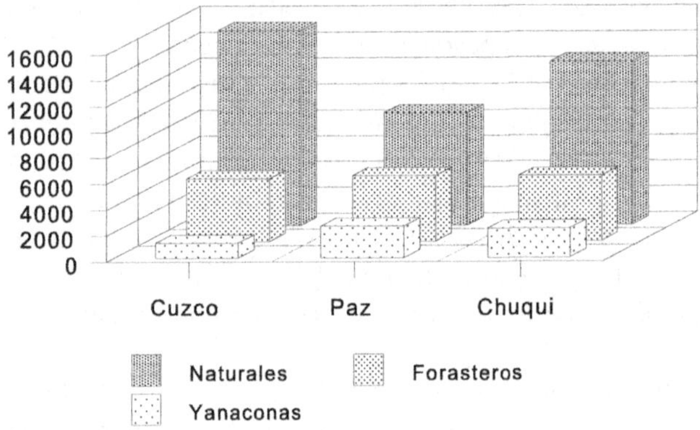

Las cuatro provincias pertenecientes al obispado de La Paz (Larecaja, Sicasica, Omasuyos y Pacajes), a ambos lados del sur del lago Titicaca, comparten una tripartición orográfica enrevesada: Altiplano, punas y yungas. Larecaja, la provincia más poblada de las cuatro, concentra la masa originaria mayor, seguida por bastantes forasteros y yanaconas (figura 3). En Sicasica, forasteros y yanaconas sobrepasan en cambio a los originarios. Saignes cuestiona su atribución oficial.[45] Buena parte de los forasteros ocupan tierras labradas antaño por

45. Saignes 1987b: 447.

mitimaes altiplánicos, por lo que esos forasteros bien podrían ser sucesores de originarios con otro nombre o cumplir antiguos cometidos. La provincia de Pacajes, sede de otro antiguo señorío étnico, menos poblada, recuerda al Collao en su composición: mayoría originaria con pocos forasteros y yanaconas. En Omasuyos, originarios, forasteros y yanaconas se concatenan en orden descendente.

FIGURA 2
CUZCO. RURAL, 1645

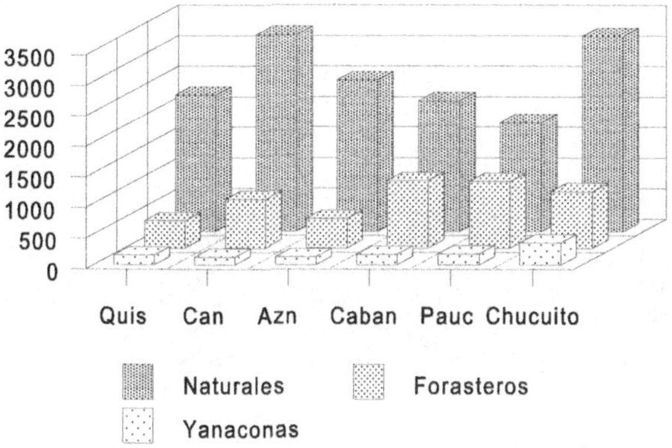

Charcas comprende por último ocho provincias: Paria, Porco, Carangas, Cochabamba, por un lado; y, por el reborde oriental y meridional, Mizque, Tomina, Chichas y Pilaya y Paspaya. El resumen omite indebidamente dos provincias de peso: Oruro, restada de Paria al aflorar su riqueza minera, y Chayanta, cabeza del antiguo señorío charca.[46] Las provincias más pobladas forman parte del primer grupo. La fisiografía condiciona aquí el tamaño y la tripartición de la población. Los originarios habitan, en 86% y 90%, el Altiplano inhóspito de Paria y Carangas (figura 4). Sus tierras yermas poco atraen a forasteros o yanaconas, salvo a quienes acuden a las

46. Platt, Bouysse-Casagne y Harris 2006.

minas de Oruro[47] o, más adelante, al más modesto yacimiento de San Antonio del Nuevo Mundo.[48] El padrón no se extiende a la provincia minera de Lípez, más al sur. De la presencia allí de forasteros y yanaconas años más tarde se han ocupado insistentemente algunos investigadores.[49] La provincia de Porco, en el entorno de la Villa Imperial, contiene dos tercios de originarios, un puñado de forasteros y una cuarta parte de yanaconas, en las haciendas que abastecían a Potosí. Los trabajadores rurales de la ignota Chayanta debieron hallarse repartidos al modo de Porco.

FIGURA 3

LA PAZ. RURAL, 1645

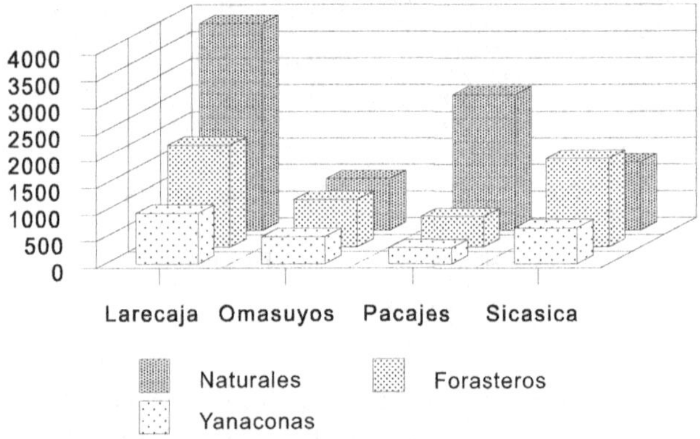

En el próspero valle de Cochabamba, granero también de Potosí, la tripartición aparece invertida en relación con lo acostumbrado. Los forasteros, de raigambre altiplánica, ascienden a nada menos que el 68% de los hombres en edad activa. Los originarios se reducen en cambio a una cuarta parte. Los yanaconas no pasan de un puñado. Esos

47. Zulawski 1995.

48. Gil Montero 2011.

49. Gil Montero 2014; Gil Montero y Nielsen 2010; Gil Montero, Oliveto y Longhi 2015.

originarios no eran por lo demás de vieja raigambre en el lugar. La primitiva población originaria, compuesta por ganaderos, fue expulsada para hacer sitio a experimentados agricultores traídos de lejos por los incas para poner en valor al valle ubérrimo.[50] Buena parte de los que fungían de originarios al mediar el siglo XVII descendían en realidad de aquellos repobladores. Al oriente de Cochabamba se extienden las tierras bajas de Mizque y de Santa Cruz de la Sierra. De su población rala, el 90% era de estirpe camba, sin mezcla serrana, ni de repobladores incaicos. Forasteros y yanaconas se encontraban allí contados.

Figura 4
CHUQUISACA. RURAL, 1645

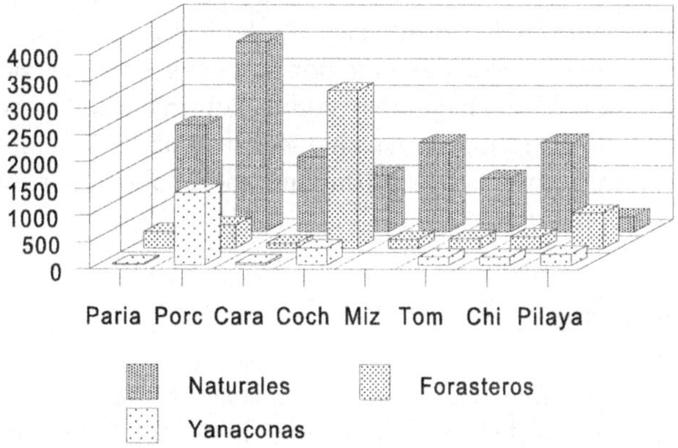

Tomina y Chichas retienen aún en 1645 de 75% a 82% de población originaria compuesta por un conglomerado de grupos étnicos: altiplánico, oriental y sureño. En Pilaya y Paspaya, de desarrollo más reciente, la afluencia de forasteros (58%) desplazó a los originarios, que quedaron reducidos a una cuarta parte del total. Charcas estuvo entonces dividida en tres franjas étnica y fisiográficamente. Dos de ellas,

50. Wachtel 1981.

de naturaleza aluvial desde el punto de vista humano, flanqueaban al Altiplano: Cochabamba ocupaba el oriente, Pilaya y Paspaya, el sur.

En los siete decenios que separan los recuentos de Toledo y Mancera, la "grosedad" de la tierra, al decir de Ayanz, había venido francamente a menos. La población rural de los tres obispados disminuyó y se redistribuyó según las pautas comentadas. En el obispado de Cuzco, la dentellada redujo a los hombres a menos de la mitad del volumen inicial, en gran medida por causa de la desaparición de tres cuartas partes de los originarios de Chucuito. La población de Quispicanchis aumentó en cambio por recepción de forasteros y yanaconas. El obispado de La Paz perdió un tercio de su plantel de originarios, merma mitigada en parte por la entrada de forasteros en Larecaja y Sicasica. Chuquisaca experimentó ciertos reajustes en un sentido opuesto. Las provincias altiplánicas de Paria y Carangas se despoblaron despiadadamente por la succión ejercida sobre ellas por los valles de Cochabamba, Porco, Tomina, Chichas y Pilaya y Paspaya. La atracción de las ciudades de Cuzco, La Paz, Oruro, Chuquisaca y Potosí restó asimismo moradores al medio rural de los tres obispados.

En fin de cuentas

Los yanaconas y forasteros, omitidos en las visitas tempranas, afloraron sin tapujos en el recuento general de 1645. La labor realizada por párrocos y doctrineros puso en evidencia el volumen y la tripartición de los naturales provincia por provincia. En su anonimato, yanaconas y forasteros no habían desaparecido. Los sobrevivientes de las reiteradas dentelladas biológicas acabaron por emerger en pueblos ajenos o en las ciudades. La administración no les prestó demasiada atención por estar más pendiente de la suerte que corrían los comuneros sujetos a tributo y mita. Si los originarios representan entonces la perseverancia en la convivencia comunitaria, forasteros y yanaconas encarnan lo opuesto, el desistimiento. En el merodeo que precedió a su asentamiento, forasteros y yanaconas se dejaron guiar en gran medida por la memoria heredada y hollaron las rutas de sus antepasados.

Las provincias de arriba y, por el norte, la Audiencia de Quito y partes del Nuevo Reino de Granada experimentaron entonces amplios movimientos de población. Entre ambas extremidades del eje serrano andino, las estampidas parecen haber sido más contenidas.

El virrey Velasco consideró a la espantada como el motivo principal del desarreglo social sobrevenido. Las pandemias, sequías, hambrunas y seísmos intempestivos deben complementar la acción de ese factor. Si la deserción vació a las comunidades, el asentamiento posterior rellenó punas, valles o minas. Rechazo y atracción, los dos motores de la migración que la sociología admite desde los lejanos tiempos de Ravenstein, se hallaban ya operando.[51]

Los pueblos acogieron a quienes buscaban asiento y trabajo, pero no les hicieron concesiones mayores. Los admitidos tampoco parecen haberse esforzado por reclamar derechos. Su concesión podría haberles costado tener que tributar y mitar tras renunciar a exenciones esforzadamente conseguidas. La comunidad se limitó a incorporar a quienes tuvieron por *yernos* o *sobrinos*, por vía del matrimonio. El asentamiento fue desigual en los pueblos, por lo que dicen los padrones. En Sipesipe (Cochabamba), el cura anotó a originarios y forasteros aparte (capítulo 5). El párroco de Orurillo enumeró en cambio a las familias forasteras detrás de los originarios, a la cola de cada ayllu. En este caso (capítulo próximo), los ayllus parecen haber formado barriadas de composición mixta encabezadas por una mayoría originaria más que sitios unidos por parentesco y ancestros comunes, como se suele definir a los ayllus. En cualquier caso, originarios y forasteros cohabitaron en ellos, mientras que los grupos de ocupación o étnicos antiguos se mantuvieron aparte.

Los padrones de 1645 revelan la presencia de forasteros y yanaconas fuera de las comunidades, pero no los motivos que pusieron sus pies en marcha. Su decisión no tardaría en repercutir en su comportamiento y, en último caso, en la manera de concebirse a sí mismos. Las listas nominales del padrón no informan, ni tienen por qué hacerlo, sobre razones y posturas, pero a veces se cuelan en

---

51. Cfr. Ravenstein 1889.

ellas datos que dejan entrever tales cuestiones. Ello sucede abiertamente en el padroncillo tardío examinado en el capítulo séptimo. El origen de las esposas de los forasteros da a entender asimismo intenciones y deambulaciones. Documentos de otras fuentes muestran, en cambio, a forasteros o yanaconas pagando religiosamente sus tributos o conmutando su turno de mita en metálico, llamado en gráfica expresión *indio de faltriquera*. La fidelidad a la comunidad que estas actitudes prueban cede en verdad luego en un progresivo desentendimiento que coronó, antes o después y en nutrida casuística, el incumplimiento de compromisos y la resistencia a los apremios. En efecto, hubo yanaconas que no tuvieron inconvenientes en apelar al hacendado para que los librara de la persecución de curacas e hilacatas. El desapego descolló cuando los forasteros procuraron borrar las pistas que conducían hasta ellos. Ante los doctrineros o los oficiales reales, confesaron o fingieron ignorar su procedencia. La comunidad acabó por aceptar la fatalidad y dar por perdido a su paisano de otros tiempos. El desapego adquiere rasgos patéticos cuando el individuo no tuvo empacho en negar su condición de indio y se declara mestizo para gozar de la exención de tributo y mita que le correspondía entonces. Más turbador resulta aún el caso de las madres solteras de La Paz que anotaron a sus retoños varones como habidos de padre desconocido para que, llegados a la edad de trabajar, no se les pudieran exigir tributos y mitas.[52] Más sangrante si cabe es el abandono o incluso la venta de niños, los llamados guachos, recogidos en los padrones. "Tendencia al desarraigo y al surgimiento de una nueva identidad". En estos términos denuncia Glave[53] la situación que aqueja a la sociedad andina del setecientos.

Restas y sumas dan lugar fatalmente a cambios de etiquetas. A la transformación contemplada por Glave, Powers[54] la llamó etnogénesis, término que apunta la dirección impresa al cambio. Los pueblos de la Audiencia de Quito que participaron en estas transformaciones

52. Glave 1989: 331.

53. Ibíd., p. 324.

54. Powers 1995.

dejaron entonces de constituir un replicar estricto del pasado y formaron etnias con rasgos nuevos. Powers[55] atribuye el giro a la conversión de la fuerza de trabajo forastera en reserva para la explotación de las tierras comunales o las particulares de los curacas, en franca ruptura pues con la modalidad tradicional de tenencia y explotación comunitaria del suelo.

Poloni-Simard[56] abunda en la misma dirección. En su detallado estudio de la estratificación y de la movilidad de la sociedad indígena por tres siglos en Cuenca (Quito), ha observado cómo núcleos de indígenas fueron encargados de recuperar el cultivo de las tierras comunales vacantes. Otros se hicieron de lotes cedidos por los hacendados acaparadores de tierras. El desarrollo agrícola del fértil valle de Cuenca recurrió pues a fórmulas diversas impropias a la tenencia inveterada del suelo. La población compuso lo que él llama "mosaico indígena".

Etnogénesis, "mosaico" o identidad nueva; cualquiera de esas expresiones encubre dislocaciones socioeconómicas causantes de profundos cambios institucionales, mentales y culturales, que los vocablos de forasteros o yanaconas recubren solo en parte. El léxico de los documentos coloniales incluye una plaga creciente y mutante de términos como cimarrones, vagos, vagamundos, sueltos, errabundos, extravagantes, viandantes, mostrencos, forajidos, foráneos, advenedizos, estantes, baladís y otras más, así como, en Quito, peinadillos. La riqueza del vocabulario, más coloquial que oficial, es compartida en parte por el Nuevo Reino de Granada, Guatemala y Nueva España. El uso de alguno de estos términos se aplicó a veces, incluso con sentido peyorativo, a españoles de mal asiento.

En otras partes de los dominios españoles, la figura del forastero resulta menos frecuente y llamativa que en el tramo de los Andes que nos ocupa. En Nueva España, Vázquez de Cisneros[57] registra su presencia temprana en las ordenanzas de la ciudad de Mérida de 1605. El

---

55. Ibíd., cap. 4.

56. Poloni-Simard 2000b.

57. Vázquez de Cisneros 1946: 145.

apelativo no prosperó ni en Yucatán[58] ni en Chiapas.[59] Los fugitivos no necesitaban allí buscar asiento en otros pueblos. Poco les costaba adentrarse y desaparecer en la selva indómita que tenían a mano. Para México central, Miranda destacó el peso que tuvo el tributo en el arranque de las migraciones y luego en la multiplicación de forasteros en un septentrión despoblado pero rico en minerales.[60]

Confirmada a saltos la presencia de forasteros por el continente, ¿cabe determinar qué proporción de indígenas perteneció en general a esa categoría o, al revés, cuántos indios retuvieron el añejo estatuto de originario? Una respuesta válida en toda regla parece inalcanzable. La salpicadura vuelve a imponerse en la presente exposición. En pueblos de Quito, la visita de 1559 halló 7% de forasteros y otro tanto de yanaconas.[61] Un siglo más tarde, la situación había cambiado notablemente: un indio de cada dos era considerado allí forastero.[62] Al norte de esa Audiencia, en Bogotá, el visitador Miguel de Ibarra encontró en un centenar de pueblos menos de 7% de ausentes a fines del siglo XVI.[63] En la Sabana de Bogotá, la proporción de requinteros (forasteros sujetos a tributo) no sobrepasó la décima parte entre los años 1636 y 1640.[64] En Guatemala y Nueva España, los forasteros replican las proporciones del Nuevo Reino de Granada. En los Andes centrales y meridionales, ausentes, forasteros o yanaconas proliferaron menos que en Quito. Del rápido recorrido, una divisoria parece cortar la América continental hispana a la altura de Popayán. A tientas se diría que los forasteros abundaron más al sur de esa línea.

Yanaconas y forasteros se diferencian de los originarios por su exclusión del tributo y del entero de la mita, así como por su mayor presencia entre los asalariados empleados en la "república de españoles",

58. Farriss 1992: 141.

59. Favre 2011: 46-47.

60. Miranda 1963, 2005 [1952].

61. Salomon 1986.

62. Powers 1995: 48, 57, 61, 69, 70.

63. Martínez 1977: 209.

64. Villamarín y Villamarín 1981: 56.

pero también en las comunidades.[65] Al ingresar en un mercado laboral incipiente, los migrantes acabaron con una identidad étnica y cultural debilitada.

En su memoria de gobierno, el duque de La Palata seguía sin admitir en 1689 la irremediable disminución de la masa sujeta a tributo y mita. Su argumento rezaba que la escasez de mitayos para el trabajo en las minas y en el campo no se debía tanto a la falta de brazos, sino al ausentismo. "En este sumo desorden —decía— ha muchos años que se encuentran las provincias del Perú y lo que puede discurrirse es que no se ha aminorado el gentío, porque es más fecundo que el de otras naciones, sino que se ha retirado de sus poblaciones". Antes había precisado: "Huyendo todos [los indios] y desamparando sus casas para hallar alivio en las ciudades y en las provincias que no mitan, a donde se han situado con nombre de forastero". Alta fecundidad aparte, alegada pero no demostrada, la pluma del duque concibe abordar el desajuste sin corregir antes las causas económicas y sociales causantes de la calamidad. Preconiza en cambio la peregrina idea de restituir a los forasteros a sus pueblos de origen por la fuerza. Esa vieja aspiración de los oficiales reales y de los curacas jamás pudo llevarse a cabo, y volvió a fracasar en esta ocasión. Alertados por las noticias llegadas de las intenciones oficiales, los forasteros no tardaron en salir nuevamente en estampida. La numeración resultó vulnerable en el acto, al punto que el sucesor del virrey, conde de la Monclova, decretó un empadronamiento bajo premisas nuevas.[66] La yuxtaposición de las numeraciones de La Palata y la de Monclova denota la diferencia de resultados.[67]

Decenios hubieron de transcurrir antes de que la administración virreinal descartara todo propósito de marcha atrás y aceptara asentar a los forasteros en las comunidades en las que llevaban años morando. Para afianzar su estabilidad, les otorgaron parcelas de tierra de cultivo. A cambio, hubieron de pagar un tributo llevadero, inferior

---

65. Powers 1991, 1995.

66. Cole 1984, 1985.

67. Sánchez-Albornoz 1983a: 50-57.

al de los originarios. De la mita minera quedaron libres. Las comunidades renunciaron por su parte a ciertos principios arraigados. Se desprendieron de tierras comunales y aceptaron la desigualdad ante el fisco de los habitantes del pueblo. Una vez alterado el viejo esquema, las reformas se sucedieron cada tanto. Los forasteros "sin tierra", más los agregados, fueron llamados más adelante a tributar en proporción menor y fueron acomodados. Las reformas prosiguieron incluso bajo la ya República de Bolivia. En su creciente degradación, los yanaconas fueron equiparados entonces a los siempre pospuestos uros y a los supuestos vagos.[68] Las designaciones de forastero y yanacona, hechura del siglo XVII, no desaparecieron. Adquirieron un significado cada vez más social que étnico.

68. Sánchez-Albornoz 1968, cap. 2.

Capítulo 4

Migración rural en el Altiplano: forasteros en Santa Cruz de Oruro, 1645

La primera migración concreta que nos ocupará a continuación es la acumulada a mediados del siglo XVII en tierras de Santa Cruz de Oruro. El pueblo, situado bajo el actual nombre de Orurillo en la sección altiplánica que forma parte del departamento peruano de Puno, se eleva en el camino que une el lago Titicaca con La Raya. Esta abra montañosa separa el Altiplano de la cuenca del río Vilcanota. Los habitantes del valle por el que transcurre el río de ese nombre se hallan emparentados desde tiempo inmemorial con parte de los pobladores de la vertiente opuesta, los orureños entre ellos. La población de Oruro o, grafía antigua, de Horuro, fue numerada en 1575 con motivo de la visita general efectuada por orden del virrey Toledo[1] y, por segunda vez, en 1604.[2] Oruro aparece citado en documentos coloniales tempranos, a veces bajo la advocación cristiana de la Santa Cruz. El diminutivo Orurillo se generalizó después de fundarse San Felipe de Austria u Oruro en 1606 en la provincia de Paria. Las venas argentíferas de su homónimo eclipsaron la fama del pueblo agrícola

---

1. Cook 1975: 100-102.
2. Sánchez-Albornoz 1989.

y ganadero septentrional. El uso a secas quedó reservado al distrito minero; Orurillo se aplicó a la antigua reducción toledana. Vázquez de Espinosa se refiere al lugar hacia 1620 por el diminutivo.[3] El topónimo Orurillo es oficial en la actualidad.

La etimología lleva a suponer que la etnia uro prevalecía en el pueblo, pero no fue así. La mayoría de los habitantes censados en 1645 eran aymaras y, en concreto, de la mitad omasuyo, una de las dos (urcosuyo la otra) en las que los autóctonos concebían dividido el Altiplano.[4] Los cronistas españoles[5] y la administración colonial tuvieron a Orurillo por cana. A pesar de hallarse situado en el Altiplano septentrional e interactuar con sus vecinos de misma lengua, mantuvo su singularidad frente al antiguo reino colla. Un papel sobre la mita potosina del siglo XVII temprano reza en efecto: "Los indios Oruros y Hunoas [Ñuñoas] que, aunque son del corregimiento de Cabana y Cabanilla, por ser de nación canas tienen capitán [de mita] de por sí".[6] Las visitas estudiadas por Glave sitúan a Orurillo todavía entre los canas.[7] Si la filiación no colla de Orurillo no ofrece duda, su adscripción administrativa vaciló durante el periodo colonial. En tiempos de Toledo, Ayaviri (de urcosuyo), Ñuñoa y Oruro (de omasuyo) fueron desgajados de un corregimiento cana para conformar junto con pueblos colla un distrito mal nombrado Urcosuyo por incluir localidades uma. La cabecera de dicho distrito, Hatuncolla, había sido en tiempos prehispanos nada menos que la capital del Collao. En el orden eclesiástico, Urcosuyo quedó adscripto al arzobispado de Cuzco.[8] La numeración de 1604 reafirma el carácter cana del pueblo, con una presencia minoritaria de uros, chinchas y otras etnias.[9] El padrón posterior de

---

3. Vázquez de Espinosa 1948: §1610.
4. Julien 1987.
5. Capoche 1959: 139.
6. Zavala 1979, II: 69.
7. Glave 1988, 1989, cap. VI, 1995/1996.
8. Vázquez de Espinosa 1948: §1866.
9. Sánchez-Albornoz, 1989, cuadro 1. En la evolución prehistórica, el estrato cana mayoritario se insertó en el lugar desplazando a una población original uro, según

1645, sobre el que se funda este capítulo, sitúa a Santa Cruz de Oruro en el corregimiento de Cavana y Cavanillas (nueva grafía). En la información testimonial tomada en 1690 por el corregidor de Potosí, el capitán de la mita de Orurillo declaró a la par de los pueblos de la provincia de Tinta de los Canas,[10] un reconocimiento implícito de una identidad nunca negada, pese a sus esporádicas inclusiones en jurisdicciones collas. Un nuevo cambio administrativo resituó a los canas en la provincia de Lampa. El virrey conde de la Monclova dejaría numerados allí a los orureños a fines del siglo XVII.

Al empezar el siglo, Vázquez de Espinosa esbozó la economía de los pueblos de Asillo, Azángaro y Oruro de la manera siguiente:

> Son muy ricos y poblados de gente: crían en su distrito gran cantidad de ganado de la tierra, carneros merinos de Castilla y ganado vacuno; no se dan en esta provincia frutos, salvo papas, por ser de continuo muy fría, aunque es abundante y abastecida de lo necesario para la vida humana por tener cerca valles de temple caliente de donde lo traen todo.[11]

Su pluma pasó por alto la pesca en la vecina laguna, incluida entre los productos a entregar en tributo. El fraile alerta además que Orurillo disponía de colonias en los valles de la ceja de montaña. De allí procedía el maíz y la coca consumidos, incultivables en las frías alturas. La complementariedad de suelos y climas originó aquí, como en el resto de los Andes, entidades no contiguas al modo de un archipiélago.[12] Orurillo fue una de ellas.

El virrey Toledo halló en 1575, en el antiguo Oruro, 870 indios tributarios De ellos solamente 75 eran de estirpe uro, un mero 8%.[13] La población constaba de 3438 personas de todas las edades y sexos.

---

recogen los mitos locales (Albó 1988: 233). Los incas mitimaes chinchas fueron instalados allí por los incas.

10. Sánchez-Albornoz 1968: 145.

11. Vázquez de Espinosa 1948: §1615.

12. Murra 1975: 59-115.

13. Cook 1975: 101.

De los hombres en edad de trabajar, Toledo destinó la séptima (126) a servir en Potosí.[14] Años después, en 1645, los habitantes de Orurillo se habían reducido a 2973, prácticamente una séptima parte menos, y los efectivos tributarios aún más, a 704 tributarios, casi una quinta parte. La muerte rondaba más a los hombres. ¿Efecto de la mita? Los descendientes de los 635 mitimaes de Oruro residentes en los valles de Carabaya, omitidos en 1575, pero incluidos en el padrón de 1604,[15] compensaron en el cómputo general las pérdidas sufridas. La incorporación de forasteros, posterior a 1604, volvió a frenar el declive local. Gracias a ese doble aporte exterior —mitimaes y forasteros—, Orurillo salió mejor parado en los papeles de la hecatombe demográfica posterior a la conquista.[16]

El cuadernillo de 1645

Los conocidos por forasteros ganaron visibilidad al avanzar el siglo XVII. Algunas revisitas locales habían revelado ya su presencia, pero las defecciones y la disminución simultánea de los originarios aumentaron su presencia en términos absolutos y relativos e hicieron inexcusable incluirlos en los reajustes siguientes. En franca reducción del cupo de mitayos prescrito por Toledo, los mineros potosinos reclamaron un nuevo reparto de mita que corrigiera el quebranto sufrido. Ante los apremios, el virrey marqués de Mancera mandó, el 19 de mayo de 1645, que párrocos o doctrineros —no los corregidores— formaran "padroncillos" de los indios residentes en los pueblos de las provincias susceptibles de proveer mano de obra a Potosí. El párroco de Orurillo, Pedro Álvarez de Quintanilla, fue encargado del recuento local. El original de este fue a parar al Archivo General de la Nación de Buenos Aires (IX-17.1.4) tras un viaje rocambolesco. Allí cabe consultarlo a la par de los demás padrones que los tres capítulos próximos

14. Sánchez-Albornoz 1983a.

15. Sánchez-Albornoz 1989.

16. Cook 2010.

inspeccionan. El cuadernillo de Orurillo ocupa en sentido vertical 18 medias carillas, más una portada. Ellas anotan uno tras otro los indios identificados. Al final, el cura aclara cómo procedió:

> Yo el presbítero Pedro Álvarez de Quintanilla, cura deste dicho pueblo de Orurillo que in verbo sacerdotis lo notifico en derecho que aviendo sacado de los padrones que tengo para confesar y hacer doctrina a la gente deste pueblo, y aviendo hecho nuevas diligencias según el mandato del señor virrey, de presente no e hallado en él, ni en sus punas y distrito, otros indios naturales del dicho pueblo, ni forasteros, más de los que van en este padrón, que va en nueve fojas; y porque es verdad lo firmo en postrero de julio de mil seiscientos cuarenta e cinco.

Sigue firma de puño y letra. Una vez terminado, el padrón fue elevado al corregidor de Cavana y Cavanilla, Pedro de Zárate y Berdugo. A manos del virrey llegó el 27 de septiembre, un par de meses después.

La coletilla final descubre cómo efectuó el párroco la enumeración. De sus feligreses llevaba una cuenta rigurosa, aunque de ortografía dudosa. En el *status animarum*, preceptivo después del Concilio de Trento, los sacerdotes asentaban el cumplimiento del sacramento de la confesión y la asistencia de sus feligreses a la doctrina. De instrumento útil para la catequesis y el control social, estos estadillos parroquiales encierran una valiosa información para la demografía histórica. Los datos, sacralizados *in verbo sacerdotis*, garantizaban además ante el virrey un contenido menos desaliñado y más fidedigno que el que hubieran aportado los corregidores. Los curas parecían menos propensos a ocultar indios y a defraudar a la Hacienda. Contra más tributarios, más sínodos cobraban. El encargo ahorraba además a la Hacienda las dietas del escribano y de sus acompañantes.[17]

---

17. En la segunda mitad del siglo XVII, los párrocos del obispado de Cuzco confeccionaron más padrones a instancias no ya de la autoridad civil, sino de la eclesiástica. Algunos de estos documentos han sido publicados (Villanueva Urteaga 1982). El padrón del pueblo de Livitaca, en Chumbivilcas, ha sido estudiado por López Beltrán (1987).

Al concluir su trabajo, Quintanilla asegura no haber encontrado más naturales en sus punas ni en su circunscripción. No dejó constancia de que echara de menos a los mitayos que Orurillo tuvo antaño en los valles orientales. El sacerdote parecía no estar al tanto del pasado de su parroquia. No extrañaba el maíz, la coca y el oro que, cuarenta años atrás (1604), los mitimaes hacían llegar todavía al pueblo para su consumo y para el pago en metálico del tributo. La segregación de las colonias de Orurillo debe fecharse en ese tiempo. Para el párroco, tener a sus feligreses a mano alrededor del templo debió resultar más práctico para el ejercicio de su ministerio. Con miras a la evangelización, la Iglesia prefirió erigir por la vertiente oriental de los Andes doctrinas supeditadas a los obispos.[18] La proximidad de la grey facilitaba la catequesis, en coincidencia con la gestión civil del pueblo.

A fuer de práctico, el párroco omite de los padrones los datos innecesarios para su objetivo. Toma nota únicamente del nombre de pila (a veces dos), apellido (mayormente indígena y uno solo), estado civil, grupo de edad (niño, viejo), ayllu, ubicación (pueblo o estancia), condición (originario o forastero) y procedencia. Prescinde de las mujeres, exentas de mitar, y registra pocos niños. El escrito asienta a los forasteros detrás de los originarios a la cola del ayllu en el que ambos parecen haber convivido. A veces consta el pueblo, ayllu o parroquia de los que proviene el forastero o, si no, el pueblo de procedencia del padre. El párroco solo menciona un yanacona en su sentido original, pues precisa que es sujeto de un español. Una "y" a la izquierda del nombre de algunos forasteros sugiere que el párroco lo tiene en realidad por yanacona, de los de nuevo cuño, es decir, un trabajador del campo no sujeta su persona a un español o a otro indio, como era el

18. Vázquez de Espinosa (1948: § 1867) da noticia temprana de un corregimiento de Carabaya con dos pueblos y varias doctrinas. Los nombres que figuran no corresponden a los de las poblaciones de mitimaes dependientes del antiguo Oruro, lo que sugiere que la erección del corregimiento de San Gabán y de las doctrinas de Coasa, Sandia y Pará es posterior, aunque anterior a 1645. Villanueva Urteaga (1982) recoge informes enviados en 1689 al arzobispo del Cuzco por los párrocos de las tres doctrinas. En ellos figuran la antigua colonia de Esquena como estancia y la de Inambari como simple valle. Mocomoco en cambio no se cita.

Cuadro 5

Población masculina de Orurillo, 1645

		Originarios			Forasteros							
	Ayllu	Casdº	Soltº	Total	Casdº	Soltº	Total	Vdº	Viejos	Niños	s/d	Total
1	Collana Coroca	13	4	17	9	5	14			2	1	17
2	Sulca Hata	9	4	13	5	1	6			1		7
3	Ticoca	7	6	13	3	1	4					4
4	Chinchaisuyo	12	7	19	1		1					1
5	Uro	7	6	13		4	4					4
6	Hila Hata	7	4	11	11	3	14	1			1	16
7	Achoca	15	1	16	10		10	1	1	2	1	15
8	Huchacama	7	2	9	3	1	4				2	6
9	Chipana	11		11	2		2		1		3	6
10	Comacha	6	4	10	4		4					4
11	Chocarsaya	14	7	21	7	2	9			2		11
12	Huntoma	9	4	13	3	2	5	1			1	7
13	Varsuca	2		2	1		1					1
14	Saruicha	18	2	20	4		4				4	8
15	Sulca Chucarsaya	5	3	8	1		1					1
16	Mataqui	11	2	13	3		3				3	6
17	Manifestados	15	6	21	6		6					6
	Total ayllus	168	62	230	73	19	92	3	2	7	16	120
	Estancia											
18	Puna Grande				3		3					6
19	Antasta				2		2		1	2		5
20	Hapo				1		1		1		1	3
21	Paraca				4	1	5			1	1	7
22	Cangalli				8		8					8
	Total estancias				18	1	19		2	3	2	29
	Total general	168	62	230	91	20	111	3	4	10	18	146

caso de los manifestados a principios de siglo. Disimulados los yanaconas bajo una mera letra, el título del cuadernillo no explicita su presencia. Reza: "Padrón general de los yndios naturales y forasteros que hay en este pueblo de Santa Cruz de Oruro en el Collao". Forastero es para el párroco todo no originario. En otras parroquias, los sacerdotes sí identificaron en cambio a los yanaconas. El resumen general de Felipe de Bolívar los incluye incluso en el título.[19] La diferente actitud indica que el uso de forastero en oposición a originario era aún minoritario y no oficial.

El cura Quintanilla pasa también por alto a las parcialidades, no porque ellas hubieran desaparecido. A ellas, solo se refiere al mencionar que los forasteros "van incorporados en los ayllus y parcialidades donde residen". De los dos, Quintanilla privilegia al ayllu como lugar de residencia. Cita 17 de ellos, en pérdida de casi la mitad de los 33 que avistó el padrón de 1604. De estancias menciona a cinco lejos del pueblo, las mismas de antes. Las de Paraca y Puna Grande pertenecían a la comunidad. Tres españoles, Juan Pinto Vellido, Agustín Gaudo y los Trisancho, poseían las tres estancias restantes.

De los 16 ayllus de Oruro que desaparecieron entre 1604 y 1645, 14 de ellos decayeron por fusión en un solo ayllu de las mitades tradicionales de sulca e hila. Otra absorción redujo a un ayllu una antigua tripartición. Solo un par de ayllus, Hata y Chorcasaya, retuvieron en 1645 su configuración dual original. Los cuatro grupos uros quedaron por su parte sumidos en uno solo. El padrón tendió pues a recortar la división interna habitual de los ayllus. El cambio de grafía desfiguró por otro lado un par de nombres (por ejemplo, Guarsuca = Varsuca, Hondoma = Huntoma). Solo desaparecieron del todo un par de ayllus: Ahipo en anansaya y Mapasica en urinsaya. Novedades se dan en dos casos: Ticoca y Achoca.[20] Un puñado de uros y chinchas, tan diferentes

---

19. Sánchez-Albornoz 1982b: 15, 16.

20. La continuidad no solo fue de nombre, sino también de personas. Entre 1604 y 1645, los infantes de 1604 tuvieron cuatro decenios para reaparecer, en el padrón de 1645, a punto de "jubilarse" de tributario o en la categoría superior (+ 50 años). El tullido de tres años, Felipe Guanco, del ayllu Coroca, emerge en 1645 en el ayllu Collana Coroca como cojo casado y el niño de un año, Martín Cavana, hijo del

entre sí, se acoplaron en un solo ayllu. De los mitimaes salineros y los yanaconas de Francisco Cansaya, dos grupos pequeños mencionados en 1604 no quedan entonces rastros.

La simplificación onomástica de los ayllus vino unida a una reducción drástica de efectivos. Los varones en edad de trabajar menguaron a poco menos de la mitad (el 42%) de 1604 a 1645. Los 635 originarios hallados en la primera fecha quedaron en 230, casi dos tercios menos, en la segunda. A este mínimo se añadieron 111 forasteros (casi una mitad más), quienes atemperaron la caída experimentada, con el consiguiente aumento de la mano de obra masculina local. En un par de ayllus figuran significativamente cinco forasteros de Pará, uno de ellos nacido en Orurillo, pero de padre oriundo de la ceja de montaña (cuadro 6). A pesar de su estirpe orureña, el pueblo, o al menos el párroco, no consideraron a estos individuos por originarios, tal como correspondía.[21]

Con originarios de Orurillo se tropieza de tanto en tanto a título de forasteros en padrones de otros pueblos. En Moho, por ejemplo, provincia de Paucarcolla, aparecen tres de ellos en 1645.[22] Más lejos, en una estancia de Livitaca, Chumbivilcas, emerge en 1689 un forastero de Orurillo de 65 años, con mujer y dos hijos tardíos.[23] Los desplazamientos trajeron perjuicios a los niños. El padroncillo de Orurillo atestigua en su encabezamiento el hondo malestar que afligía a los bajos estratos de las capas rurales a mediados de siglo:

> Los forasteros que aquí van empadronados que no conocen su pueblo, ni su origen, son hijos de algunos indios viandantes que por serlo no fueron conocidos, o también porque algunas personas los hurtaron muy

---

curaca del ayllu Guarsoca de Anansaya, figura como viudo en el ayllu Varsoca. Ambas vidas traducen un cierto drama.

21. La revisita llevada a cabo por Laureano Díaz de Ulloa en el repartimiento de San Miguel de Yapara, en Carabaya, halló al revés, aún en 1789, un ayllu nombrado Oruro, compuesto por 68 originarios y 12 sedicentes forasteros (AGN, BA, XIII, 19-2-4, fol. 311vª).

22. Glave 1995-1996: 103.

23. Villanueva Urteaga 1982: 330.

Cuadro 6

Procedencia de los forasteros en Orurillo, 1645

Procedencia	Ayllus o estancias																						
	1	2	3	4	5	6	7	8	9	10	11	12	13	14	15	16	17	18	19	20	21	22	
No conoce	5					15	5	2	1	4	4	3		3		3		1	1				47
Lampa																							
Ñuñoa	3							1															4
Llalli		1																1				2	4
Ayaviri				1			1																2
Pucará												2										1	3
Canas																							
Coporaque	2																						2
Sicuani											5										1		6
Yauri	2																						2
Marangani									1														1
Pichigua									2		1						1		2	1		1	8
San Pablo		1																					1
Quispicanche																							
Acos		1																					1
Pomacanche								1															1
Acomayo																						1	1
Chumbivilcas																							
Quiñota									2														2
Alca											1												1
Azángaro	4							2							1								7

Asillo						3																3
Caminoca																				1		1
Taraco																	1					1
Paucarcolla																						
Capachica																				1	2	3
Huancane																		3		1		4
Icho																2						2
Coata					1	1																2
Moho		1																				1
Chucuito																						
Pomata															1							1
Omasuyo																						
Guaycho																		2				2
Paucartambo																						
Pitamarca													1									1
Pacaje												1										1
Stgº Machaca			2																			2
Carabaya																						
Pará															1	4						5
Cuzco																						
Parroquias		2	1								2								3	1		9
Urubamba													1		1							2
Potosí			1																			1
Arequipa																				1		1
Total	16	6	4	1	16	10	6	6	4	11	7	1	5	1	6	7	3	8	4	6	7	135

niños y los trajeron a este pueblo, o ellos se huyeron también niños de sus padres, y así no los conocieron a ellos, ni a sus pueblos.

Orurillo, además de perder su nombre original, se transformó internamente por desgaje de mitimaes, una mengua de la fuerza de trabajo, parcialmente repuesta con efectivos de afuera. Dos cuadros condensan los cambios operados hasta 1645. El cuadro 5 enumera, por una parte, los solteros y casados originarios (hombres de 18 a 50 años), repartidos por ayllus y estancias. Para simplificar, se excluyen del cómputo los viudos, viejos (incluso algunos casados) y niños, prescindibles en este caso. De los forasteros, el cuadro incluye a los casados y los solteros, amén de los viejos, viudos y niños. Los 168 casados originarios, más 62 solteros del mismo grupo, constituyen el tercio (230) que queda en 1645 de los 694 tributarios detectados en 1604.

Los dichos 111 forasteros casados y solteros (llamados "mozos" en otros lugares) habitaron con sus familias en 17 ayllus de carácter mixto. Tales ayllus acogieron entre 10 y 20 hogares cada uno. El pueblo debió constar pues de unos tres centenares de viviendas. Los forasteros residieron junto con los originarios a razón de 10 por ayllu, salvo en los de Collana Coroca y Achoca, y en Hila Hata, en los que los advenedizos superaron a sus huéspedes. No sería extraño que las familias forasteras hubieran ocupado o reconstruido casas deshabitadas por mortandad o deserción. En ningún ayllu se echó de menos la presencia de forasteros. En las estancias, residieron ellos solos. En la estancia de la comunidad, se hallaban encargados de velar por el ganado del pueblo.

El cuadro 6 detalla la proveniencia de 135 forasteros. Las provincias o pueblos de origen se enuncian de arriba abajo. Los forasteros de procedencia desconocida o los nacidos en el propio Orurillo, pero tenidos aún por alienígenos —más de un tercio del total (47/135)—, se agrupan en el primer renglón horizontal del cuadro. Pueblos o provincias de etnia cana tienden a figurar en primer término y a continuación las collas. La mitad de los forasteros provienen de no más lejos que el área colindante. Al final de la lista, 18 forasteros amplían sus procedencias a lugares tan diversos como son la ceja, las parroquias o valles orientales de Cuzco, Potosí o Arequipa. Orurillo no cautiva, a diferencia de lo que ocurre con lugares más atractivos como Sipesipe, a forasteros de mucho más lejos. Los 22 ayllus y estancias en los que residen forasteros se alinean horizontalmente en el orden en el que se suceden en el cuadro 5. Origen y residencia se cruzan en una casilla que suele hospedar solamente uno o dos oriundos del mismo lugar. Ese goteo multiplica los veneros y excluye trasplantes en grupo, sin viso alguno de formar colonias. De un mismo pueblo proceden a lo sumo cinco miembros de una misma familia. Localizadas en un mapa, dichas procedencias forman una suerte de óvalo. Por su interior transcurre la ruta en diagonal de noroeste a sudeste que une Cuzco con Potosí. Orurillo se encuentra pues en un lugar por donde pasaron muchos transeúntes, pero retuvo a pocos de ellos.

De los forasteros, unos no conocieron su procedencia o siquiera la del padre, según advierte el párroco en su escrito. Tal inopia es indicativa de la avanzada descomposición social que afligía ya al Altiplano. La fallida memoria del forastero aleja su incorporación a Orurillo a una fecha remota. Hay también forasteros que recuerdan el pueblo de origen, pero no el nombre de su curaca, memoria más fresca que supone un ingreso más reciente.

El padrón de 1645 no fue el último levantado. Orurillo experimentó una suerte de fiebre censal en la segunda mitad del siglo XVII. De esa actividad de alcances y resultados desiguales restan al menos resúmenes. De 1674 data la primera visita posterior realizada en persona por el obispo del Cuzco, Manuel de Mollinedo. Este redondeó la población local a 2000 individuos e hizo constar que la Iglesia y seis cofradías del lugar eran dueñas de miles de cabezas de ganado ovino y de algunos cientos de vacas.[24] La Iglesia y las cofradías religiosas habían sustituido como terratenientes a los antiguos hacendados españoles. Una grata sorpresa esperaba al obispo. En este agreste lugar, el prelado se topó inopinadamente con un moro tunecino, natural de Susa, al que se dio el gusto de bautizar. El celo religioso de Mollinedo hizo que Orurillo fuera visitado de nuevo en 1678 y 1687.

---

24. Guibovich y Wuffarden 2008: 81.

La numeración hecha por orden del virrey duque de La Palata halló en 1683 en Orurillo 316 originarios y 167 forasteros, es decir, más originarios y más forasteros que en 1645. Seis años más tarde, en 1689, los curacas aguaron la conjetura a la que estas cifras se prestaban. En declaración jurada, los curacas aseguraron que los tributarios no pasaban en realidad de 155, es decir, 13 menos que en 1645.[25] La franca recuperación del pueblo habría de esperar. La visita muy posterior de José Fernández de Obregón halló en Orurillo, en 1743 (retasa del marqués de Villagarcía), 236 originarios más 249 "forasteros mostrencos y yanaconas de las estancias" sin tierras.[26] Superado el bache demográfico, los forasteros formaban mayoría a mediados del siglo XVIII.

El padrón de Orurillo de 1645 ilustra determinados aspectos de las migraciones andinas del siglo XVII. Informa del flujo llegado a un pueblo ganadero del Altiplano de clima y terreno poco hospitalario, capaz sin embargo de retener a cierto número de andinos. Antes de la Conquista, Orurillo había situado en los valles feraces de la ceja de montaña oriental colonos conforme a una práctica extendida. Los mitimaes allí destacados aportaban para el bienestar de Orurillo una cantidad y una variedad de bienes (maíz, coca y oro) no accesibles en el Altiplano. Estas colonias, soslayadas en la visita llevada a cabo a gran escala por el virrey Toledo, salieron a relucir en la numeración local de 1604, confirmando que las colonias seguían todavía operativas. Entre esa fecha y el padrón de 1645, las viejas colonias fueron amputadas de su matriz. Un pueblo enflaquecido de recursos entró a depender a partir de entonces principalmente de su ganado mayor o menor. Orurillo sedujo en esas circunstancias a puñados de forasteros de lugares poco alejados, no tanto porque el pastoreo brindara grandes oportunidades de empleo, sino por la posibilidad de eludir allí el extenuante servicio de la mita. Lo mismo se aplica a la presencia de orureños en otros pueblos del Altiplano.

---

25. Villanueva Urteaga 1982: 78.

26. Archivo Nacional del Perú, Lima, Tributos, Informes, legajo 1, cuaderno 7

La lista nominal, además de aportar cantidades, siempre bienvenidas, revela la manera como el inmigrante se incorporó al lugar de su opción. En Orurillo, los forasteros no residieron apartados. Los ayllus los admitieron sin absorberlos. Los nacidos en el pueblo siguieron por generaciones tenidos por forasteros, como sus padres. En la exogamia dispusieron de un único resquicio para acceder a la comunidad. Los originarios, cercenados, necesitaron el trabajo de los forasteros. Los aceptaron como mano de obra, pero no les acordaron beneficios comunitarios Su discriminación parece haber sido ventajosa para ambos. Los forasteros consiguieron librarse así del tributo y de la mita.

El padrón pierde por momentos la aridez de la documentación estrictamente administrativa gracias a la inserción de notas cargadas de humanidad. El niño tullido de 1604 reaparece cuarenta años después, en 1645, cargado de años y casado. El hijo tierno de un curaca figura al cabo de los años viudo y a punto de concluir su vida activa. Los *guachos*, mencionados por el cura, cierran el padrón con un toque escalofriante nada único, confirmado por desgracia en otros capítulos.

Capítulo 5

Migración rural a un valle oriental: forasteros en Sipesipe, 1645

El nombre de Sipesipe, o Sipe Sipe en su denominación oficial contemporánea, corresponde a una etnia altiplánica sora que ocupó, tierra abajo, el occidente del valle de Cochabamba. El lugar cuenta con una larga historia. Fue escenario del habitual enfrentamiento entre pueblos agrícolas y ganaderos. Los incas desplazaron hacia oriente a los ganaderos cota y chui y repoblaron el valle feraz con agricultores mitimaes oriundos de varios pueblos del Altiplano y con colonos estatales traídos nada menos que desde el litoral del océano Pacífico. El origen de los plateros de Chinchaysuyo registrados en el padrón motivo de este capítulo es yunga occidental.[1] La complejidad del poblamiento incaico de Cochabamba no deja de ser indagado.[2] De época lejana restan, además, las ruinas de Inca Rakay, fortaleza y centro administrativo regional de aquellos tiempos, situadas a poca distancia del municipio actual.

Con la conquista española del valle, el curaca principal de Sipesipe, don Fernando Hachata, tomó parte en la expedición de Diego de Almagro y Pedro de Valdivia a Chile junto con otros curacas.[3] Esta

---

1. Villarías-Robles y Pereira 1995: 227.
2. Wachtel 1981, Gordillo y del Río 1993, Villarías Robles y Mamán 1998.
3. Platt et ál. 2006: 929.

cooperación militar no evitó que los habitantes fueran sometidos luego a encomienda. Francisco Negral recibió la generosa cantidad de 500 tributarios. Hernando de Silva le sucedió en el disfrute de sus rentas y servicios. La comunidad de Sipesipe sufrió, por otra parte, presiones para que vendiera tierras a varios españoles. El pueblo consiguió más adelante que la enajenación fuera revocada por haber mediado fraude.[4] Los tributos recaudados de la encomienda pasaron temprano a la Corona, "al haberse acabado el concierto que se hizo con Hernando de Silva", reza la tasa general de 1575.[5] La Hacienda real comenzó a cobrar su renta en 1567.[6] En 1585, el cronista de la Villa Imperial, Luis de Capoche,[7] estimó en 600 fanegas de maíz (c. 30 toneladas) el producto anual de Sipesipe destinado a las arcas de la Corona y de una intensa especialización en el cultivo de ese grano. Parte de los lugareños se encargaban de transportar víveres a Potosí. Otros cosechaban coca en los yungas septentrionales.[8]

Por orden del virrey, el visitador Diego Núñez Bazán congregó en 1573 en un asiento edificado de nueva planta a ocho centenares largos de andinos y a sus familias, dispersos antes en 52 caseríos. Para agradar al virrey Toledo, el pueblo fundado recibió el nombre de Talavera de Sipesipe, por la comarca castellana de la que el mandatario era oriundo. El nombre no prosperó. Acabó por prevalecer el de su advocación religiosa, San Pedro de Sipesipe, y, por último, como en tantos otros casos, se impuso el topónimo indígena a secas.

La tasa expedida al concluir la visita general de Toledo sitúa en el repartimiento de Sipesipe a 819 indios adultos de entre 18 y 50 años, edad productiva por excelencia.[9] De ellos, 14 eran yungas y 8 ingas; 19 plateros tenían ascendencia chincha. Claro predominio de los tenidos por originarios. La fuerza de trabajo ascendía al 46% de la población

---

4. Villarías-Robles 1995: 209-210.

5. Cook 1974: 29, Salles y Noejovich 2008: LIX-LXVIII.

6. Escobedo 1978: 281-286.

7. Luis de Capoche 1959: 178.

8. Loredo 1958: 161-162.

9. Véase Salles y Noejovich 2008: LIX-LXVIII.

masculina del lugar (1777). Los viejos e impedidos eran 112 y 846 los menores de 18 años. Este monto (el 48% de los varones) otorga al pueblo un inesperado aire juvenil. Las mujeres eran, por su parte, 1814 de todas las edades y condiciones, ligeramente más (2%) que los hombres. No hay razones en este caso para suponer un subregistro femenino. Ambos sexos sumaban 3591 personas. Toledo sometió a los hombres en edad de trabajar a pagar tributo, así como a mitar. Sipesipe quedó obligado a proveer 139 pares de brazos a Potosí cada año.[10] La imposición solo recayó sin embargo sobre cuatro pueblos del valle —Sipesipe, Tapacarí, Paso y Tiquipaya— por suponérselos de población altiplánica, capaz de soportar el clima y la altitud del Cerro Rico. Los habitantes de tierra caliente al oriente del valle fueron en cambio considerados no aptos para trabajar allí. En 1646, el virrey Mancera seguía tildando de *soras* a los mitayos de Sipesipe y los calificó de "buenos trabajadores".[11]

Ocupado el valle por los castellanos, la población de Sipesipe declinó. En 1606, el corregidor de Cochabamba visitó el pueblo y solicitó rebaja de la mita por haber menguado su población. Su colega de Potosí se le opuso pretextando ocultaciones. La tanda fue reducida finalmente en una tercera parte.[12] Más adelante, en 1645, restaban únicamente 160 tributarios, o sea menos de una quinta parte de los hallados por Toledo. Drástica contracción al oriente del Altiplano. El 80% restante había desaparecido en siete decenios a razón de un dramático -2,3% anual. Sus habitantes habían padecido epidemias, sobreexplotación, defecciones y escamoteos. El único grupo que creció entonces fue el mejor tratado por la administración. La revisita de José de la Vega Alvarado señaló a los plateros 20 fanegadas de tierra y los eximió de mitar.[13] En 1645, los 19 plateros toledanos se habían convertido en 31, una mitad más que años atrás (véase cuadro 8, p. 121).

10. Cook 1975: 29.

11. "Orden de las provincias y pueblos que están obligados a enviar indios para la mita del Cerro de Potosí", AGN, BA, IX, 6-2-5.

12. Saignes 1987b: 441.

13. AGN, BA, XIII, 18-1-3.

El virrey Chinchón atribuyó equivocadamente la contracción demográfica de Sipesipe a la muerte de mitayos "por ser los indios yungas y el temple de aquella villa [Potosí] tan frío". Los mitayos eran en realidad de etnia sora, procedente del Altiplano como acabamos de decir. El temple, argumento socorrido de la época, eximía además al virrey de ahondar en las causas de la mortalidad y de no encarar la desestructuración en curso de los pueblos, en el sentido utilizado por Wachtel.[14] Indios hubo que huyeron a otros territorios para librarse de mitas y tributos. Otros renunciaron a volver a su pueblo al concluir su turno para quedar en Potosí como asalariados.[15] La inmigración tendió, a la inversa, a rellenar huecos. Oportunidades no faltaron para atraer agricultores al valle. La mayor ciudad del continente dependía de sus suelos fértiles para su abastecimiento.[16] El auge agrario parece haber acrecentado la resistencia a mitar. La mala gana mostrada hizo que gozaran de adversa fama.[17]

El padroncillo de 1645

El virrey marqués de Mancera dispuso que los párrocos o doctrineros de las provincias de arriba formaran "padroncillos" de los indios cuya atención espiritual les había sido encomendada. La andanada de padrones confeccionados pretendía actualizar la información para una reforma de la mita potosina reclamada y pendiente desde hacía

14. Wachtel 1976.

15. Bakewell 1989.

16. Los intercambios económicos habituales entre Cochabamba, Potosí y el Altiplano meridional quedan ilustrados por la conocida anécdota de cómo dos indios de Porco, de vuelta con comida de Cochabamba, descubrieron las vetas del mineral de Potosí al escapárseles un carnero (Descripción de la villa y minas de Potosí 1965: 372). Cumplidos detalles en Larson 1992. El territorio agrícola de Sipesipe sufrió amputaciones temprano. Los españoles no invadieron las tierras propias del pueblo, pero se quedaron con las que este poseía en otras partes. Haciendas de españoles, ni siquiera consta que las hubiera en el siglo XVIII, a diferencia de lo ocurrido en el cercano pueblo de Tapacarí (Sánchez-Albornoz 1978: 174).

17. Zagalsky 2014: 386.

tiempo. Los forasteros, largamente ignorados pero cada vez más notorios, irrumpieron entonces por primera vez en las cuentas a gran escala. El teniente de corregidor comunicó la orden virreinal al cura de Sipesipe, el beneficiado Juan de Boros y Castro. Sin pérdida de tiempo, Boros hizo que el gobernador indígena del pueblo, Felipe Pinaya, reuniera a los indios del curato. El clérigo actuó de agente de la administración central, auxiliado por las autoridades indígenas locales. La matrícula se llevó a cabo en presencia del segunda persona, los alcaldes y los hilacatas. En los primeros 15 folios del documento figuran los originarios y, por separado, los forasteros en los 16 restantes.[18] Las diligencias y la copia del padrón se concluyeron a los nueve días. El 31 de agosto el sacerdote estampó su firma al pie de ambas matrículas y las elevó al corregidor del partido. Este se encargó de remitirlas a Lima. Hoy los 31 folios originales firmados por el párroco se encuentran inopinadamente, junto con el resto de los demás padrones, en el Archivo General de la Nación de Buenos Aires.[19]

Los residentes de Sipesipe fueron anotados en secuencia descendente. El primer lugar lo ocuparon los originarios divididos, a la usanza andina, en dos parcialidades o sayas, la superior o anansaya y la inferior o urinsaya. La primera incluye seis ayllus: Collana, Taypiyoca, Sulca, Malcopachi, Llocara y Guaillanco (véase cuadro 8). Por el significado de su nombre y por el orden enunciado, los tres primeros ayllus —el principal, el postrero y uno intermedio— debieron formar parte en otros tiempos de una tripartición étnica.[20] Los otros tres ayllus parecen más tardíos, un añadido quizás de Toledo. En 1645, la parcialidad urinsaya, maltrecha, no daba para más subdivisiones.[21] Los

18. En Santa Cruz de Oruro (capítulo precedente), los forasteros se enumeran en cambio a la cola del ayllu, síntoma de cohabitación.

19. AGN, BA, IX, 20-4-4.

20. Collana = principal, sullca = postrero (Santo Tomás 1560). El significado de *taypill* como mediano o de en medio, en Bouysse Cassagne 1978: 1065. Otro ejemplo contemporáneo de tripartición en Sánchez-Albornoz 1989. Sobre la tripartición de los ayllus mayores, véase Harris 1978: 1108-1125.

21. La redacción del padrón deja entrever, sin nombrarlas, divisiones anteriores. Tras el decimoquinto tributario, enumera las viudas y las huérfanas. Una larga raya

plateros figuran relegados a un apéndice final. El declive demográfico resultó desigual por parcialidad y ayllu. El collana, por ejemplo, antaño prominente se hallaba amenazado de extinción en 1645. Solo quedaban 3 miembros, uno de los cuales era, nada menos, que el curaca. Pese a su notoria disminución de efectivos, las parcialidades anan y urin tradicionales se resistían a subsumirse o a desaparecer.

Las parcialidades y ayllus van enunciadas en el padrón por orden jerárquico. El *curaca gobernador* del pueblo figura en primer término. El *segunda persona* encabeza el ayllu intermedio Taypiyoca, el más numeroso; un *principal* se halla al frente de cada ayllu restante, así como de la parcialidad menor urinsaya y de los plateros. Detrás de cada cargo, el párroco anota a su familia. Siete cantores, dos fiscales y un sacristán, empleos codiciados por importar exención de tributo y mita y por destacarse a un nivel social intermedio, se reparten entre los ayllus Taypiyoca, Sulca y Guaillanco en la parcialidad anansaya. Señal excluyente, ningún urinsaya o forastero mereció semejantes encargos.

El padrón anota las unidades domésticas ayllu por ayllu. La chusma, en expresión de la época, compuesta por viudas, huérfanos y mujeres solteras, figura al final de cada ayllu. Del cabeza de familia, el cura consigna la edad, el estado civil, el nombre y el apellido. Le siguen mujer e hijos, con nombres, edades y declaración del vínculo. Nombres de pila o estado civil sugieren el sexo impreciso de los individuos, de los niños en particular. La información personal de viudas, huérfanos, solteras y de sujetos sueltos escasea. El listado incluye los miembros ausentes temporalmente, en especial por cumplir el turno de la mita. De los forasteros varones, el cura indica a menudo su origen: pueblo, parcialidad y ayllu; de las mujeres hace en ocasiones otro tanto. Las edades de las viudas no figuran, quizá por mundana discreción del cura. Las edades no es raro que terminen en cero, redondeo corriente en la época. Omisiones o errores, que no faltan, repercuten sobre la

separa a la última del tributario siguiente, como si empezara un nuevo grupo. Los urinsaya de Sipesipe disminuyeron más y antes. En 1598, habían perdido ya 51 indios y los anansaya 30, según el censo citado por Larson 1988.

representación de la población en forma de pirámide. El padrón no anota a españoles, africanos o mestizos por no ser ese su cometido. Muchos no debieron ser todavía.

Los andinos de todos los sexos, edades y condiciones censados en Sipesipe en 1645 ascienden a 1199 individuos. Los hombres en edad de trabajar (18 a 50 años) son 289, la cuarta parte del total y el 46% de la población masculina (634). Los forasteros constituyen, a falta de yanaconas, el único estrato indígena opuesto a los originarios. Los comuneros suman 648 y los forasteros, 551. De estos, en edad laboral se encuentra el 54%, más que los originarios. A diferencia de la provincia de Cochabamba a la que pertenece Sipesipe, donde los originarios constituían un mero 24% del total, en este pueblo la distancia se acorta puntualmente. Su porcentaje casi duplica específicamente al promedio provincial. En otros pueblos cochabambinos la proporción de forasteros debió ser por compensación mucho mayor. Un examen por separado de ambos grupos permitirá hallar más diferencias en su composición y en su comportamiento. Abordaremos en primer término la capacidad reproductiva que desplegó cada uno.

La población originaria

La población originaria de Sipesipe ascendía, en 1645, a 648 personas. De ellas, 347 eran varones, ocho puntos porcentuales más que las mujeres (301), por omisión, entre otras razones, de casi un tercio de las niñas. No es de excluir una distribución equilibrada por sexos. De los varones, el 48% (casados más solteros = 167) ocupaba el tramo en edad laboral de los 15 a los 50 años. Los reservados (viudos o casados de 51 años para arriba) se reducían a un modesto 7%. El 44% restante de la cohorte masculina (154) tenía 14 años o menos. La alta proporción de niños, resultante de un seguimiento más atento del grupo que el de las niñas por parte del párroco, permite concebir una reproducción de la comunidad desahogada, esperanza que no se cumplió. Las mujeres casadas eran casi tantas (157) como los casados. La cercanía a la paridad lleva a suponer que el matrimonio monógamo cristiano prevalecía ya en una sociedad indígena en descomposición cultural. El exceso de viudas (33) no sería extraño que ocultara segundas esposas de régimen matrimonial prehispano, disuelto por presión de los párrocos.

CUADRO 7
COMPOSICIÓN POR SEXO, ESTADO Y EDADES
DEL ESTRATO ORIGINARIO DE SIPESIPE, 1645

	Años	Individuos
Hombres		
Viudos		11
Casados	(51+)	12
	(18-50)	141
	(15-17)	3
Solteros	(15+)	26
	(-14)	154[1]
		347
Mujeres		
Viudas		33
Casadas		157[2]
Solteras	(15+)	9
	(-14)	102[3]
Total		301
		648

1. Incluye 16 huérfanos.
2. Viejas de más de cincuenta y un años, tres; forasteras, 46; hijas casadas con indios de afuera, principalmente, 13.
3. Incluye 10 huérfanas.

Los 648 individuos anotados en el padrón constituyen la población originaria de *derecho*; la de *hecho* resulta por fuerza inferior. Faltan en efecto 27 ausentes, entre ellos 13 mujeres casadas fuera del pueblo, así como 26 mitayos y sus familias, idos temporalmente a

Potosí (cuadro 8).[22] Los mitayos allegados fueron notoriamente menos que los 139 anuales asignados por Toledo a Sipesipe. La reducción no fue la misma en cada ayllu. Hubo también casos en los que el cupo de tanda se duplicó. En Taypiyoca y Sulca, pasó de 1 mitayo por cada 6 originarios a 1 cada 3. Los ayllus Collana, Malcopyapi y los plateros siguieron en cambio estando exentos de mitar. Guaillanco y la parcialidad de urinsaya se limitaron a enviar un par de mitayos, con independencia de sus respectivos tamaños. Abrumados por la mita, los tributarios de Tiquipaya se habían dado a la fuga. No sorprende la mala fama que el pueblo cosechó entre las autoridades.[23]

CUADRO 8

TRIBUTARIOS, MITAYOS Y AUSENTES ORIGINARIOS. SIPESIPE, 1645

	Tributario	Mitayo	Ausente	Casado con forastera	Núm.
Anansaya					
Collana	3	0	0	1	33
Taypiyoca	34	12	6	7	21
Sulca	27	9	1	8	30
Macoyapi	15	0	2	4	27
Llocara	17	1	2	4	24
Guaillanco	14	2	3	2	14
Urinsaya	19	2	4	7	37
Plateros	31	0	9	13	42
Total	160	26	27	46	29
%	100	16	17		

22. Cole (1985: 38, 73) registra rebajas intermedias en 1624 y 1633. En 1646, el virrey Mancera se propuso ir más lejos y reducir la cuota de Sipesipe a 16 mitayos.

23. Zagalsky 2014: 386.

La uniformidad no caracterizó a la población originaria de Sipesipe. Las ausencias y las nupcias con forastera se presentan también desiguales. Los plateros, yungas exentos de mita, ostentan la proporción mayor de matrimonios con forasteras (42%). Casi otro tanto hicieron los originarios de la parcialidad de urinsaya (37%). Los anansaya fueron en cambio reacios a contraer matrimonio con forasteras. En fin de cuentas (cuadro 8), 11 esposas de originarios proceden del entorno cochabambino; de fuera del distrito por el norte, 7 del lejano Pacajes, 6 de Chucuito, incluida la mujer del segundo hijo del curaca, y 3 específicamente de Azángaro. En lo que respecta al sur, 4 forasteras casadas proceden de Chayanta, tras posible encuentro a mitad de camino en Potosí. Los forasteros oriundos de Mizque, Paria, Carangas, Sicasica, Omasuyos y Canas estuvieron casados con un par de forasteras por provincia; los de Lampa y Chichas con solo una. Si a las 46 forasteras casadas con originarios de Sipesipe añadimos las 98, casi el doble, con maridos igualmente forasteros, la contribución femenina desde el exterior (144) a la población de Sipesipe resulta notable.

Pocos originarios formaron familias numerosas. El cuadro 9 da cuenta de los vástagos de ambos sexos habidos por cabeza de familia. Por lo común, los hijos procreados, o tal vez sobrevivientes a una fuerte mortalidad infantil, suelen promediarse entre las madres que los alumbraron. Por ser el registro de las mujeres menos riguroso, ha parecido conveniente adoptar en este caso un divisor que pueda garantizar mayor exactitud. Los padres tienden a deformar menos el resultado por despertar su anotación mayor confianza. Por precaución suplementaria, los padres expuestos a dudas se excluyen: viudos o viejos con hijos y 3 casados de 15 a 17 años, poco proclives a procrear, quedan fuera del grupo progenitor. También se descartan los 24 casados ausentes, por si la descendencia habida hubiera quedado atrás. Un hijo, padre a su vez, más un casado con un hijo habido de un matrimonio anterior, en cambio, se incluyen. Estos retoques reducen a 117 los padres originarios que entran en el cálculo.

Cuadro 9

Originarios casados con hijos. Sipesipe, 1645

Número de hijos	Frecuencia	Total
Ninguno	28	-
Uno	37	37
Dos	17	28
Tres	17	51
Cuatro	9	36
Cinco	8	40
Seis	1	6
	117	198
Promedio de hijos por matrimonio:	1,7	2,2

De los casados, los sin hijos, jóvenes en general todavía, ascienden a 28, o sea a una séptima parte del total. Sumados a ellos los 37 padres con un solo hijo, ambos renglones (65) quedan por debajo de la mitad de los progenitores. La conjunción de ambos no es pues capaz de asegurar el reemplazo de una generación por otra. Con respecto al resto, una séptima parte de los padres llegó a tener solo dos hijos. Las tres décimas partes restantes tuvieron de 3 a 6 hijos, que no bastan para compensar la debilidad anterior (figura 5). Los pocos hijos se explican por causas naturales, la ya mencionada mortalidad infantil, a las que se sumaron otras económicas. A menor bienestar, familia menos numerosa. Los padres originarios más fecundos tuvieron en promedio 2,29 hijos. Esta cantidad habrá de mejorar si se incluyen las niñas omitidas. En el recuento de 1645, la población originaria parecía padecer aprietos en su capacidad reproductiva, pero la amenaza de un retroceso por razones genésicas no parecía inminente. Las deserciones debieron ser las principales responsables de la merma del grupo. Cuatro decenios más tarde, en 1684, una nueva numeración detectó en Sipesipe a solamente 65 originarios.[24] De ellos, 30 se encontraban

24. AGN, BA, XIII, 25-5-4.

para colmo de males en Potosí. La soledad de los 35 restantes da fe de la descomposición irrefrenable de la comunidad.

FIGURA 5
HIJOS POR CASADO. SIPESIPE, 1645

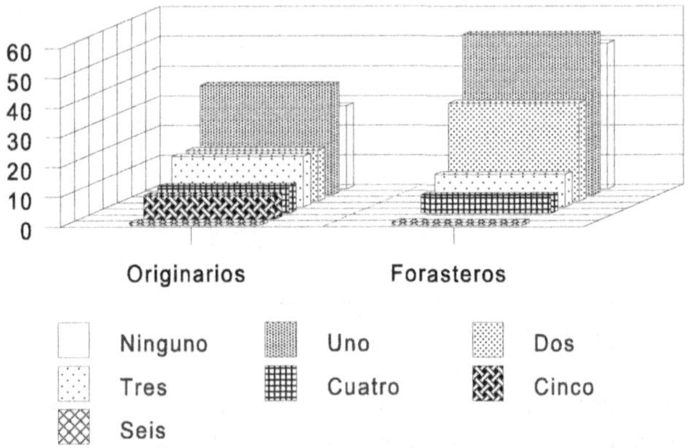

La población forastera

En 1645, la población forastera de Sipesipe (551 personas de todas las edades, estados y sexos o 46% del total) era apenas inferior a la capa originaria del mismo lugar (cuadro 10). Ausentes había pocos entre ellos: un hijo de forastero y otro tildado de huido. Sin la amenaza de la mita, los forasteros tenían menos razones para desertar. Viuda no había entre ellos; los viudos también habían quedado atrás. Los casados de 50 años para arriba eran en cambio más, como si la movilidad hubiera hecho que los forasteros se unieran o contrajeran matrimonio a mayor edad. Este sesgo etario repercute por su parte sobre la infancia. Los niños y jóvenes de ambos sexos suman 36%, ocho puntos por debajo de lo que arrojan los originarios. Más de la mitad (54%) de los efectivos de entre 15 y 50 años eran forasteros. Los solteros fueron, por otra parte, notoriamente menos (6 casos contra 26, entre los originarios). ¿Acaso los forasteros migraron sin hijos pero acudieron casados a Sipesipe?

Cuadro 10

Composición de la población forastera. Sipesipe, 1645

	Hombres	
Viudos		9
Casados	(51+)	19
(18-50)		145
(15-17)		2
Solteros	(15+)	6
	(-14)	106[1]
	287	
	Mujeres	
Viudas		
Casadas		166[2]
Solteras	(15-)	4
	(-14)	94
		264
	Total	551

1. Incluidos siete hijos de viudo, dos menores sin identificar y un nieto de cacique.
2. 129 con origen identificado, y de ellas 29 de Sipesipe. También 37 sin origen.

En cuanto al matrimonio, las cantidades son parejas: originarios, 144; forasteros, 147. A pesar de esa equiparación conyugal, los segundos tuvieron menos descendencia: 183 hijos frente a 198 de los originarios (véanse cuadros 9 y 11). Un tercio de las parejas forasteras (49) no tuvo hijo alguno y el 60% tuvo entre 1 y 2 vástagos (véase figura 5, bloque de la derecha). Los demás progenitores forasteros tuvieron 3, 4 y 6 hijos. El promedio, incluidos los sin hijos, es de 1,3 vástagos, una cuarta parte por debajo del 1,7 que desplegaron los originarios (cuadro 9). Prescindiendo de los casados sin hijos, el promedio se eleva a 1,7 hijos por *paterfamilias*, por debajo igualmente de lo que requiere la reproducción en matrimonios monogámicos. Una vida más azarosa acortó la fecundidad de los forasteros. Wightman ha alertado de la baja fecundidad de los forasteros de la ciudad de Cuzco.[25]

Cuadro 11
Forasteros casados con hijos. Sipesipe, 1645

Número de hijos	Frecuencia	Total
Ninguno	49	--
Uno	54	54
Dos	33	66
Tres	11	33
Cuatro	6	24
Cinco	--	--
Seis	1	6
	145	183
Promedio de hijos por matrimonio:	1,3	1,9

De reordenarse los datos de una manera distinta a lo recién hecho, es decir, dejando atrás el registro de hijos por progenitor, se puede considerar cuántos vástagos acumularon en cada tramo los hogares originarios o forasteros con 1 a 6 hijos. Los originarios ocupan en la figura 6 el espacio de la izquierda; los forasteros el de la derecha. El resultado del nuevo cálculo reitera, a pesar del cambio de perspectiva, la conclusión anterior: corta descendencia en general, en particular entre los forasteros. La diferencia de comportamiento en ambas categorías indígenas consiste en que los hogares originarios acumularon un volumen de hijos por el estilo en todos los tramos con 1 a 5 hijos, salvo los pocos que tuvieron 6. Los forasteros acumularon en cambio la mayor parte de su descendencia en los tramos con 1 o 2 hijos únicamente. A menor descendencia, peores perspectivas de futuro. El duque de la Palata halló sin embargo, en 1684, 321 forasteros en Sipesipe de entre 18 y 50 años, más por consiguiente que los anotados en 1645.

25. Wightman 1990: 218.

Su duplicación carece de explicación genésica. Corresponde a ingresos desde afuera. Sipesipe siguió atrayendo gente durante esos cuatro decenios.

FIGURA 6
HIJOS POR HOGARES. SIPESIPE, 1645

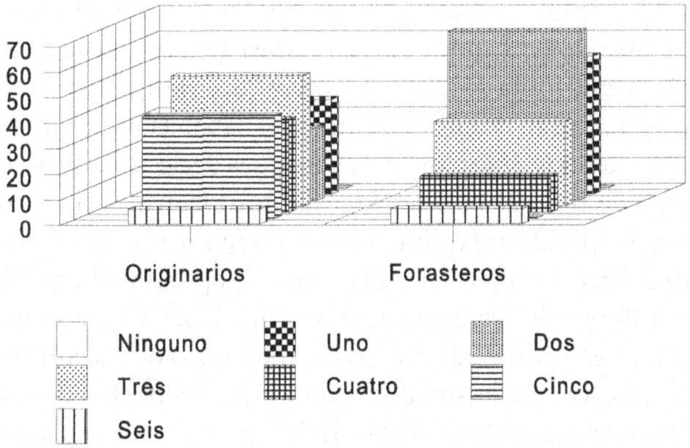

FIGURA 7
INMIGRANTES CASADOS. SIPESIPE, 1645

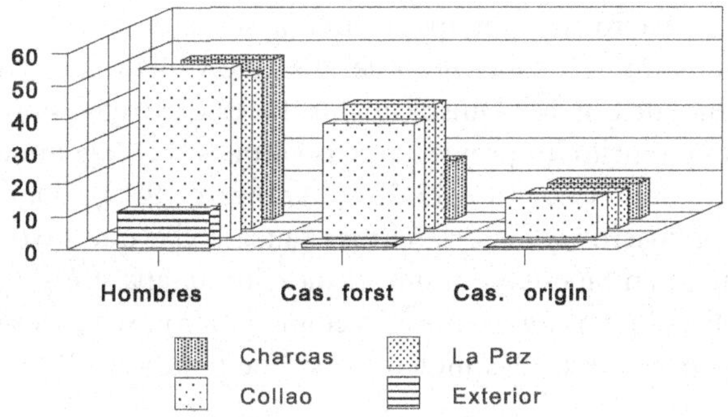

Extracción de los migrantes

El origen (pueblo, parcialidad y ayllu) de los forasteros consta a menudo, aunque no siempre. Párroco y curaca hicieron consignar lo que el interesado les había comunicado en determinado momento. La información recibida fue más respecto al pueblo de pertenencia que a la parcialidad o ayllu correspondientes. De las mujeres, la información resulta, como de costumbre, menos consistente. Consta el pueblo y nada más. De los niños, falta, por superfluo, el lugar de nacimiento, por cuanto, nacieran donde nacieran, heredaban la naturaleza del progenitor. Dos tercios de los forasteros varones declararon proceder de la parcialidad de anansaya y el tercio restante de la urinsaya, sesgo a favor de la primera mitad sin explicación de momento. El padrón nombra 87 ayllus, una fracción corta del millar y medio aproximado que debieron tener los 190 pueblos sujetos a la mita potosina.[26] Los nombres de los ayllus se repiten poco. Collana aparte, indicativo de preeminencia, los nombres más frecuentes son dos: Condoroca del pueblo de Toledo, en Paria, del que procedían 6 forasteros de Sipesipe, y Cupi, parroquia de San Pedro, La Paz, con 5. Los toledanos podrían componer una misma familia, como comentaremos más adelante; los 5 de La Paz parecen más bien constituir eslabones de una cadena migratoria.

Los forasteros de Sipesipe de ambos sexos proceden de 18 provincias (cuadro 12); sobre todo del distante Collao más, traspuesto el Altiplano, de Canas y Quispicanchis. De este extremo mayormente cana (Lampa incluido) provienen más varones (52) que mujeres (47). No es el caso de Chucuito (15/23) y Azángaro (9/12), donde las forasteras prefirieron a los originaros. Paucarcolla, que tuvo colonias de mitimaes en Sipesipe durante el incario, no aparece sorprendentemente listado. Los forasteros no siempre guiaron sus pasos hacia los destinos ancestrales. Más mujeres (41) que hombres (36) de Pacajes

26. La mita potosina contaba en el repartimiento de 1692 con 190 pueblos y cuatro ciudades (La Plata, Potosí, Oruro y La Paz). Pilaya y Paspaya, Lípez, Atacama, Yamparaes y Larecaja no figuran por no corresponderles mitar (cfr. Sánchez-Albornoz 1983a).

CUADRO 12

PROCEDENCIA DE LOS FORASTEROS. SIPESIPE, 1645

	Hombres		Mujeres casadas con			
	Migrantes intraprovinciales		originario		forastero	
Cochabamba	7		7		11	
	7	4%	7	7%	11	24%
Migrantes interprovinciales						
Charcas						
Chuquisaca	4		1		-	
Chichas y Tarija	2		-		1	
Chayanta	7		1		4	
Paria	17		12		2	
Carangas	9		4		2	
Mizque	3		-		2	
Porco	5		-		-	
Tomina	1		-		-	
	48	27%	18	18%	11	24%
La Paz						
Sicasica	6		4		2	
Pacajes	23		24		7	
Omasuyos	13		8		2	
Chuquiabo	4		2		-	
Larecaja	1		-		-	
	47	26%	38	38%	11	24%
Collao						
Chucuito	15		17		6	
Lampa	15		2		1	
Azángaro	9		9		3	
Canas	12		7		2	
Quispicanchis	1		-		-	
	52	29%	35	35%	12	26%
Migrantes externos						
Arequipa	-		1		-	
Cuzco	9		-		-	
Andahuayllas	1		-		-	
Huamanga	1		-		-	
	11	6%	1	1%	-	
Mestiza		-	1	1%	-	
Sin especificar	13	7 %		-	1	2%
Total	178		100		46	

y Omasuyos, provincias del obispado de La Paz, fueron también a parar al valle cochabambino. Charcas estuvo representada en Sipesipe solo por hombres y mujeres forasteros de las provincias de Paria (31), de vieja filiación sora, y de Carangas (15). Las provincias sureñas Chichas, Pilaya y Paspaya, Lípez, Atacama Yamparaes y las orientales Mizque y Tomina, todas ellas en vías de crecimiento, más procuraron atraer forasteros que ahuyentarlos hacia Cochabamba.

FIGURA 8
FORASTEROS CASADOS

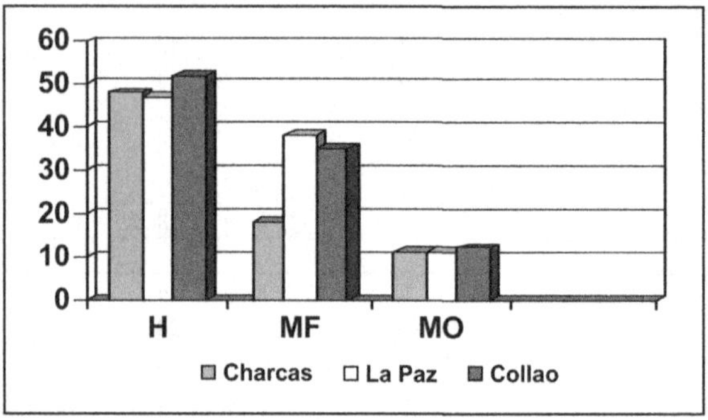

Fuente: cuadro 12.

Los datos disponibles sobre el origen de los forasteros recogidos en el cuadro 12 dan lugar a una representación gráfica que detalla lo ya dicho. La figura 8 agrupa en tres bloques las categorías contempladas en el cuadro 12. Estos bloques representan los forasteros (H), las forasteras casadas con forasteros (FO)y las casadas con originarios (MO). Cada bloque se halla compuesto a su vez por tres franjas o barras que remiten sucesivamente a los obispados de Charcas, La Paz y Collao. Bloques y barras varían, por lógica, de tamaño. Los forasteros casados resultan ser más que las forasteras casadas ya sea con originarios o con forasteros (178/146). Las forasteras halladas en Sipesipe tendieron a formar matrimonio en proporciones iguales con originarios de los tres obispados. En cambio dieron muestras de preferencia por los forasteros de La Paz o del Collao en marcada diferencia con los de la propia Charcas.

En relación con la suerte reservada a muchas mujeres indígenas, notemos que, a diferencia de lo observado en La Paz,[27] madres con hijos de padre desconocido no constan en Sipesipe. A falta de chorrillos o del servicio doméstico urbano, las madres solteras no encontraron en un medio eminentemente rural el empleo remunerado que les otorgara independencia económica. Gracias a la que dispusieron en la ciudad de La Paz, pudieron hacerse solas cargo de sus hijos y hacerlos pasar por ilegítimos con la intención de librarlos, cuando fueran mayores, de tributos y mitas. El curaca Fernández Guarachi llamó la atención sobre la generalización de esa práctica lamentable.[28]

Los flujos hacia Sipesipe que el cuadro 12 delata cabe agruparlos en cuatro zonas de salida: un modesto aporte comarcal, dos migraciones regionales —una rural y otra urbana— y 12 individuos venidos de fuera del área censada. A ellos se añaden 14 forasteros de origen no especificado. Un aporte de mujeres (el 5% del total), compuesto por mujeres del entorno de Sipesipe, residen en el pueblo y se hallan casadas con originarios o con forasteros, como ya se ha dicho. Los 20 migrantes procedentes de las ciudades de Chuquisaca, Sicasica y Cuzco contribuyeron únicamente con 6% a la escasa migración urbana-rural. Los pocos de fuera de la Audiencia —un puñado de cuzqueños, un indio de Andahuaylas y otro de Huamanga, más una mujer natural de Arequipa— atestiguan a qué distancia llegó la fama del valle cochabambino. El grueso de los forasteros de Sipesipe provino, en la mayor medida, del medio rural del Altiplano (78%), igual que sucedió en los valles de la vertiente nororiental.[29] Esta migración de tierra fría a templada o caliente reiteró las pautas ancestrales entre Altiplano y las tierras bajas templadas, que las administraciones civil y eclesiástica, partidarias de la continuidad territorial, desbarataron.

27. Glave 1989: 331.

28. Saignes 1987b: 443.

29. Evans 1981: 39, Saignes 1987a: 47, Glave 1995-1996.

Exogamia entre los forasteros

La migración de hombres y mujeres propició la exogamia. El padrón de 1645 registra 166 (145 + 19 + 2) forasteros casados de todas las edades y otras 166 forasteras también casadas, de las cuales el párroco desconocía la procedencia de 37 (cuadro 10). De 129 mujeres consta pues su procedencia, una cantidad suficientemente alta como para confiar en la representatividad de la información proporcionada. Del conjunto de ambos sexos, más de una quinta parte de los forasteros se emparejaron con cochabambinas: 29 de ellos con mujer del pueblo de Sipesipe, más 7 del propio corregimiento. Varios de los esposos tildados de forasteros habían nacido en realidad en Sipesipe de padre forastero. Para los parámetros actuales, hoy serían a lo sumo migrantes de segunda generación. La convivencia juvenil en el pueblo propició en estos jóvenes la afección por una convecina.

En Sipesipe, las parejas halladas de un mismo pueblo del Altiplano fueron 29, es decir, poco más de un tercio de los forasteros de ambos sexos, fuente principal de la migración a Sipesipe. De esas parejas, 5 provenían de Toledo (Paria), 3 de Callapa y 4 de Santiago de Machaca (Pacajes); 4 más eran de más lejos: Zepita (Chucuito) y Samán (Azángaro). Las 13 parejas restantes salieron de lugares salteados del Altiplano. En su mayoría, los varones desposaron a una mujer de una provincia vecina o conocida de camino a Cochabamba. No es de excluir, en esta última circunstancia, una migración por etapas: partida célibe, encuentro en el Altiplano y descenso juntos al valle. Esto parece ser lo ocurrido con 5 forasteros de Lampa, 2 de ellos con esposas de Canas o de Azángaro, pero 3 de Omasuyos, Pacajes y Sicasica, provincias situadas en la ruta en dirección a Cochabamba. De los 4 forasteros de Chucuito, uno de ellos tomó esposa de un pueblo situado más al norte (Azángaro), pero los 3 restantes lo hicieron camino adelante en Pacajes. Todos los oriundos del lejano Cuzco hallaron mujer igualmente de paso: Canas (2), Azángaro (2), Chuquiabo (1) y Pacajes (1). El caso no es exclusivo. La información posterior sobre Ambaná (1684) coincide con lo dicho: 7 de cada 10 forasteras no procedía del mismo pueblo que su marido.[30]

---

30. Saignes 1987a: 49.

Que norteñas aparezcan casadas en Sipesipe con forasteros oriundos de más al sur (2 hombres de Carangas figuran casados con mujeres de Chucuito) alerta también sobre la posibilidad de que las mujeres andinas emigraron también por su cuenta. Tal vez dieron con su pareja en Potosí, de donde pasaron juntos a Sipesipe. El resto de los hombres, hombres o mujeres, parecen haber llegado a Sipesipe solos o solteros.

En Yanque, valle de Colca, Cook[31] ha observado que los originarios de anansaya contrajeron en el siglo XVIII matrimonio con forasteras de la misma parcialidad. Sesgo parecido no aparece en Sipesipe en 1645. Un indicio, al revés, de cierto grado de endogamia lo proporciona la menor disposición de los originarios de anansaya a casar con forastera. No ocurre así con los de urinsaya o los plateros: 4 de cada 10 varones de estos grupos se casaron con forastera. De la exogamia al mestizaje mediaba todavía un trecho grande. Jackson[32] retrasa hasta el siglo siguiente el desencadenamiento del entrecruce étnico en Sipesipe.

Forasteros, mitimaes y llactarunas

El capítulo 3 ha sopesado la hipótesis de que los forasteros censados podrían ser mitimaes y llactarunas tardíos. En Sipesipe, soras, quillacas, carangas, pacajes y collas dispusieron de colonias antes de la conquista española. Los llactarunas se instalaron no lejos de esas colonias. Vestigios arqueológicos de asentamientos precoloniales abundan en el valle, pero no dan para asociar el pasado remoto con el forastero del setecientos. El padrón encierra indicios para sopesar esa posibilidad.

Respecto de los forasteros oriundos de Toledo (Paria) y Callapa (Pacajes) en Sipesipe no habría inconveniente en identificarlos como mitimaes. Los de Toledo eran 10, más un reservado setentón, padre de un hombre de cincuenta años casado con mujer de Sipesipe. El anciano encabeza la larga lista de los forasteros. Por su veteranía, así como por el matrimonio con lugareña de un hijo mayor que debió rondar

31. Cook 1981: 262.

32. Jackson 1999: 55.

la edad para su retiro laboral (reservado = 50+), cabe suponer que el padre llegó al valle a últimos del siglo XVI, cuando el vínculo entre Altiplano y valle se hallaba menos erosionado que en 1645. El núcleo toledano no sería pues extraño que representara el remanente degradado de un núcleo mitma poscolonial. Menos seguro es que hubiera mantenido todos esos decenios lazos con el pueblo de arriba. El padrón nada deja entrever al respecto. De la vecina Callapa paceña figuran grupos de 2 reservados por edad y 6 adultos, 3 de ellos casados con paisanas y los más jóvenes con mujeres de Sipesipe. El caso se parece al anterior. Núcleos familiares de 2 o 3 miembros, procedentes de una misma parcialidad y ayllu, y con mujeres de su misma tierra, podrían arrastrar también elementos residuales. Saignes admite que no tiene por qué esperarse grandes números en estos casos.[33] Los mitimaes carangas hallados en el cercano pueblo de Quillacollo en 1684 refuerzan, finalmente, la noción de que colonias de mitimaes hubieran seguido habiendo en el valle, nada lejos por cierto de Sipesipe.[34] ¿Cómo se explica entonces que el sacerdote local no hubiera conocido mitimaes en su parroquia como supo hacer su homólogo de Quillacollo? ¿Descuido o desaparición antes en un lugar que en otro? En cualquier caso, el lugar que resta en el padrón consultado de 1645 para que los forasteros puedan pasar por mitimaes es corto. Otro argumento sería que no consta, función fundamental de lo mitimaes, detracción de excedentes agrícolas a los pueblos de origen. Todo esto no quita que los forasteros que acudieron a Sipesipe en la primera mitad del siglo XVII supieran por transmisión oral la benignidad de su clima y la fecundidad de su suelo, conocimiento que pesaría en la decisión que adoptaron.

---

33. Saignes 1987a: 50.

34. En 1684, en Quillacollo fueron matriculados 50 indios de Carangas "poseedores de 22 fanegadas que les dio el señor virrey don Francisco de Toledo para que los pueblos de aquella provincia tuviesen fruto de valles en ésta". Estos mitimaes eran 13 del pueblo de Totora, 5 de Guaillamarca, 3 de Curaguara, 4 de Atuncaranga, 3 de Chuquicota, 2 de Tiquillaca, 2 de Sabaya, 1 de Guachaya, 2 de Colquemarca, 5 de Asanaque, 9 de Atunquillacas y 1 de Uruquilla (AGN, BA, 13, 18.1.3). Quillacollo parece haber preservado más rastros de su pasado mitma.

Si la procedencia de los forasteros de Sipesipe abre en 1645 un abanico de mayor envergadura que el que desplegaron los mitimaes, ello significa que Cochabamba no había perdido un ápice de atractivo para la gente del Altiplano. Saignes admite además que los forasteros coloniales pudieron ser originarios que bajaron al valle para cubrir las vacantes ocasionadas por el regreso de los mitimaes a sus cabeceras a la caída del incario.[35] Puestos a especular, los forasteros de Sipesipe también pudieron ser llactarunas. Consta que los hubo cerca. De Pocona, al oriente del valle, se dice:

> En la dicha visita se han hallado muchos indios que eran casi 100 los cuales se llaman *llasta lunas*, que son de otras tierras diversas y que viniendo a Potosí a sus granjerías, sabiendo que en este repartimiento de Pocona hay indios de sus mismas tierras y hallando disposición de tierras para sembrar se han quedado aquí, unos de cinco años a esta parte y otros de tres y de dos y de uno.[36]

El padrón de Sipesipe no menciona llactaruna alguno. Pero el asunto no es solo terminológico. Para Ondegardo, el desplazamiento del llactaruna consta de una clara intención de retorno. Nada en el padrón deja entrever estas intenciones. De cualquier modo, los llactarunas eventuales no dan, como los mitimaes, para mucho. La definición que cuadra por último mejor a estos desplazados es la de migrantes. Gracias a los forasteros, Sipesipe pudo superar con éxito el bache económico y demográfico que castigó por dos siglos a los pueblos andinos.

---

35. Los mitimaes establecidos por el inca en Sipesipe desaparecieron al volver a sus pueblos tras la Conquista o porque Toledo los redujo en pueblos vecinos. Los antiguos mitimaes de Sipesipe procedían de Paria (soras, uros, quillacas, casayas, aullagas, y uriquillas); de Carangas, de los pueblos de Andamarca, Urinoca, Colquemarca, Chuquicota y Totora; de Pacajes, de Calapa, Tiahuanaco, Caquiaviri y Sicasica; de Chucuito (el propio pueblo de Chucuito) y del Collao, Paucarcolla y Poroco. Estos topónimos, incluidos en el interrogatorio de 1560 publicado por Wachtel (1981: 52-57), no se corresponden con las procedencias recogidas en 1645 (cuadro 12).

36. Ramírez Valverde 1970.

La migración a Sipesipe no concluyó en 1645. En 1684, el corregidor de Cochabamba, Fernando Antonio González de Andía, numeró allí mismo 222 forasteros, o sea una mitad más que los registrados a mediados de siglo. Andía fichó, además, a 31 yanaconas de Su Majestad descendientes de los plateros (tantos por cierto como en 1645), más 68 yanaconas de la Real Caja.[37] Este segundo grupo yanacona bien pudo reunir, como en otras partes, a vagabundos asentados por la Corona.

37. AGN, BA, XIII, 25.5.4.

Capítulo 6

Migración urbana y trabajo: Arequipa, 1573-1645*

> La ciudad de Arequipa [...] es de temple muy agradable, donde ni el frío del invierno molesta, ni el calor del verano aflige. Ni es del todo sierra, ni llanos del todo: es seco el temperamento, y tanto, que cuidadosamente se vierten acequias de agua por las calles para humedecer la tierra y gozar de sanidad. Es apacible a la vista por la mucha arboleda de sauces y huertas, agradables los campos por lo ameno y deleitosos por lo florido [...]. Parte el sitio un caudaloso río de agua sana y con los copiosos manantiales que se le agregan mueve molinos todo el año [...]. En los contornos de Arequipa y sus valles se cogen hasta quince mil fanegas de trigo y de dos a tres de maíz. En sus lomas que son muy fértiles hay copiosísimos olivares que rinden a ocho mil arrobas de aceite.[1]

Esta evocación lírica, escrita hacia 1654 por fray Diego de Mendoza, vale para su época y también para los decenios anteriores. A lo dicho por el fraile resta añadir que Arequipa, además de agrícola, era entonces un activo nudo de intercambios de productos de la tierra y un humilde centro fabril. Cabecera de la costa meridional del Perú, formaba

* Versiones anteriores en Sánchez-Albornoz 1982a, 2003.

1. Mendoza 1976: 28-29.

el vértice de un triángulo comercial en el que Cuzco y Potosí constituían dos extremos mayores. Por Arequipa solían internarse las mercaderías destinadas a las llamadas "provincias de arriba", incluidos los valiosos productos de sus valles. Por tierras de Arequipa hallaba salida el mineral del Altiplano. Arequipa hacía de plataforma giratoria abierta hacia el interior o hacia la costa. Con la lejana Ciudad de los Reyes la plaza mantenía una relación no demasiado estrecha, por lo que dan a entender los escasos préstamos que el poderoso banquero limeño Juan de la Cueva concedió a negociantes arequipeños entre 1616 y 1630.[2]

La ciudad se hallaba constituida por espacios segregados para españoles e indios.[3] El casco, en lo alto de una barranca, se extendía en damero conforme a lo dispuesto en las ordenanzas imperiales.[4] Bautizado como Villa Hermosa, allí residían los españoles y su servidumbre. Dos barrios indígenas de traza irregular, San Lázaro y Santa Marta,[5] lo flanqueaban. Río Chili de por medio se extendía la Chimba, topónimo frecuente en el sur andino que significa "la otra banda". Arica, Santiago de Chile, Mendoza y Córdoba tenían sus chimbas respectivas.[6] Mitimaes de diversa procedencia llevaban instalados en ese

---

2. Suárez 2001.

3. José Luis Romero (1978: 74) distingue en las ciudades coloniales una dualidad social. Teresa Gisbert (1985: 163-176) destaca la dualidad urbanística. Un accidente geográfico, como un río en el caso de Arequipa, o una cerca, como la construida en La Paz o Lima, hiende el espacio. La dualidad urbana pasa desapercibida si se toma la parte española por el todo, como suele hacerse.

4. Gutiérrez 1992: 20-25, 29-33.

5. Neira Avendaño et ál. 1990: 284.

6. El significado en Málaga Medina 1981: 95 y Gutiérrez 1992: 26. Sobre las chimbas de Arica y Santiago de Chile, Vázquez de Espinosa § 1418 y § 1926. De la última dice: "De la otra parte del río que llaman la Chimba, hay un arrabal con muchas chacras y jardines donde hay olivares, viñas, melocotones [...]". Para Santiago, véase también Jara 1987: 58, Ramón 1992: 40 y Valenzuela Márquez 2010: 757-770. Sobre las chimbas de Mendoza y Córdoba, Gutiérrez 1984. En San Juan de la Frontera (Huamanga), las parroquias de indios se elevaban igualmente pasados dos cursos de agua (Huertas Vallejos 1998: 24). La moderna ciudad de Cochabamba retiene un barrio con nombre de chimba. La segregación residencial entre españoles e indios adoptó modalidades distintas en otras ciudades de los Andes. Lima erigió una población indígena, el Cercado, a un kilómetro de distancia (véase cap. 2,

arrabal desde tiempo inmemorial. Su principal ranchería, San Juan de la Chimba, se levantaba a la vista de la ciudad. Erigida en doctrina para los naturales, tomaría el nombre de un grupo serrano allí apostado. El uso acortaría luego San Juan de Yanahuara en Yanahuara a secas.[7] En la misma orilla del río se alzaban las doctrinas sufragáneas de la anterior: Cayma y, más al sur, Tiabaya. La ciudad en sentido lato se hallaba constituida, por lo tanto, por tres secciones no contiguas: casco exclusivo para españoles, barrios complementarios para indios y un arrabal discontinuo de estos. Esta configuración era frecuente en los Andes, no en Trujillo, ciudad más compacta espacial y étnicamente.[8] A cierta distancia de Arequipa, pero dentro de su esfera de influencia, se erigían hacia el este los pueblos de indios de Paucarpata, Chiguata

---

p. 46). En Cuenca, los indios no se asentaron en la orilla opuesta del río, reservada a la ciudad como ejido, sino en aldeas por parcialidades y oficios dispersas por la planicie periurbana, o en torno a dos parroquias de indios yanaconas y forasteros, fundadas fuera del casco urbano (Poloni-Simard 2000: 92-94).

7. La Villa de San Juan Bautista de la Chimba se erigió en 1576 sobre un asiento anterior de mitimaes (Cook 1977: 15-16). Unos doctrineros, encabezados por Pedro de Ulloa, levantaron entre 1536 y 1539, o sea antes de la fundación de la ciudad española, una capilla dedicada a San Juan Bautista en ese asentamiento (Cook y Cook 2007: 178). La tasa de Toledo (Cook 1975: 218-224) y Vázquez de Espinosa (§ 1854) distinguen dos núcleos en la Chimba. En la de Arequipa propiamente dicha residían los indios collaguas, unos en encomienda de realengo, otros enfeudados inicialmente a Noguerol de Ulloa, más los de Alonso Rodríguez Picado, por sucesión de su padre. Entre ellos se encontraban además los lauricollaguas de Francisco Hernández de Retamoso, hijo y sucesor de Marcos de Retamoso. En la Chimba de Tiabaya figuraban, más al sur, los naturales encomendados a Luis de Cornejo, por transmisión de su padre Miguel, y, en el valle de Tiabaya, los muchos que poseía Violante de Lacerda, casada con Juan de Avila, cuya encomienda había heredado de su esposo, el licenciado Gómez Fernández. Noticias más amplias sobre los mitimaes prehispanos en Galdós 1987: 74 *pássim* y del mismo autor en Neira Avendaño et ál. 1990: 185-213. Sobre la procedencia de los yanahuaras (Neira Avendaño et ál. 1990: 196), Málaga Medina (1985: 88) considera la Chimba como tripartita: Yanahuara, Tiabaya y Cayma. De 1606 data una "Visita de los ayllus sujetos al pueblo de San Juan de la Chimba", hecha por el licenciado Juan de Rivero, de la que el Archivo Nacional del Perú en Lima solo conserva 17 folios de diligencias previas (legajo 3, cuaderno 625, año 1606).

8. Castañeda 1996.

y Characato. Ciudad, corregimiento, provincia y obispado comparten un mismo nombre, lo que puede inducir a confusiones si no se toma la precaución de especificar a qué entidad se hace referencia. En este capítulo, la voz Arequipa remite, salvo indicación expresa, a la ciudad en su latitud mayor.

A comienzos del siglo XVII, la ciudad española detuvo su ascenso demográfico y económico cargado de promesas. Hacia 1570, López de Velasco,[9] cronista mayor de Indias de Felipe II, le atribuyó unos 400 vecinos españoles, un centenar más, por cierto, que Huamanga, erigida en el interior serrano. Medio siglo después, Vázquez de Espinosa y López de Caravantes[10] coincidieron en reducir su tamaño a 300 vecinos. A la inversa de la mayoría de las ciudades americanas, la población española local disminuyó.[11] La fulgurante expansión de las "provincias de arriba" y el desvío hacia el puerto de Arica del tráfico que antes pasaba por Arequipa le arrebató funciones y habitantes. Epidemias y terremotos contribuyeron a ahondar el declive. Los seísmos se cobraron muchas vidas y derribaron edificios valiosos.[12] Un sacerdote contemporáneo llegó a la peregrina conclusión de que Dios y la naturaleza se oponían a que Arequipa prosperara. "Son [los terremotos] alguaciles de la Divina Providencia —escribe el dominico Meléndez—[13], pues en país tan sano y tan dotado de toda comodidad para la vida, ¡qué vida fuera la de los hombres, sino vivieran amagados de aquel azote del Cielo!". El traslado de las monjas clarisas de Arequipa a Cuzco, con su abadesa al frente, ofrece una imagen elocuente del abandono de la ciudad por una parte de los españoles en aquellas dramáticas circunstancias.[14] La portentosa erupción del volcán Huaynaputina en 1600 causó

9. López de Velasco 1971: 247.

10. Vázquez de Espinosa § 1390, López de Caravantes 1986, II: 97.

11. Hardoy y Aranovich 1969: 11.

12. Lizárraga (1986: 145) prefiere responsabilizar a los habitantes de la decadencia: "Los vecinos viejos eran ricos, sus hijos son pobres, porque no siguen la prudencia de sus padres, y los nietos de los conquistadores y vecinos serán paupérrimos".

13. Meléndez 1681, I: 609.

14. Burns 1999.

también una fuerte impresión sobre los indígenas.[15] La desolación se extendió por la tierra circundante.[16]

Los infortunios castigaron más a la clase baja de la ciudad, más vulnerable, que a los vecinos españoles. El presente capítulo cuantificará la suerte que corrieron los trabajadores indígenas entre el gobierno de Toledo y mediados del siglo XVII, dos hitos censales. La masa laboral había menguado precipitadamente desde la invasión castellana, antes por cierto de que se hiciera la primera numeración general.[17] Calamidades reiteradas y frecuentes deserciones acentuaron a continuación su declive. Las pérdidas no cesaron, pero la llegada de indios forasteros acabó por compensar parte de la merma. Los forasteros se insertaron en cuña entre los originarios y los españoles, atenuando el contraste social y cultural que distanciaba a los extremos.

A la sombra de Toledo

Los cuatrocientos vecinos atribuidos por López de Velasco a Arequipa, multiplicados por cinco, habida cuenta del promedio convencional de dependientes del cabeza de familia para aquella época, se convierten en unos dos mil habitantes de estirpe ultramarina. Según la visita hecha por Lope de Suazo y la tasa expedida acto seguido por el virrey Toledo, los indios originales de todos los sexos y edades de la ciudad y su jurisdicción ascendían por su parte a 11.350 en 1573. Unos seis indios por cada residente español. Negros había todavía pocos.[18] El cuadro 13, que resume la enumeración indígena de tiempos de Toledo, distingue entre tributarios (3001), viejos de más de 50 años (233) y muchachos de menos de 18 (2678). Los varones sobrepasan a las mujeres en un 2%, leve diferencia cuya posible razón se expondrá más adelante. Los

15. Bouysse-Cassagne 1984.

16. Davies 1977.

17. Cook 2010.

18. Guamán Poma de Ayala (1980, III: 973) recoge la presencia de negros y subraya la armonía interétnica reinante en Arequipa: "Todos se quieren como hermanos", exagera en el segundo decenio del siglo XVII.

jóvenes representan, por otra parte, el 44% de la población masculina. El perfil indígena de la Arequipa de entonces sorprende por su aire juvenil, a pesar de los traumas padecidos por sus habitantes hasta esas fechas. Los datos reunidos resultan coherentes entre ellos, en honra de Toledo y de sus colaboradores.

Cuadro 13

Población indígena del corregimiento de Arequipa, 1573

	Tributarios	Viejos	Muchachos	Mujeres	Total
Ciudad					
Yanaconas	514	41	394	295	1244
Mitimaes nazcas	21	-	-	-	21
Chimba					
de Arequipa	141	14	122	288	565
de Cornejo	441	21	403	937	1802
de Tiabaya	1059	52	869	2.243	4223
Collaguas de Retamoso	159	9	159	312	639
Picado	181	11	192	421	805
	2495	148	2139	4496	8927
Doctrinas					
Paucarpata	127	23	168	233	551
Chiguata	113	18	124	277	532
Characato	245	44	247	442	978
	485	85	539	952	2061
Total	3001	233	2678	5448	11.350
Porcentaje	26	2	24	48	100

Fuente: Cook 1975: 217, 218, 221-224,244, 245, 248, 251-253.

En la parte alta de la ciudad residían 535 yanaconas y mitimaes, ambos de viejo cuño, reducidos allí por el virrey por provisión del 16 de diciembre de 1575.[19] Incluidas sus familias, ascendían a 1265 personas de todas las edades y sexos. Las mujeres solo eran el 23% del total. Menos mujeres, más enfermedades, terremotos y la amenaza del cobro del tributo se confabularon para que yanaconas y mitimaes desertaran del lugar. La retasa de 1582 confirma su decisión.

> Parece —expresa— que como estos indios eran de diferentes naturalezas y tierras y estaban en costumbres de no pagar tasa, así como se les impuso [...] se huyeron y ausentaron muchos de ellos a partes donde no podían ser recogidos ni cobrarse la tasa; y otros se volvieron a sus repartimientos y pueblos donde eran naturales y allí quisieron más pagar su tasa por tener en ellos tierras para sus sementeras y labranzas y en Arequipa faltarles; y otros con la nueva carga se entraban a buscar y ganar su tributo en Vítor ocupándose en las viñas y heredades que hay de españoles; y por el demasiado calor que de continuo tiene el dicho valle y de temple diferente que el de sus tierras se morían con las enfermedades que se les recrecían, de manera que con las dichas ausencias y muertes vinieron a tanta disminución que los que quedaban no podían cumplir con la dicha tasa y de continuo estaban en las cárceles y molestados.[20]

Huida, vuelta al terruño, el señuelo del jornal y vulnerabilidad al cambio de temple se aducen bien temprano como motivos concurrentes de despoblación.

La Chimba albergaba por su parte, según el mismo cuadro, 8927 indios, seis veces y media más que los alojados en el casco urbano, según acabamos de ver. En el bullicioso arrabal, las mujeres constituían, al revés, el 52%, los muchachos el 46% y los viejos eran pocos. La distribución por edad y sexo de la Chimba tampoco ofrecía un aspecto preocupante para la capacidad reproductiva de los habitantes del arrabal. Los indios de varias encomiendas alojados en la Chimba procedían, según anotó Lope de Suazo, de las etnias siguientes: los del rey, yanque collaguas; los 181 de Picado, lauri collaguas de la parcialidad de anansaya; los de Diego Villalba (93), más los de Francisco

19. Málaga Medina 1989: 231.

20. Cook 1975: 252.

Hernández de Retamoso (64), lauri collaguas también, pero de la parcialidad de urinsaya; los de Violante de la Cerda y sus maridos, yanahuaras, chilques y chumbivilcas; y los de Cornejo, callapas.[21] En tiempos de Pizarro, un puñado de encomenderos había troceado etnias y parcialidades entre ellos. La Chimba constituía ciertamente un enclave de indios collaguas, como advierten Cook y Cook[22] en su estudio del Valle de Colca. Yanahuaras de Cotabambas, chilques y chumbivilcas procedían en cambio del suroeste de Cuzco, y los callapas de Pacajes, del Altiplano lejano. La Chimba seguía siendo, como antaño, un repositorio multiétnico, multilingüe y multicultural.

El distrito de Arequipa cobijó en tiempos prehispanos a mitimaes venidos a producir y extraer, del nicho ecológico privilegiado que era, alimentos inasequibles en las alturas. Indios de más procedencias no faltaban además de los recién mencionados: collas del Collao, canas y canchis de Tinta y lupacas de Chucuito.[23] La relación humana y económica de Arequipa con el Altiplano septentrional se remontaba lejos en el tiempo. El conocido Polo de Ondegardo, cercano colaborador de los virreyes, manifiesta que aconsejó al marqués de Cañete la devolución a su tierra de los mitimaes carangas y de Chucuito para aliviar las penurias por las que atravesaban entonces sus pueblos. En su lugar, propuso que se encomendaran a los vecinos de Arequipa otros indios.[24] Consta, por otra parte, que la ciudad contó con yanaconas costeños de Nazca.[25] La reclamación que Paulo Ynga presentó al rey con éxito contra la expropiación de sus mitimaes por Francisco Pizarro prueba por último que los propios incas dispusieron de gente suya en el valle.[26]

---

21. Neira Avendaño et ál. 1990: 194.
22. Cook y Cook 2011: 197.
23. Neira Avendaño et ál. 1990: 208-213, Cook y Cook 2011: 196-198.
24. Lamana 2012: 187, 247.
25. Cuadro 1, más Espinoza Soriano 1976.
26. Cédula Real del 29 de noviembre de 1541, en Barriga 1941: 156.

Ilustración 1

Plano topográfico de Arequipa

Varias doctrinas se erigían en la órbita de la ciudad. Paucarpata distaba tan solo unos siete kilómetros; Characato se levantaba "en las cinco leguas de esta ciudad", según un padroncillo colonial; Chiguata se alzaba algo más lejos camino al volcán Pichupichu. En el término de Arequipa había también unas salinas que los indios de Puquina, Oñate, Carumas y Ubinas explotaban de forma estacional.[27] Los 485 tributarios repartidos entre las tres doctrinas suponían en 1573 una población de 2061 personas, una quinta parte aproximadamente de las que acogían el casco y sus arrabales. La proporción de mujeres era alta como en la Chimba; la de los viejos más y los muchachos aún más.

27. Málaga Medina 1981: 72.

En los tres pueblos se hablaba aún puquina, pero el quechua estaba desplazando el uso de esa lengua vernácula.[28] La encomienda real de Characato estuvo por unos años encomendada a los gentiles hombres, lanzas y arcabuces de la guarda virreinal limeña. Después del seísmo de 1582, su disfrute fue traspasado a la ciudad para reedificar el Cabildo y demás obras en ruinas.[29]

Repartimientos y mita

En su etapa fundacional, Arequipa requirió brazos para levantar edificios y para construir obras públicas. De sobra no había, y conseguirlos tropezaba con un doble obstáculo: declive precipitado de la población local, común al resto de los Andes,[30] y su temprano acaparamiento por las encomiendas. El repartimiento o mita remedió la renuencia a servir de una fuerza de trabajo ignorante de las prácticas laborales recién traídas de Europa, evocadas en el capítulo 1. La remuneración individual y la capacitación laboral requirieron cierto tiempo de aclimatación y adiestramiento. Es ilustrativo que los pocos maestros u oficiales españoles llegados a Arequipa acabaron dedicándose a formar aprendices antes que a trabajar en su oficio, según se desprende de los contratos tempranos de la manufactura textil.[31]

El bisoño Cabildo de la ciudad se vio urgido a enfrentar el problema laboral muy pronto. "No hay maestros para reparar sino los naturales", anota la institución municipal en su libro en 1550. Ante la escasez, los cabildantes "ordenaron y mandaron que los dichos naturales se puedan alquilar por jornales y que se den por los caciques a jornal diez indios por un día, de que los alquilare y le dé por el dicho día a todos un peso y un celemín de maíz". El Cabildo favoreció el repartimiento, con intervención del curaca como agente reclutador. El trabajo podría exigirse, pero debería remunerarse por cabeza, como

28. Neira Avendaño et ál. 1990: 206-208.

29. Cook 1975: 248.

30. Cook 2010: 231 y ss.

31. Galdós 1987.

ordenaban las recientes Leyes Nuevas. El salario tasado, parte en dinero y parte en especie, resultaba, por cierto, generoso comparado con el entonces usual en México o en Yucatán.[32] El Cabildo simula un convenio colectivo, por cierto, inconsulto, en el que se atribuye a las autoridades étnicas la función de agente reclutador. El señuelo del salario no parece haber bastado por sí solo. El Cabildo autorizó, por otra parte, a los vecinos feudatarios a emplear a sueldo a los indios de sus propias encomiendas para construir sus casas. El repartimiento y el trabajo de los indios de encomienda evitaron que se echara mano de la mita en un primer momento. A ella se recurrirá más adelante.

Los indios de Condesuyo y de Collaguas, encomendados a vecinos de Arequipa (Picado, Retamoso...), habían sido exceptuados de mitar en Potosí para ser ocupados en la ciudad.[33] El contencioso por el disfrute de la mano de obra indígena que enfrentó al Cerro Rico y a Arequipa se arrastraría por años. Reaparecerá más adelante. En 1582 un terremoto asoló la costa del Pacífico de norte a sur y derribó buena parte de la ciudad de Arequipa. La reacción oficial no se hizo esperar. Los indios habrían de reconstruirla. El Cabildo despachó un comisario a la búsqueda de mitayos de Condesuyo, Collasuyo, Collaguas y de los llanos de la costa. El virrey Enríquez de Almansa reconoció la gravedad de la situación, respaldó la actuación del Cabildo y concedió a Arequipa 1300 indios por un año. Concluido el plazo, la Audiencia, en funciones virreinales, prolongó la concesión seis meses más. Como la reconstrucción de la ciudad no avanzaba al ritmo esperado, el nuevo virrey, conde del Villar Dompardo, autorizó un reparto de mita de tamaño y de radio más cortos.[34] Los pueblos situados a 25 leguas alrededor de la ciudad habrían de proveer 500 mitayos por un año, cantidad que fue reducida en 1589

32. El salario fijado por el Cabildo era en definitiva una cuarta parte del que el virrey propuso sin éxito (Barriga 1941, I: 215-216). Ocho años más tarde, la misma retribución figura documentada en Trujillo (Ramírez 1991: 60). El peón andino cobraba a diario más del doble en dinero y en maíz que el mexicano o el yucateco (Gibson 1964: 249, Farriss 1992: 88). Sobre los ulteriores salarios de Lima, véase Jaramillo 1992. Resta por sopesar el poder adquisitivo que la unidad monetaria tenía en cada lugar.

33. Cook y Cook 2011: 172.

34. Cook 2010: 231.

a la mita "chica" de 407 indios (véase cuadro 14). Los repartimientos no bastaban pues para hacer frente a necesidades perentorias. Una mita expeditiva sustituyó a los reclutamientos negociados. La arequipeña constituyó la quinta mita de plaza en tamaño de Perú, superada por las de Lima y Quito (véase capítulo 2).

Cuadro 14
Mita de Arequipa, 1589

	Indios	Sépt.	Plaza	Sement.	trajín y ganado
Ciudad					
Corregimiento de la Chimba					
Yanahuaras	627	89	40	30	19
Chumbivilcas	165	231[1]	--	--	
Chilques	32	19	7	6	6
Mitimaes del Rey	80	11	2	4	5
Mitimaes de L. Cornejo	348	49	18	20	11
Mitimaes de A. Picado	116	17	8	6	3
Mitimaes de F. Her. Retamoso	115	17	10	6	1
	1600	449	95	86	45
Pueblos					
Characato	629	92	46	12	32
Chiguata y Copoata	226	32	14	0	18
Paucarpata	282	42	20	6	14
San Lázaro	117	16	10	4	2
	1137	166	80	18	51
Total[2]	2737	615	175	104	96

1. En calidad de estereros están exentos de mita.
2. La diferencia con respecto a la mita anterior fue completada con mitayos collaguas y condesuyos, de Pocsi, Puquina, Oñate, Checos, Carma y Ubinas (Barriga 1951: 39-40).

Fuente: Barriga 1951: 6, 10.

Los mitayos collaguas fueron encargados inicialmente de construir puentes, caminos, la alhóndiga, la casa del corregidor, la cárcel, la escuela, iglesias y monasterios, obras de interés público, pero, con el tiempo, pasaron a ser empleados para fines particulares. Los propietarios obtuvieron mitayos por mano del corregidor para labores agrícolas, guarda de ganado, fabricación de cal... y, sobre todo, para el transporte de vino por cuenta privada.[35] Una disposición de 1589 generalizó la obligación de mita de los indios, incluidos los de la parroquia urbana de San Lázaro, la Chimba, los pueblos y, contra lo preceptuado, también los yanaconas. Solo los chumbivilcas permanecieron exentos, por ser estereros. Los cupos asignados a cada grupo no corrieron parejos. De cada diez tributarios chilques, seis hubieron de mitar. Casi cuatro décimas partes de los indios de la Chimba mitaron en la ciudad y el resto en sementeras y, algunos, en trajines y en la guarda del ganado. La obligación aumentó para los indios de los pueblos. La mitad de ellos hubo de servir en la ciudad y el resto también en los trajines y en la guarda de ganado. El fuerte peso de la intermediación en la economía local explica que tanto mitayo estuviera sujeto a trajines. El virrey Marqués de Cañete ordenó, por cierto, en 1591, que los corregidores de Cuzco, La Paz, Chucuito, Cabana, Collaguas y Arequipa, deducidos los mitayos asignados a Potosí, destinaran a trajines el 5% de los restantes.[36] La mita urbana desbarató el acaparamiento de la mano de obra indígena por parte de los encomenderos. Entre los favorecidos por la apertura del círculo de beneficiarios estuvo el clero, que recurrió a mitayos para edificar el convento franciscano.[37]

El recuento efectuado en tiempos del virrey conde del Villar Dompardo pone en evidencia la contracción de la mano de obra indígena producida después de Toledo. Una severa pestilencia, diagnosticada clínicamente por Joralemon,[38] movió al virrey García Hurtado de Mendoza a ordenar en 1591 a Diego de Santillán y Anaya

35. Cook y Cook 2011: 176.

36. Davies 1982: 62.

37. Cook y Cook 2011: 172 y 177.

38. Joralemon 1982: 118-121.

que efectuara una nueva revisita. De ella solo se conocen los resúmenes de la Chimba,[39] que denotan una considerable retracción. Al cambiar el siglo, nuevas desdichas se abatieron sobre Arequipa. En 1600, la grave erupción del volcán Huaynaputina mereció amplios comentarios de los contemporáneos.[40] El grabado adjunto (ilustración 2), tomado del libro de Guamán Poma de Ayala, da cuenta del impacto sentido en un dibujo convencional de ciudad, pero elocuente con respecto al acontecimiento evocado. Sepultado el valle bajo las cenizas del volcán, la agricultura y las propiedades quedaron arruinadas. El hambre y el pavor impulsaron las huidas y redujeron a la mitad a los habitantes. Paucarpata hubo de ser repoblada con indios traídos de Chilpacas y Canchis, en Condesuyo, y de Yuminas, en Vítor.

La necesidad de brazos recrudeció para reedificar Arequipa. El virrey destinó a las obras 500 indios collaguas y 200 condesuyos, más otros del Collao procedentes de las provincias de Cabana, Canas y Canchis y Urcosuyo, comprometidos antes a Potosí.[41] Esta reasignación reforzó la exclusión de los collaguas de la mita requerida y descartada definitivamente al descubrirse las minas de Oruro.[42] La competencia entre Arequipa y Potosí sustrajo asimismo a los indios condes, entre 1608 y 1617, de la prestación de trabajo en el Cerro Rico.[43]

El año 1604, nuevo terremoto. El Cabildo solicitó entonces al virrey 3000 indios de Collaguas, Condesuyo, Cabana y Cabanilla por tres años. El virrey recortó el ambicioso pedido y solo concedió 400 mitayos por un año. Registradas cuantiosas pérdidas humanas, aprobó también una nueva revisita. De ella se conservan las diligencias, pero no los resultados.[44] Vázquez de Espinosa conoció cómo funcionaba esa mita:

---

39. Galdós 1987: 74 y ss.

40. Aparte de Guamán Poma 1980, III: 953 [§ 1062]; Ocaña 2013: 805-816; Murúa 1987: 537-546; Calancha y Torres 1972, II: 78-83, y Vázquez de Espinosa § 1395 y 1396.

41. Barriga 1951: 55-163; sobre Paucarpata, Echeverría 1951: 67-70.

42. Escobari 1997: 21.

43. Saignes 1985: 69.

44. Barriga 1951: 237-256 y Zegarra 1985: 129-131; sobre el reconocimiento del licenciado Juan de Rivero, véase más arriba la nota 7.

Cerca de la ciudad —escribe (§ 1390)— muchos pueblos y provincias como son Chiquiguanita Quimistaca, la provincia de los Collaguas, y las de Condesuyo, y Ubinas para el servicio de la ciudad y sus vecinos que vienen por semanas conforme están señalados, el corregidor de Arequipa los reparte, porque son de su jurisdicción, y encomendados a los vecinos de ella.

Ilustración 2
La ciudad de Arequipa, por Guamán Poma de Ayala

López de Caravantes[45] añade una distinción en relación con la rotación anual: los 300 mitayos de Collaguas acudían en invierno y

45. López de Caravantes 1985, II: 97.

los 150 comarcanos durante el verano. A comienzos del siglo XVII, la ciudad disponía pues de mitayos oriundos del propio distrito de Arequipa, más el doble de indios serranos.

Descubierta plata en Caylloma, el virrey Mancera concedió en 1639 a este mineral 800 mitayos, de los que 324 eran collaguas, para disgusto de Arequipa. Una disposición real llegó incluso a negar, en 1700, no sin razón, que Arequipa necesitara mitayos collaguas para cultivar sus tierras.[46] La mita transitoria, concedida para reparar los efectos de los cataclismos sísmicos, siguió en vigor. Los vecinos encontraron más conveniente contar con mitayos repartidos por el corregidor que tener que volver a negociar con los caciques. La inercia duró, con algún que otro recorte, hasta el siglo XVIII. Ubinas siguió mandando mitayos a Arequipa hasta 1730.[47]

Menos tributarios, menos brazos, 1573-1645

Por orden del marqués de Mancera, párrocos y doctrineros de los obispados de Cuzco, Arequipa, La Paz y Charcas recibieron, según se ha dicho antes, la orden de matricular en 1645 a los indios entregados a su custodia espiritual. Los padroncillos de Arequipa se encuentran junto a los de las provincias de arriba en el Archivo General de la Nación de Buenos Aires, Sala IX, Legajo 20.4.4, tras su discutible desglose del archivo virreinal limeño a fines del siglo XVIII. De los 28 folios correspondientes a la ciudad y entorno de Arequipa, escritos en anverso y reverso, las diligencias administrativas ocupan los seis primeros y el listado nominativo los restantes. Siete fueron los sacerdotes que intervinieron en el cumplimiento de la orden: uno regular (Diego Cervantes y Salvatierra, párroco de Santa Marta), cuatro dominicos (Pedro Ponce, de Tiabaya; Antonio García Ramón, de Cayma; Miguel Arias, de Paucarpata, y Juan Vélez de Guevara, de Chiguata), un mercedario (Baltasar de Cárdenas y Zapata, de Characato) y fray Nicolás

46. Cook y Cook 2011: 179.

47. Brown 2008: 74.

de Espinosa, de la Chimba. Los padroncillos terminan con la declaración jurada del sacerdote correspondiente. El conjunto fue elevado al virrey por el corregidor José Bolívar de la Torre. Entre la notificación del encargo y la remisión del padroncillo solo transcurrieron cuatro meses en el caso más diligente de Chiguata. La conclusión del padrón de la parroquia de Santa Marta consumió, inexplicablemente, 26 meses. La fecha atribuida a los padroncillos corresponde a su inicio, no a su conclusión.

Los padroncillos de 1645 anotaron de preferencia a los hombres en edad de tributar y sujetos al servicio de la mita, o sea a los comprendidos entre los 18 y 50 años La anotación incluía su estado civil, función (cacique, sacristán...) y, entre los forasteros, lugar de procedencia. A veces figuran también los muchachos, el número de hijos y hasta el nombre de la mujer. Los curas de Paucarpata y Chiguata solo especificaron el nombre del indio; el de Santa Marta, su estado civil; el de Characato, el estado civil del forastero, y los de la Chimba, Cayma y Tiabaya, su estado más el número de hijos varones. Por falta de constancia, excluiremos de nuestro análisis mujeres, niños, mozos y viejos. En las doctrinas circundantes, el listado sigue el orden tradicional: encomienda, parcialidad, ayllu, categoría (yanacona, forastero, ausente...); en la parroquia urbana de Santa Marta, se señala el oficio. Los padrones de 1645 incluyen por primera vez a los forasteros. La contaduría limeña no puso seguir ignorando su presencia. El padrón no es pues consistente, pero el resultado no deja de ser significativo.

Tres cuartos de siglo aproximados separan los tiempos de Toledo de los de Mancera. Del padrón toledano se conoce apenas un resumen general (cuadro 13); de los padroncillos de tiempos de Mancera restan listas nominales sin agregar. El cuadro 15 resume su contenido. El padrón de 1645 incorpora los nuevos barrios de Santa Marta y San Francisco,[48] así como categorías hasta entonces inéditas: indios libres, artesanos y forasteros. Los indios en encomienda siguen aún

48. De antes de 1645 existen libros de bautismos y defunciones de la parroquia de Santa Marta que convendrá por cierto cruzar con los datos del padroncillo. Ponce y Quiroz Paz-Soldán (1975: 404-445) señalan la existencia de los mismos registros para Yanahuara y Cayma.

constituyendo mayoría, a pesar de quedar solo el 43% de su volumen anterior. Los indios de encomienda siguen concentrados en la Chimba. Las encomiendas, reconocibles por los nombres de sus primeros titulares (Pizarro, Picado, Retamoso, Cáceres) o por el de las etnias repartidas por Toledo (yanahuaras, chumbivilcas, chilques...),[49] duran entonces fragmentadas, con distinto título y mermadas seriamente de tamaño. De la antigua encomienda de Violante de Lacerda, disfrutada por Rodrigo de Carvajal en 1645, del volumen del tamaño original queda solo una octava parte (134/1059). De la encomienda de Guasacache, arrabal situado por López de Caravantes[50] en Vítor, no quedan rastros. Pizarro la concedió a Diego Hernández de Mendoza, y, al fallecimiento de este, el virrey Toledo la entregó por dos vidas a Diego Porres, con reserva de un situado en favor de Martín García de Loyola.[51]

La categoría libre, 29% de todos los varones, estuvo compuesta en cuatro décimas partes por antiguos indios de encomienda, de realengo o de repartimientos del Altiplano. Residieron ellos codo con codo con los encomendados remanentes. Esto es así en particular en el arrabal de Cayma y en los pueblos de Characato y Chiguata. Los indios libres restantes —yanaconas y artesanos— vivieron en cambio dentro de la ciudad española. Buena parte de los artesanos procedía de afuera. Los forasteros fueron más bien agricultores en los arrabales o en los pueblos. El cura de Paucarparta los sitúa en parte en haciendas de españoles.

Los cuadros 13 y 15 permiten comparar la fuerza de trabajo masculina y adulta censada en 1573 y en 1645. En Arequipa, trabajaron, además, unos pocos negros y mestizos, de los que el padrón, por lógica, no presenta traza alguna. El cuadro 16 incluye además el total de la revisita de 1589 y de la parcial de la Chimba de 1591. Por último, incluye datos lacónicos de 1657 y 1673, únicamente para la Chimba.

49. La evolución de las encomiendas de Arequipa en Puente Brunke 1992: 415-423.

50. López de Caravantes 1985, II: 102.

51. Cook 1975: 242.

Cuadro 15
Los indios de Arequipa, 1645

	(1) Encomendados	(2) Libres	(3) Forasteros	(4) Total
Ciudad				
Barrio de San Lázaro	16[1]	-	4	20
Barrio de San Francisco	-	19	-	19
Barrio de La Merced	-	20		20
Yanaconas	-	28	-	28
Artesanos		25	85	110
Total	16	92	89	197
	8%	47%	45%	27%
Arrabales				
Chimba (Yanahuara)	178[2]	4[3]	28	210
Cayma	45[4]	30[5]	-	75
Tiabaya	1	17[6]	13	31
Total	224	51	41	306
	71%	16%	13%	44%
Pueblos				
Characato	17[7]	30[8]	38[9]	85
Chiguata	31[10]	32[11]	11[12]	74
Paucarpata	26[13]	5[14]	20[15]	51
Total	74	67	69	210
	36%	32%	33%	29%
Total general	314	210	199	723
	43%	29%	27%	100%

Fuente: AGN Buenos Aires 20.4.4.

1. Encomienda de Ana María Arellano.
2. Indios callapas, encomienda de Álvaro de los Ríos (16), chilques de Rodrigo de Carvajal (11), yanahuaras de Rodrigo de Carvajal (134), chumbivilcas de Rodrigo de Vargas de Carvajal (17).
3. De la Corona.
4. Repartimiento de Álvaro de los Ríos (26), de Alonso Picado (10), encomienda Retamoso de Luis de Mendoza (10).
5. Urinsaya (16), del rey (14).
6. Ayllu anansaya (4), urinsaya (4), chumbivilcas (5), ayllu yanahuara (4), ayllu Retamoso (1).

7. Encomienda Quicaño Pizarro de Fernando Padilla (7); Socavayas, collas de Mariano Retamoso (6); Sacavayas, colla de Nicolás de Cáceres (4).
8. De la Corona: parcialidad de anansaya, canas (10); Yauri (4), Hainacolan (12), Collacanchi (4).
9. Quince forasteros nacidos en el pueblo, dos de ellos de madre india del pueblo.
10. Anansaya, encomienda de Nicolás de Cáceres (17); urinsaya, de Juan de Tello (14).
11. De la Corona (17); yanaconas de Juan de Cegarra y Casaus en el anejo de Quillacana (15).
12. Forasteros (6), advenedizos (5).
13. Parcialidad de Quiguas, encomienda de Juan de Valdés (12); Ayllu Guaroc, de Fernando Padilla (6); Yngas de Orexón, de Espinosa (8).
14. Canches de la Corona.
15. Forasteros (3), indios de haciendas de españoles (11).

La mano de obra indígena debió contraerse en Arequipa de modo fulminante tras la ocupación del territorio. A falta de información de procedencia local, es de suponer que menguó al modo de su entorno. Entre 1540 y la numeración de Toledo, la encomienda de Cochuna se redujo a razón de -2,09% anual, Tacna al -2,3 y Ubinas del -3,37.[52] Tarapacá, Arica, Ilo y Carumas, más distantes, mermaron, aunque menos, a razón de -1,1% anual.[53] No hay motivo para suponer que los indios encomendados aquí corrieran mejor suerte. Entre 1573 y 1645, consta directamente que los tributarios del lugar se redujeron de los dichos 3001 a 459, a razón pues de un considerable -2,6% acumulativo anual (cuadros 13 y 15). La retracción no cesó después. La fatídica epidemia de 1665 redujo los indios de la Chimba a solamente 112.[54] De las paredes de la actual parroquia cuelga una pintura de grandes dimensiones, exvoto en recuerdo de aquel lejano drama.

La mengua de los tributarios entre las fechas extremas indicadas cabe representarla por una línea descendente (gráfico 1) o expresarla estadísticamente en forma de proporciones o, mejor aún, por tasas de variación anual (cuadro 17). A continuación, comentaremos solo las últimas. En primer lugar, entre 1573 y 1645, el corregimiento de Arequipa perdió tributarios a razón de un sombrío -3,1% anual, no igual en todas partes. Los indios del casco urbano disminuyeron algo más, al -3,5%;

---

52. Puente Brunke 1992: 415, 424.

53. Trelles 1983: 150.

54. Puente Brunke 1990: 149.

los de la Chimba menos (-2,7%), pero también fatídico. Los tres pueblos del entorno rural, menos castigados, decayeron al -1,7% anual.

GRÁFICO 1
DECLIVE DE LA POBLACIÓN DE LA CHIMBA, 1573-1673

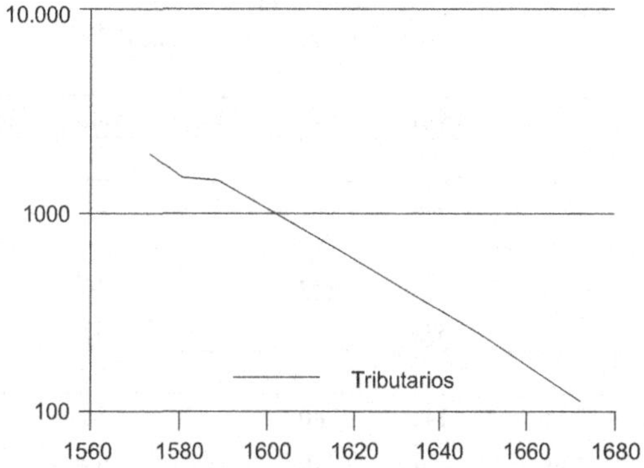

La tendencia general puede ser dividida en tramos más cortos gracias a haberse hecho ciertos recuentos intermedios. Su fraccionamiento pone de manifiesto vicisitudes y altibajos. En los tres lustros que median entre 1573 y 1589, la población tributaria declinó en el corregimiento al -0,8% anual, tasa relativamente moderada en comparación con la mencionada para la generalidad. Accidentes naturales y deserciones cuadruplicaron la pérdida de mano de obra en el periodo restante hasta 1645, a razón de un intempestivo -3,1% anual. Los comienzos del periodo coinciden con los desastres naturales comentados. La tendencia del conjunto se descompuso por lugares de la manera siguiente. En el casco urbano, la deserción de los yanaconas toledanos y otros percances redujo la población indígena a razón de un exorbitante -9,1% anual entre 1573 y 1589 (cuadro 17), morigerado de 1589 a 1645 a -1,8%, gracias en parte a la recepción de 189 forasteros (cuadro 18). Los pueblos del entorno rural, lugares refugio, empezaron creciendo, al contrario, a velocidad inusitada en 1573-1589, a 4,8% anual. De 1589 a 1645, la suerte se invirtió allí (-3,5%). La Chimba, asiento de encomiendas, cuenta con un recuento más que otras partes. A diferencia de los pueblos cercanos, la Chimba no creció entre 1573 y 1591, ni decayó entonces como el casco urbano (-1,8%). Su mayor deterioro (-3,0%), por los seísmos mencionados, se sitúa entre 1591 y 1645 (cuadro 16). El infortunio no cesó. Entre 1645 y 1673, la Chimba perdió un intemperante -3,2% anual.

Cuadro 16
Reducción de los originarios. Arequipa, 1573-1673

	1573	1589	1591	1645	1657	1673
Ciudad						
Yanaconas	514			27		
Mitimaes nazcas	21					
Parroquia de S. Lázaro		117		16		
	535	117		43		
Chimba						
Collaguas de la Corona	141	80	67	34		
Collaguas de Picado	161	116	97	45		
Laricollaguas	157	159	115			
Chimbas, Lacerda	1059	824	870	178		
Chimbas, Cornejo	441	348	319	18		
	1981	1483	1438	275	187[1]	112
Pueblos						
Paucarpata	127	282		31		
Characato	245	629		47		
Chiguata	113	113		63		
	485	1024		141		
Total	3001	2624		459		

1. 167, 3/4 indios en la Chimba, más 20 para el culto y la república: 4 cantores, 1 maestre de capilla, 1 sacristán, 2 alcaldes ordinarios, 1 alguacil mayor, 2 regidores, 1 escribano de Cabildo, 2 zapateros, 2 herreros, 2 tintoreros y 2 sastres. La séptima fue fijada en 20 mitayos.

Fuentes: 1573, visita de Lope de Suazo, por orden del virrey Francisco de Toledo (Neira Avendaño et ál. 1990: 194) y retasa de 1583 (Cook 1975: 252); 1589, repartimiento de indios del conde de Villar, Barriga 1951: 37-38; 1591, visita de Diego de Santillán y Anaya, por orden del virrey García Hurtado de Mendoza, Galdós 1987: 74; 1645, padrón del virrey marqués de Mancera, AGN, BA, IX, 20.4.4; 1657, retasa del virrey conde de Alva de Aliste, Galdós 1987: 164; revisita de Juan de Messa Lugo y Ayala, Galdós 1987:78.

¿Cómo se conjugan los sucesos expuestos de Arequipa con el comportamiento observado en otros lugares? En las encomiendas de los lauricollaguas, la parcialidad anan se contrajo menos, al -1,03% anual entre 1573 y 1602 y la urin a -0,74%.[55] En Trujillo, en la lejana costa norte, la despoblación tendió igualmente a moderarse. La caída del -5,4, anterior a la enumeración de Toledo (1561-1573), se redujo en esa ciudad al -2% de 1573 a 1591 y a -1% de 1591 a 1601.[56]

Cuadro 17

Tasas de decrecimiento de la población tributaria. Arequipa, 1573-1673

Periodo	Conjunto	Casco	Chimba	Pueblos
1573-1645	-2,6	-3,5	-2,7	-1,7
1573-1673	-	-	-2,8	-
1573-1589	-0,8	-9,1	-1,8	+4,8
1573-1591	-	-	-1,8	-
1589-1591	-	-	-1,5	-
1589-1645	-3,1	-1,8	-3,0	-3,5
1591-1645	-	-	-3,0	-
1645-1657	-	-	-3,2	-
1645-1673		-	-3,2	-
1657-1673	-	-	-3,2	-

Fuente: cuadro 3

La mano de obra masculina se redujo de hecho menos de lo que sugiere el registro de tributarios. Estos fueron desapareciendo de los papeles, pero no todos de este mundo. Muchos ausentes desertaron de sus pueblos para asentarse en otra parte y dejaron en su nuevo asentamiento descendencia desconocida de las comunidades y de los oficiales reales. La masa originaria disminuyó asimismo por la concesión de

55. Puente Brunke 1992: 419.

56. Castañeda 1996: 168.

exenciones. Los 24 indios que Toledo reservó para caciques fueron el doble en 1645 por extensión del privilegio a los cantores y otros cargos. Si, en tiempos de Toledo, uno de cada 125 indios gozó de dispensa fiscal y laboral (un llevadero 0,83%), en 1645 la gozó uno de cada 9 hombres en edad laboral, o sea el 11%. La exención y los efectivos procedieron en direcciones opuestas, agravando de esta manera el reparto desigual de cargas fijas entre los contribuyentes.

En Lima, blancos y negros superaban a los indios[57] al comenzar el siglo. De Arequipa o de su obispado no queda constancia ni del total de habitantes ni de su composición étnica. En 1649, el obispo Francisco Palacio Alvarado escribía: "El número de cristianos de este obispado [españoles y mestizos] no se ha podido reducir a determinado guarismo [...]. El de los naturales de este reyno es ya generalmente cortísimo, y cállanse las causas [untuosa prudencia] por no ser del presente instituto".[58]

Migraciones

En el terremoto de 1600, la ciudad de Arequipa perdió la mitad de sus habitantes. La Chimba, Cayma y Tiabaya fueron los lugares más afectados en el seísmo siguiente. Los esfuerzos para recuperar a los indios huidos, amedrentados por los estremecimientos, resultaron en vano.[59] Los jóvenes fueron en Arequipa los más propensos a desaparecer. "Los hijos de los indios que van en esta enumeración —escribió en 1645 el cura dominico de la doctrina de Cayma— todos andan huidos y escondidos". En esa parroquia faltaron 16; en la vecina Tiabaya, más. De los trasladados a corta distancia, cabe seguir sus pasos. Dos indios de la ciudad de Arequipa residían, según el padrón, en Guasacache, otro en Chiguata y, en Characato, dos yanaconas de Santa Marta, más otro indio. Las pistas de quienes pusieron más tierra de por medio se borraron. A veces cabe descubrirlos en los padrones de otros pueblos.

57. Jaramillo 1992.

58. Relación del obispo de Arequipa, Jiménez de la Espada 1965, II: 56.

59. Barriga, 951, para 1600: 84; para 1604: 206, 209 y 213.

El corregimiento de Arequipa se desprendió de bastantes migrantes. En 1645, nada menos que 23 arequipeños figuran empadronados en Canas y Canchis[60] y otros en Condoroma y Cabanilla.[61] ¿Regreso al Altiplano de origen de buena parte de ellos? No cabe descartar es posibilidad. En 1684, otros 5 fueron hallados en la ciudad de La Paz[62] y 5 también en Oruro.[63] Entre 1630 y 1700, 16% de los trabajadores concertados del Cuzco procedía del obispado de Arequipa, aunque no necesariamente del corregimiento o de la capital.[64] El capítulo anterior detecta a una mujer arequipeña en Sipesipe, en 1645. Mucho antes, en 1572, figuran oriundos de Arequipa en Potosí,[65] y, en 1596, se sabe de un aprendiz carpintero de este origen residente en Huamanga.[66] El volumen y la extensión efectivos de la dispersión no se sabrá hasta, localizado todos los padrones, haber cruzado su contenido. Aun entonces, habrá faltas. Mal pudieron los párrocos conocer a ciencia cierta la procedencia de todos sus feligreses forasteros.

El cuadro 15 indica en la columna 3 en qué barrios, parroquias o doctrinas se instalaron los forasteros. Estos ascendieron a la cuarta parte del censo de 1645 (199/723), proporción muy elevada, pero inferior a la registrada en ciudades de crecimiento más rápido que Arequipa. En la antigua capital incaica, el 40% de los indios fue, más tarde (1690), forastero.[67] En la Huamanga serrana, casi un tercio del total de los indios lo fue también a fines del siglo XVII.[68] En 1638, la fuerte demanda de mano de obra para las minas de Huancavelica hizo que el 38% de los habitantes de la ciudad fuera forastero,[69] como ocurrió

60. Glave 1992: 77.

61. Glave 1995-1996: 97.

62. Glave 1989: 341.

63. Zulawski 1987b: 183.

64. Wightman 1990a: 62, 107, 180.

65. Escobari 1990: 65, 2001: 239.

66. Stern 1986: 147.

67. Wigthman 1990b: 88.

68. Huertas Vallejo 1998: 22-23.

69. Contreras 1982: 63.

antes en Oruro.[70] En 1603, los numerosos forasteros de Trujillo fueron asentados en una parroquia extramuros.[71] Lima, la capital virreinal, fue un polo particularmente atractivo para los inmigrantes.[72] Los forasteros estuvieron presentes en todas partes.

En la ciudad de Arequipa, casi la mitad de todos los forasteros (el 45%) se instaló en el casco urbano en calidad de artesanos, a la par de los indios libres (92), asentados en los barrios de San Francisco y de La Merced, y a la par también de los yanaconas (28) y de los artesanos (25) (cuadro 15, columna 2). En el Paucarparta rural, los forasteros sirvieron en las haciendas. El doctrinero de Chiguata distingue entre forasteros y advenedizos, una categoría esta indicativa de llegada más reciente. Characato sugiere acumulaciones: de los 38 forasteros que figuran, 15 habían nacido ya en el pueblo. De esa segunda generación, dos eran hijos de inmigrantes por parte de padres y de madres del mismo pueblo. Los arrabales de la ciudad atrajeron menos forasteros que los pueblos, salvo en el caso de Yanahuara. Las chimbas solieron en efecto admitir forasteros. En Santiago de Chile, la chimba equivalente acogió forasteros que compusieron, con el tiempo, el estrato artesano.[73] La cantidad de forasteros varió también por temporadas por trabajo: "Estos son los indios de la doctrina de Santa Marta —cierra el párroco su numeración— que como vienen a ella de todas las provincias circunvecinas a servir y a tratos y contratos, a veces hay muchos más y otras muchos menos". El cura admite que pudo haber en la ciudad más forasteros que los censados. Algunos de ellos es posible que se hubieran declarado mestizos, como hicieron en otras partes.

De los 199 forasteros registrados consta el origen de 156, o sea de cuatro quintas partes, una proporción altamente representativa. El cuadro 18 cruza origen con asentamiento en Arequipa. En la casilla de la intersección de ambas variables, un número indica la frecuencia del suceso. Las procedencias se alinean en el cuadro de arriba abajo

70. Zulawski 1995.

71. Castañeda 1996: 165.

72. Cook 1976, Jaramillo 1992.

73. Valenzuela Márquez 2010.

por regiones y por pueblos. Las regiones se enuncian de mayor a menor por el peso que arroja en ellas la inmigración: Arequipa, Cuzco, Collao, Charcas y resto. El eje horizontal acoge los destinos en Arequipa en la secuencia establecida en los cuadros anteriores. Del cruce de proveniencias y destinos, cabe desprender cuatro campos migratorios hacia Arequipa: uno de radio corto meramente local, el segundo abraza al obispado (costa y sierra), el tercero proyecta su convocatoria hasta las alturas del Cuzco y del Collao y el último adentra la llamada al interior de las ciudades. De más lejos procede finalmente un puñado extemporáneo. La figura 9 recoge los datos del cuadro recién mencionado. Seis paralelepípedos representan en tres dimensiones el orden de procedencias. El propio corregimiento de Arequipa provee por vecindad el mayor número de forasteros, seguido por los que se descolgaron de las alturas con preferencia de Cuzco y también del Collao. Pese a su permanente conexión comercial con Potosí, los oriundos de Charcas (incluido el distrito de La Paz) son los menos, aún menos que los forasteros procedentes de fuera de las provincias de arriba. No consta, por último, el origen específico de bastantes forasteros.

Un movimiento centrípeto atrajo a la capital (ciudad y arrabales) a 41 forasteros (22%) de diversos lugares del obispado y 29 acudieron de los pueblos circundantes. Un gran número de forasteros descendió de Collaguas (39), señal de que los vínculos ancestrales que unían a ambos extremos seguían vigentes en la primera mitad del siglo XVII. Los venidos se repartieron entre la ciudad (16), Tiabaya (7) y Characato (8). Los habitantes de Condesuyo y del litoral de Camaná o Moquegua parecen haber acudido de uno a uno por decisión propia, no respondiendo a viejos hábitos.

De las "provincias de arriba" provino poco menos de la mitad de los forasteros (87). Dos tercios de estos (58) fueron cuzqueños; la cuarta parte (23) del Collao, en especial de Lampa; 5 de Charcas se instalaron en la ciudad y 1 en la Chimba. De más allá, 5 acudieron del sur andino, más 7 de Huamanga y 3 de tan lejos como Trujillo y Catacaos. El inconfundible apellido Guayaquil de dos cantores del convento de San Francisco sugiere mayor distancia.

Cuadro 18

Forasteros en Arequipa, 1645

Origen			Arrabales		Pueblos del corregimiento			
Provincia	Pueblo	Ciudad	Chimba	Tiabaya y Guasacache	Characato	Chiguata	Paucarpata	Total
Arequipa	Arequipa			2	3	1		6
	Chimba	1						1
	Cayma	1						1
	Characato	2	1	1		1		5
	Chiguata				1			1
	Paucarpata				1			1
Collaguas	Collaguas	1		7				8
	Yura	1						1
	Cabanaconde	2				1	5	8
	Maca	3				1		4
	Tuti	2						2
	Yanque	1			2			3
	Achoma	2						2
	Laricollagua				1			1
	Ichopampa	1			2			3
	Coparaque		1		1			2
	Cailloma	2						2
	Pinchollo	1			2			3
Condesuyos	Condesuyos		1					1
	Chuquibamba		1					1
	Pampacolca	1						1
Camaná	Camaná	1						1
	Ocoña	1						1
	Acari		1					1
Moquegua	Pocsi	1			3		3	7
	Ubinas	1						1
	Puquina	1						1
	Cheque						1	1
		26	5	10	16	4	9	70

Origen			Arrabales		Pueblos del corregimiento			
Provincia	Pueblo	Ciudad	Chimba	Tiabaya y Guasacache	Characato	Chiguata	Paucarpata	Total
Cuzco	sin especificar	18	13		2			33
	Parroquias	5	1					6
Abancay	Chinchay		1					1
Andahuaylas	Andahuailas	2						2
Aymaraes	Colcabamba				1			1
Paruro	Capi	2						2
Tinta	Canas	1						1
	Sicuani	1						1
	Maranganí	1						1
	Yanaoca	1						1
	Pichigua		2					2
	Languisupa	1						1
Quispicanchis	Andahuaylillas		1					1
	Acos	1	1					2
Chumbivilcas	Cotahuasi	1	1					2
Chelleques y Masques		1						1
		35	20	—	3	—	—	58
Collao								
Lampa	Lampa						1	1
	Atuncabana	2			3			5
	Cabanilla	2						2
	Atuncolla	1	1					2
	Caracoto					1		1
	Umachiri	1						1
	Sulaca						1	1
Azángaro	Azángaro	1						1
Paucarcolla	Puno	2						2
	Huancané	1						1
	Vilque	1						1
	Tiquillaca						1	1

Origen		Arrabales		Pueblos del corregimiento				
Provincia	Pueblo	Ciudad	Chimba	Tiabaya y Guasacache	Characato	Chiguata	Paucarpata	Total
Chucuito	Chucuito	2						2
	Pomata		1					1
	Juli				1			1
		13	2	—	4	1	3	23
Charcas								
La Paz	Chuquiabo	3						3
Chuquisaca	Charcas		1					1
	Chuquisaca	2						2
		5	1	—	—	—	—	6
Huamanga	Huamanga	7						7
Trujillo	Trujillo	1						1
Piura	Catacaos	1						1
Forasteros sin especificar		1		3	15	6	8	33
Total		89	28	13	38	11	20	42
Urbanos	90							
Suburbanos	38							
Rurales	71							
Total general								199

FIGURA 9

ORDEN DE PROCEDENCIA DE FORASTEROS EN AREQUIPA, 1645

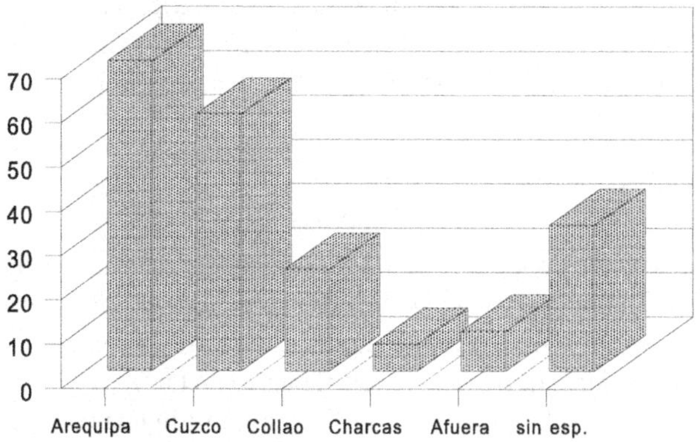

Fuente: cuadro 18.

A mediados del siglo XVII, las migraciones siguieron vinculando a Arequipa con la esfera que Cuzco, Collao y Charcas componían. Los forasteros acudieron desde esas alturas uno a uno o por parejas, no en grupos. Sus merodeos tuvieron fin en lugares de los que habían oído por anticipado. En Arequipa, no buscaron, como sus antepasados, un agro complementario al de su pueblo, sino principalmente empleo en una ciudad española. Allí trabajaron como artesanos para una clientela comarcal. Los forasteros tuvieron también claro adónde no acudir. Cayma, abominado por su obraje, recibió un solo forastero. Esta migración espontánea conoció otra menor en cadena.[74] Tres barberos de la parroquia de San Blas de Cuzco o seis carniceros de varios pueblos del Collao sugieren este caso. La ciudad de Arequipa atrajo, como La Paz[75] y Oruro,[76] forasteros serranos; no como Lima[77] y Santiago

74. MacDonald y MacDonald 1964.

75. Glave 1989.

76. Zulawski 1987a: 422.

77. Cook 1976.

de Chile,[78] saturadas de costeños. La Arequipa urbana parece haber opuesto menos trabas a la integración de los migrantes que el medio rural. Aparte del matrimonio del forastero con lugareña, sus habitantes no objetaron al ascenso político de los forasteros. El alcalde mayor de los indios era oriundo nada menos que de la lejana Huamanga.

Ocupaciones

Las ocupaciones de los artesanos forasteros que el padrón menciona con más frecuencia atañen al rubro de la confección: sastres, zapateros y sederos-sombrereros, a razón de unos diez artesanos por especialidad. A ellos se suman tres sastres en el barrio de La Merced y un sedero en San Francisco. La proliferación de sastres indígenas sugiere que la confección local había desplazado al cabo de un siglo a la vestimenta importada, al menos en el uso diario. La alimentación dio trabajo a otro renglón vinculado con el sector económico español. El padrón registra a 16 carniceros, exponentes de un considerable consumo de ganado vacuno y porcino de raigambre lógicamente europea. De los despojos de estos animales se aprovechaba el sebo sobrante para fabricar velas destinadas a la iluminación doméstica y antorchas para las minas. El cuero proporcionaba materia prima a los zapateros y talabarteros. La construcción empleó, por otro lado, 15 indios (8 albañiles y canteros y 7 pintores) y la carpintería 17 (8 carpinteros y 9 silleros). Ellos, más sus ayudantes, tal vez bastaron para mantener edificios en buen estado, pero no para levantar los de mayor fuste, como la catedral entonces en construcción. Los metales ocuparon por último a 6 herreros y plateros. Toda esta actividad tenía por principal destinatario al mercado local español.

Las demás ciudades españolas de los Andes presentaron una conformación laboral por el estilo. El célebre Oruro del Altiplano contaba, en 1689, entre yanaconas y forasteros, con 1560 indios ocupados primordialmente en la minería. Un tercio de ellos eran artesanos o

78. Jara 1987: 59, Valenzuela Márquez 2010.

transportistas. Como en Arequipa, abundaban allí los sastres, los zapateros, los panaderos, los carniceros, los plateros, los carpinteros y los albañiles, además de los chasquis.[79] En el Cuzco, la mayoría de los forasteros se dedicaron, en el siglo XVII, al transporte, así como a la construcción y a las artesanías.[80] En Trujillo, esclavos y mulatos compitieron con éxito con los forasteros como artesanos e intermediarios.[81] Hacia 1595, los migrantes conformaban buena parte ya de la capa artesana de Quito.[82]

Los altos rangos de la comunidad indígena (curacas, segundas personas, mandones, alcaldes, alguaciles...) y los auxiliares de la Iglesia (cantores, sacristanes...) pertenecen al sector de servicios, junto con los 10 barberos y los comerciantes. Arequipa contaba además con 15 chasquis y con arrieros fijos, indios de la Corona y otros forasteros. Su número oscilaba. "De este oficio, los forasteros —comenta el párroco— hay algunos más de los referidos, y por ser todos forasteros volantes y que de continuo están de viajes entrando y saliendo de la ciudad, no se saben ni sus sobrenombres ni sus pueblos". La labranza de las heredades o el trabajo de las haciendas solo retuvieron a una sexta parte de los forasteros, a título de yanaconas o de agregados. La artesanía y los servicios dieron ocupación a la mayoría de los forasteros de la ciudad.

La creciente sustitución de los indios de encomienda, repartimiento y mita por otros libres y forasteros apunta al posible desarrollo entonces de un mercado de trabajo local, perceptible ya en otras ciudades como Cuzco[83] y Lima.[84] Un hecho insólito abona esta suposición. Los jornaleros, conscientes de la oportunidad creada por el terremoto de 1687, aprovecharon la repentina necesidad de brazos para reclamar mayor remuneración. El Cabildo arequipeño clamó por la osadía:

79. Zulawski 1987b: 168-169.

80. Wightman 1990a: 86-11.

81. Castañeda 1996: 166.

82. Powers 1995: 46.

83. Wightman 1990a: 96-11.

84. Jaramillo 1992.

> Han alterado los precios del jornal los indios pidiendo por cada día de trabajo a cinco y seis reales, siendo así que en otra ocasión que sucedió esta misma ruina el año de seiscientos cuatro por el mes de noviembre tan solo se les señaló por el Excelentísimo Señor conde de Monterrey, virrey de estos reinos, real y medio de jornal, siendo así que los indios se trajeron de diferentes provincias.

Partidarios impenitentes del repartimiento forzoso, de la regulación del salario por el Estado y de la estabilidad monetaria, los cabildantes se oponían, en evidente interés propio, a la volatilidad de todo mercado, a cuyo recto funcionamiento los jornaleros indígenas parecen entonces más apegados que sus empleadores. Al invocar un precedente que databa de ochenta años atrás, los cabildantes daban por descartada toda inflación a largo plazo y no tuvieron empacho en apelar a la intervención oficial a su favor, y, por consiguiente, para perjuicio de los forasteros: "Sean llamados los curacas de esta jurisdicción y asimismo los capitanes indios y alisten todos los indios que se hallan aquí forasteros para que éstos y otros vengan a la plaza pública por los días que les señalase con los dichos indios y se repartan a los pobres para que desentierren sus bienes". Síntoma de su nerviosismo, el Cabildo profirió amenazas pueriles: "Que sepan los indios que andan escapados con melenas y zapatos y que no cumpliendo con lo mandado se les quitará la capa y las melenas y se les pondrá camiseta y en traje natural".[85] La capa dominante no dio muestra alguna de originalidad.

Los apellidos

Un mercado laboral en cierne y el uso de atuendos transgresores por parte de los indios sugieren que las barreras que separaban en Arequipa a la república de los españoles de la de los indios empezaban a rebajarse. Los indios interpretaban con desenvoltura la coyuntura y desafiaban la discriminación al pretender vestirse a la europea. La antroponimia aporta otro ejemplo de transición cultural. Indios figu-

85. Barriga 1951: 241-242.

ran en el padrón con nombres y apellidos —o "sobrenombres" como escribe el párroco de Santa Marta— ancestrales. Otros son de raíz castellana indudable.

Los historiadores coloniales han empezado a prestar atención a la antroponimia en contextos mixtos y cambiantes. La información nominativa de los censos y los documentos coloniales ofrece un cúmulo relevante para esa especialidad lingüística. Pescador[86] ha estudiado los cambios en los nombres de pila que figuran en los libros de bautismos del México barroco. En los Andes, Salomon y Grosboll[87] han cuantificado las variaciones antroponímicas en Quito. Medinaceli[88] ha estudiado el sistema nominativo aymara del siglo XVII. Los apellidos masculinos y femeninos con los que los indios de Lari Collaguas, tan vinculados a Arequipa, fueron empadronados en 1604-1605 han sido objeto de la atención de Robinson.[89] Según él, los usos ancestrales seguían prevaleciendo entonces en el medio rural. Cuatro decenios después, los padrones de Arequipa delatan una franca progresión de apellidos castellanos en el sector urbano.

En 1645, todos los naturales habían pasado allí por la pila bautismal. La documentación eclesiástica y administrativa los nombró ya conforme al santoral cristiano. Lejos quedaba el tiempo cuando el párroco o el doctrinero imponía el santo en la confirmación.[90] El área rural retenía aún el apellido indígena. En Paucarpata, lo llevaban todos; en Chiguata, todos menos tres; y en Characato, todos menos siete. Con apellido castellano solo figuran los forasteros, salvo uno. En la Chimba de talante conservador, el 86% de los censados lleva apellido indígena; en Cayma, el 85; en Tiabaya, el 66%. El apellido

86. Pescador 1992.

87. Salomon y Grosboll 1986.

88. Medinaceli 2003.

89. Robinson 2003: XXVI-XXXI.

90. Saignes 1987: 437. "A todos se les pongan nombres en el baptismo cuales se acostumbran entre christianos y de estos mismos los compelen a usar entre sí. Los sobrenombres para que entre sí se diferencien, procúrese que los varones conserven los de sus padres y las mujeres los de sus madres". Decretos de la segunda sesión del Concilio Provincial Limeño el 15 de agosto de 1583 (Levillier 1919, 2: 174).

castellano tarda pues en penetrar en el medio rural periurbano; en la ciudad, al contrario, prevalece. Artesanos y forasteros encabezan la adopción del apellido castellano, anticipándose a un posible mestizaje. El cacique de Carangas formuló esa idea: "Se cambian el apellido, se declaran mestizos y yanaconas, se visten a la manera española y trabajan como artesanos o en los conventos para no cumplir sus obligaciones".[91] Los apellidos adoptados son los habituales en Castilla, pero abundan también los de pila o los de oficio.[92] De los folios del padrón no cabe en cambio deducir quiénes y cuántos recibían catequesis en castellano y lo hablaban entre ellos. Jaramillo[93] sostiene que los migrantes de Lima lo usaron normalmente. Es posible que ocurriera otro tanto en Arequipa, principalmente entre los forasteros, aunque tal vez menos que en la capital virreinal.

* * *

A principios del siglo XVII, Arequipa no había crecido tanto como la mayor parte de las ciudades coloniales. Los indios eran allí notoriamente menos de los habidos antes. Mestizos, mulatos y negros, descartados de las numeraciones, no parecen haber compensado su disminución. Tampoco bastó la inmigración. Los forasteros acudieron a la ciudad por voluntad propia para trabajar en actividades emergentes y antitéticas a la encomienda. A mediados de siglo, las encomiendas se hallaban desangradas, pero no habían desaparecido. Reducidas en número y tamaño,[94] su persistencia frenaba todavía la movilidad de la mano de obra. La encomienda procuraba sujetarla, pero solo conseguía expulsarla de la categoría correspondiente y de la ciudad. El crecimiento fabril y comercial requería, sin embargo, brazos. Los forasteros fueron artesanos en la ciudad o peones en las heredades o haciendas. Los forasteros, en Arequipa, pero también en la cercana

91. Zulawski 1987b: 184.

92. Sánchez-Albornoz 1974a: 15-20.

93. Jaramillo 1992.

94. Puente Brunke 1992: 145 *passim*.

Huancavelica, rompieron prejuicios y reticencias y penetraron en el centro urbano.

Los forasteros fueron artesanos en Cuzco,[95] Oruro[96] y Cuenca. De Cuenca, López de Caravantes dice por cierto:[97] "Hay en la Ciudad muchos indios forasteros, que son oficiales y otros que no lo son". Los forasteros no acudieron a Arequipa a emplearse en las casas como ocurrió en Lima o, según se ha dicho antes, en Antequera. En la antigua Oaxaca, de los 189 censados en 1661 tres cuartas partes, incluidas las mujeres, se emplearon en el servicio doméstico.[98] En proporción, los forasteros fueron menos en la ciudad novohispana y pocos accedieron al oficio de artesano. Antequera parece haber relegado la actividad artesanal a sus aledaños y reservado el casco para blancos y mestizos, como se desprende de los libros de casamientos de 1693 a 1700.[99] En la Arequipa varias veces reconstruida y de actividad artesanal más débil, fueron atraídos y admitidos ya formados en su oficio artesanos en su casco. En cuanto al origen de los forasteros, en la ciudad del Misti dos tercios provenían de fuera de la región circundante, mientras que, en Antequera, dos tercios eran al revés del valle de Oaxaca o de las zonas zapotecas y mixtecas colindantes. Arequipa, menor de tamaño, muestra mayor apertura. En Oruro, yanaconas y forasteros formaron, más al modo de Arequipa, el grueso del artesanado. Los naturales tampoco se incorporaron a Arequipa en calidad de mestizos o ladinos en la proporción registrada en la ciudad de Guatemala.[100] En los Andes, preservaron su identidad en la variante de forastero y constituyeron una cuña entre originarios y españoles. La sociedad arequipeña tardó en constituir capas étnicas mixtas, como sucedió en Cuenca, otra provincia agraria andina.[101]

---

95. Wightman 1990b: 86-11.

96. Zulawski 1987b.

97. López de Caravantes 1885, II: 220.

98. Borah y Cook 1972.

99. Chance 1978: 221.

100. Lutz 1982.

101. Poloni-Simard 2000: 286-394.

Arequipa llegó a tener 23.551 habitantes en 1792,[102] el doble casi que en tiempos de Toledo y varias veces más que en la deprimida época de Mancera. La recuperación dieciochesca estuvo sometida a cambios internos importantes. Al final del siglo, los españoles constituían dos tercios (67%) de la población. Su tasa de masculinidad se elevaba al 131%. Como no consta que el sur andino hubiera recibido entonces una inmigración metropolitana copiosa, el tamaño de las cohortes por sexo debió distanciarse por omisiones o reequilibrios locales. Arequipa parece haberse blanqueado entonces, sobre todo mentalmente, por reclasificación de los forasteros veteranos. En 1754, solo se hallaron en Arequipa 133 forasteros, menos que en 1645 y menos también de los que cabría esperar de su multiplicación a lo largo de un siglo. Su disminución no se debió a abandono de la ciudad y menos aún a reversión al estrato indígena.

En 1645, la migración que estas páginas evocan no se compara en diversidad, ni en tamaño, con la detectada, años antes, en la capital del virreinato.[103] Arequipa no era corte sino una ciudad agrícola, dispensadora de servicios regionales y con una modesta actividad fabril. Su población, empero, no permanecía estancada. Más bien cambiaba por adentro. Las transformaciones sociales y étnicas en curso repercutieron sobre la traza urbanística. La ocupación del viejo casco fue saturándose.[104] La transformación plena habría de esperar hasta el siglo siguiente, cuando los indígenas cedieron holgadamente a los españoles su supremacía numérica y la ciudad blanca invadió los aledaños.

---

102. Vollmer 1967: 153.

103. Cook 1976: 33-50, Jaramillo 1992.

104. Gutiérrez 1992.

Capítulo 7

Los *ausentes perdidos* de Chayanta (Charcas): un perfil

Antes de adentrarse en el tema de este capítulo, convendrá recordar ciertas aclaraciones hechas. Pasada la etapa de descripción de los desconocidos territorios adquiridos, la administración colonial se centró por motivos prácticos, fiscales o laborales en la averiguación del número de indígenas, en especial de los varones sujetos a tributo y al trabajo en las mitas. Tendió, en cambio, a descuidar la recopilación de datos sobre el sexo opuesto y acerca de las edades masculinas extremas, infancia y vejez. Los tributarios, con sus deslucidas familias, constituyeron la población de *derecho* local. Las mismas numeraciones solieron pasar por alto a los forasteros y a los yanaconas, hasta que su multiplicación en el siglo XVII hizo inexcusable su averiguación y por lo tanto su inclusión en las numeraciones. La suma de los originarios y de sus acogidos conformó entonces la población de *hecho* del pueblo.

Toda alta en un lugar supone una baja en otro. Del forastero se llega a saber de dónde procede por constancia propia, incorporada al padrón; la noticia de su desprendimiento y ausencia depende, en cambio, del testimonio prestado por el curaca o el párroco locales. Al curaca le convino guardar memoria del ausentado o de anotar su falta en el quipu que llevaba. El sacerdote lo echó en cambio de menos en su catequesis o en sus celebraciones religiosas. El ausente se desdobló al cabo de cierto tiempo en la percepción del curaca. Del ausente *seguro* retuvo constancia de sus obligaciones y adeudos y, en lo posible, su paradero. Del *ausente perdido* guardó viejos recuerdos, pero ignoró dónde hallarlo. El padrón de Tiquipaya (Cochabamba) diferenció ya, tan pronto como en 1573, ambas circunstancias. El 7% de los hombres y de las mujeres figuran en él fuera del pueblo en tanto que mitimaes, llactarunas, chacaneadores, chasquis o desarrollando otras actividades ordinarias.[1] Los ausentes desconocidos no pasaban entonces de un mero 2%.

Declive demográfico y deserciones desbarataron a las comunidades en una espiral descendente. La retracción fue restando contribuyentes para el pago del tributo y el turno de la mita. La administración mostró una persistente renuencia a ajustar las tasas fijadas a la presumible reducción del número de cabezas gravadas. Los originarios que sobrevivieron al doble embate tuvieron que hacerse cargo de obligaciones colectivas empeoradas por la constante disminución de efectivos. La tentación de huir aumentó entonces. Los curacas consiguieron a veces dar con los ausentes y hacerles pagar los tributos atrasados o que redimieran en metálico la obligación de la mita, el llamado *indio de faltriquera*. Estos ausentes *seguros* no siempre se opusieron por sí mismos a los requerimientos de los curacas o de sus hilacatas. Hubo hacendados que se hicieron cargo de las deudas de sus peones forasteros o yanaconas para sujetarlos a su servicio por la deuda contraída con ellos, y en algún caso se encargaron de expulsar a los perceptores de su propiedad. Hubo casos incluso en los que el propio curaca fue quien promovió la ausencia al alquilar al originario a otro pueblo, según lo ya mencionado, para socorro de la extenuada caja de la comunidad o para enriquecimiento propio.

Por más al día que los curacas mantuvieran su memoria, los ausentes acabaron por pasar desapercibidos tarde o temprano. Sus rastros se esfumaron o el propio fugitivo se encargó de borrarlos. Los *ausentes perdidos* aumentaron para aflicción de la administración colonial, de los curacas responsables, de las cajas de comunidad maltrechas y de

1. Gordillo y Del Río 1973: 65.

los azogueros privados de sus brazos. La vieja aspiración de someter de nuevo a tributo y mita a los forasteros rebrotó, devolviéndolos a su pueblo de origen. Antes de decidir en esta materia o, si no, de ampliar el área sujeta a mita, la prudencia administrativa aconsejaba volver a enumerar a la población, esta vez la de *hecho*. Los intentos de los virreyes Monterrey y Montesclaros a este respecto no se llevaron a cabo, y hubo que esperar hasta que, mediado el siglo XVII, el marqués de Mancera encargara, como ya se ha dicho, a los párrocos de los obispados de Cuzco, La Paz y Charcas a empadronar a sus feligreses.

Los forasteros no proliferaron solo en los Andes centro-meridionales. En Quito, los curacas distinguieron pronto entre los *ausentes seguros* y los *perdidos*.[2] Tal diferencia tardó en extenderse hacia el sur. En su afán reformador, el duque de la Palata concibió devolver a los forasteros y yanaconas a su pueblo para que compartieran las onerosas cargas de sus paisanos, y, a tal efecto, puso en marcha una nueva numeración "en todo el reyno desde Quito hasta Tucumán",[3] la primera en su dimensión después de la realizada un siglo antes por Toledo. Además de la población de derecho, el recuento habría de incluir a los prófugos detectados. En vez de una anotación única, el virrey ordenó la inscripción por separado de cada categoría. De los siete cuadernillos que los numeradores tuvieron que rellenar a la hora de numerar, el segundo y el tercero versaron uno sobre los ausentes temporales y otro sobre los "que no se sabe dónde están".[4] Las próximas páginas condensan el contenido del cuaderno de los *ausentes perdidos* confeccionado por el curaca de Chayanta (15 folios). Este se conserva en el Archivo General de la Nación de Buenos Aires (Sala XIII-18.7.3), junto con el resto de la numeración. Corregidor y escribano se limitaron a dar trámite al documento puesto en sus manos.

La provincia colonial de Chayanta ocupa el reborde oriental del Altiplano meridional. Su territorio se halla tajado por la alternancia de grandes elevaciones y de valles profundos. Formó parte del espacio

2. Powers 1990, 1991, 1995.

3. Evans 1981: 28.

4. Ibíd., p. 30.

caracara-charca, cuya segunda parte daría nombre a la jurisdicción de la Audiencia colonial. Los indios charcas formaron la base de la población local.[5] La provincia albergaba además en sus valles mitimaes dedicados a cultivar los frutos de una agricultura impracticable en las alturas. Los incas instalaron allí mitimaes al servicio del Estado, al modo de lo que hemos visto que hicieron en Sipesipe. La noticia consta en la respuesta del 21 de abril de 1592 a la contradicción interpuesta por los curacas y principales de Chayanta con motivo de la aprehensión de tierras en el valle de Socosuma. En defensa de la ocupación, Juan Díaz de Ortiz alega que esas tierras habían pertenecido al inca y nunca a los indios de Chayanta. Alega que, antes de serle concedidas, quedaron desiertas. Los intentos posteriores de ocuparlas por parte de indios serranos venidos de tierras frías y punas tropezaron con el inconveniente de que "les viene y sucede notorias y graves enfermedades, y mueren sin remedio, y así se ha visto por experiencia".[6] En Chayanta, la competencia por la posesión de la tierra se remonta pues a un tiempo inmemorial. En el periodo colonial, la proximidad a Potosí y a la capital administrativa de La Plata convirtió al territorio de Chayanta en fuente muy preciada de provisiones y de mano de obra.

Pese a la atracción que ejercía, Chayanta expulsó también habitantes. Lo atestigua el caso de Layma. El texto recogido por Platt et ál. dice así:[7]

> [...] que muchos indios sujetos al dicho repartimiento, visitados y empadronados en él, se han huido y ausentado de su reducción y pueblo con sus mujeres e hijos, y se han metido en partes remotas de toda esta provincia, en quebradas y guaicos, donde no oyen misa ni tienen doctrina ni policía alguna, ni menos pagan tasa, ni acuden a las obligaciones a las que tienen que acudir como es el servicio del tambo, y mitas de las minas e ingenios de Potosí y Porco y Salinas, y otras muchas cosas que tienen obligación, sino que se están en las dichas partes y viven a su gusto y voluntad, y muchos de sus hijos acaece morir sin bautismo, e

5. Platt, Bouysse-Cassagne y Harris 2012.

6. Platt et ál. 2006: 625.

7. Ibíd., p. 632.

indios e indias sin confesión [...] y están arrimados a caciques de la dicha provincia a quien sirven, de manera que la tasa no se cobra a derechas, sino que los principales la pagan de su hacienda.

Los ausentes de Layma huyeron, pues, en 1592, de la presión religiosa, fiscal y laboral ejercida. Esquivaron la evangelización y reconstruyeron una sociedad indígena sin tutela colonial. No renegaron sin embargo de sus señores naturales, en cuyo servicio se mantuvieron, y, al contribuir a la solvencia de sus curacas ante el fisco, alimentaron de paso a la Hacienda real. La visita de los pueblos de Sacaca y Acasio[8] había denunciado ya en 1614 las ausencias. La pirámide de edades de ambos lugares muestra una incisión profunda en la cohorte masculina comprendida entre los 20 y 50 años, causada con toda seguridad por la mita y las deserciones.

El cuaderno de los *ausentes perdidos* de Chayanta, confeccionado con motivo de la numeración decretada por el virrey duque de La Palata, lleva fecha de 29 de marzo de 1684. En su portada reza: "Quaderno de indios ausentes que no se sabe donde están" y se cierra con la coletilla "según las memorias que dieron los gouernadores de que doy fe". La advertencia precede a la firma del corregidor Ignacio de Mercado y Oquendo, refrendada a su vez por Francisco de Yraola, escribano de Su Majestad. La lista agrupa a los ausentes por pueblo (8 de ellos), faltando Moromoro y Pintatora, más 3 anejos de creación reciente. El cuadernillo los enuncia por parcialidad (anansaya y urinsaya) y por ayllu (66, a falta de 6 omisiones). Los nombres de los ayllus, de grafía fluctuante, se repiten (collana, 11 veces) o se dividen mediante los prefijos habituales de gradación (sulca, hila). El nombre de algunos ayllus, el topónimo "Paria" y el individuo conocido como mitma evocan la pasada presencia de colonos serranos, al menos en Pocoata y Aymaya. La memoria de los mitimaes, o su eventual persistencia, permanecía pues viva aún a fines de siglo. En cabeza de cada parcialidad, figura el gobernador con nombre de pila siempre español y apellido, salvo rara vez indígena. Gobernadores o curacas fueron quienes informaron del

8. Boleda y Tandeter 2004: 141-144.

nombre, apellido, estado civil, ocupación y edad de cada ausente, así como de la mujer. Consignan los años que supieron de ellos hasta quedar fuera de alcance.

El padrón de Chayanta de 1684 dista de ser ejemplar. Saignes[9] subraya que los corregidores "empadronaron a cualquier indio" topado para inflar el número de originarios susceptibles de pagar tributo y de servir en la mita. Cinco años más tarde, curas, curacas y corregidores mantuvieron una intensa correspondencia con el virrey por la denuncia de los excesos cometidos al enumerar. Los curacas no se privaron de afirmar que los indios efectivos eran rotundamente menos. Accidentes naturales vinieron por añadidura a invalidar la enumeración, rematando así las irregularidades denunciadas. Una epidemia letal de viruela y una prolongada sequía, que arruinó las cosechas, ahondaron la crisis.[10] El conde de Monclova, sucesor del duque, prestó oído a los alegatos. Anuló lo actuado por su predecesor y ordenó celebrar nueva numeración. El resultado reveló cantidades más moderadas.

La enumeración fallida de Chayanta resulta inverosímil del todo. De los legajos originales, Evans[11] extrajo un total de 7732 tributarios. El recuento posterior del conde de Monclova los redujo a 3460, a menos pues de la mitad.[12] Saignes[13] da por cierta a la segunda tanda. La primera cifra sobrepasa los 5769 tributarios censados por Toledo un siglo antes, contra cualquier evolución verosímil de la población andina. Otro fallo lastra a la información demográfica de la provincia de Chayanta en aquel siglo. En 1645, la provincia no sometió a Lima los padrones mandados a hacer. Que los defectos enturbien los datos de Chayanta no tienen por qué ensombrecer la declaración del curaca sobre los *ausentes perdidos*, motivo particular de nuestro interés. Ni él ni el corregidor ganaban con exagerar el número de los ausentes

9. Saignes 1987b: 450.
10. Ibíd., p. 451.
11. Evans 1981: 37, s. f.
12. Sánchez-Albornoz 1983a: 57.
13. Saignes 1987: 452.

irrecuperables. Tampoco ganaba el curaca con desfigurar los motivos locales reales de las ausencias definitivas.

El cuadernillo enumera los *ausentes perdidos* convencionalmente por pueblo, parcialidad y ayllu (cuadro 19). La provincia de Chayanta contaba con 8 pueblos y 5 anejos, 17 parcialidades y 59 ayllus, mencionados por orden en el cuadro anejo. El pueblo de Moromoro, antiguo cacicazgo, o sus divisiones, no figuran en la lista, como tampoco Pitantora, que sí es mencionado en el resumen del padrón. El cuaderno consigna los anejos inexistentes tiempo atrás de Acari, Micani y Acario, así como dos más —Sicoyas anejo de San Pedro de Buenavista y San Pedro de Suyo en Chayantaca— subordinados a parcialidades de urinsaya de Chayanta. Un siglo después de las reducciones toledanas, espacio y toponimia acusaban desdoblamientos, fenómeno ausente en los capítulos anteriores que tratan no de provincias, sino de localidades. La numeración de 1684 simplifica, por otro lado, la complejidad étnica acusada por los expedientes sobre cacicazgos.[14]

Las parcialidades mencionadas se dividen, al modo preceptivo, en dos —anansaya y urinsaya—, salvo en los pueblos de Panacache y San Pedro de Buenavista, que lucen únicamente la superior, y salvo también en el de Chayanta, de parcialidades desdobladas. La anansaya se dividió en las llamadas Chulpas y Laymes (antes un ayllu); la urinsaya, en Sicoyas y Chayantaca. Los anejos de Chayanta compartieron el mismo gobernador, Andrés de Portugal, de insólito apellido, prueba de una dependencia anterior. La erección de anejos prosiguió en el siglo XVIII, según visitas posteriores. Los reasentamientos imprimieron gran movilidad a la red provincial de pueblos y debieron poner coto a la emigración hacia fuera de la provincia. Las oportunidades ofrecidas dentro de ella parecen no haber faltado. Los ayllus figuran desdoblados entre hila y sulca, collana y sulcahata, aunque no tanto como en las antiguas parcialidades. Algunos nombres de ayllus, o de sus mitades, aluden en ocasiones a orígenes altiplánicos, por ejemplo, mitma, cavana, cana. La documentación permite rastrear variaciones toponímicas hasta 1548, cuando La Gasca otorgó la encomienda de

14. Platt et ál. 2006.

Macha y Chayanta.[15] El traslado por el virrey Toledo de la cabecera del corregimiento de Charcas de su emplazamiento tradicional en Sacaca al pueblo de Chayanta confirma la fluidez humana regional.[16]

Los *ausentes perdidos* resultan pocos y la afectación media por ayllu modesta (169/57 = 3), con reparto muy desparejo entre ellos. Siete ayllus no conocen ausentes. Las desapariciones se concentran en Macha (59), por falta de tierras, alta mortalidad en las minas de Potosí y la cercanía de los valles yungas.[17] En Chayanta, los ausentes son 30 (18%). Ambos pueblos acaparan más de la mitad del éxodo irreparable. La ausencia sobrevino por goteo, de 1 o 2 casos, como sucedió en Quito.[18] La decisión parece más individual que grupal.

De los *ausentes perdidos* de la provincia de Chayanta, 103 eran casados, (61%;), muchos viudos, 37 (22%), y los solteros eran 24 (14%). De solamente cinco casos desconocemos su estado. La diferencia de los solteros con respecto a los casados o viudos resulta notoria. Los solteros desaparecieron menos. Por otra parte, de los casados sabemos la edad de la mujer en 87 de 103 casos. Los más de los varones (60) tuvieron esposa 5,5 años más jóvenes que ellos, con una diferencia de edad máxima de 16 años. Casi un tercio (27) estuvieron casados en cambio con mujeres mayores, proporción sorprendentemente alta, con una diferencia media también de 5 años y un máximo de 12. Las parejas tuvieron pocos hijos: tres y uno. La ausencia no redujo por lo tanto las uniones, pero sí la procreación. A lo sumo, los vástagos habrían quedado atrás, abandonados o no, en pueblo ajeno.

Por edades, el término medio de 35 años de los *ausentes perdidos* resulta avanzado. Oscila entre el máximo de 54 años y el mínimo de 18. Descontados los 6,7 años de media que los ausentes llevaban al parecer afuera, la evasión debió producirse cuando tenían alrededor de 28 años, cumplidos ya un par de turnos de mita en Potosí. La experiencia habida de adulto nutre la deserción. La mayoría de los *perdidos*

---

15. Ibíd., pp. 305-308.

16. Platt et ál. 2006: 850.

17. Ibíd., p. 619.

18. Powers 1995: 54, 64.

de Chayanta no parecen haber sido jóvenes impulsivos y ambiciosos, sino hombres maduros sin más aguante.

El escrito deja entrever los motivos iniciales de la ausencia. Del total de 106 casos, es decir, del 63%, constan las razones expuestas por el curaca. Cuarenta, es decir casi una tercera parte, tuvieron que ver con la mita de Potosí: 14 fugas se produjeron al enterarse el interesado de que había recaído sobre él el próximo turno de mita, 10 *ausentes perdidos* desertaron camino a Potosí y 15 no volvieron de allí. La mita constituyó, como se supone, aventadora de fugas; la huida fue signo de resistencia. El segundo motivo recogido fue el deseo de evadir el tributo: 13 indios desaparecieron movidos por el agobio al que los cobradores los sometían para percibir atrasos. La reacción degeneró a veces en actos de violenta: un deudor rompió la cabeza al cobrador, otro le dio un puñetazo, otros en fin huyeron de la cárcel en la que habían sido encerrados por deudas.

El dinero invitó también a otro tipo de huidas. Siete ausentes, es decir, uno de cada 15, se hallaron incursos en irregularidades. Unos eran mayordomos de cofradías, incapaces de afrontar los gastos incurridos para hacer honor al nombramiento recaído sobre sus personas. Entre ellos figura nada menos que un principal. Las incidencias por delitos comunes suman, por otro lado, 19: 10 ausentes sustrajeron a los españoles, al cura y al gobernador objetos entonces tan valiosos como mulas. Las conductas pasionales (abducciones, separación de la esposa e incluso violencia machista, como la puñalada a una india) suman en fin 9. Menos graves fueron los casos de los indios de Pocoata y de Aymaya, que dijeron que iban a los valles por comida, y otros que pretextaron acompañar a transeúntes, y nunca volvieron. Al cabo de un siglo, los motivos religiosos, poderosos aún en 1592, según lo dicho, habían desaparecido. O la evangelización había triunfado o, a fines del siglo XVII, los problemas materiales pesaban más en el ánimo de los hombres.

El cuadernillo en el que se basa el presente ejercicio dibuja la silueta de aquellos a los que los curacas de Chayanta habían perdido de vista en 1684. Su ausencia databa cuanto más de quince años atrás, lapso que, por ser breve, justifica que su gobernador tuviera aún su caso en mente. Otros rasgos debieron corresponder a los ausentes *seguros* inscritos en el cuadernillo paralelo. Tampoco son aplicables a cualquier forastero andino. El *hinc et nunc* influye sobre el perfil. A efectos de sopesar otras razones, convendría disponer de la silueta del ausente *perdido* de un territorio fuera del alcance de la mita potosina.

CUADRO 19
PUEBLOS, PARCIALIDADES Y AYLLUS DE CHAYANTA, 1684

Pueblos	Parcialidades	Ayllus	Ausentes
Macha	Anansaya	Collana	7
		Tapunata	14
		Sulcahaui	8
		Alapicha	8
	Urinsaya	Maacollana	5
		Guacoata	6
		Condoata	1
		Guaracoata	3
		Sulcahata	4
		Maapicha	3
			59
Pocoata	Urinsaya	Ilahata	4
		Sulcahaui	3
		Chanca	2
		Capaj	5
		Ilahaui	3
		Sulcahata	2
	Anansaya	Paria	3
		Chacaya	1
		Collana	0
		Pisaca	3
			26

Moscari	Anansaya	Collana	2
		Sulcahata	0
		Chito	2
	Urinsaya	Collana	1
		Chiro	2
		Sulcahata	0
		Cavana	2
			9
Panacache	Anansaya	Cotacota	2
anejo: Parica		Cotaca	1
		Sulcahata	3
		Copana	4
			10
Sacaca	Anansaya	Collana	3
anejo: Acasio		Sacasaca	2
		Ilahaui	1
		Chayquina	2
		Cati	3
		Taraoca	1
	Urinsaya	Samca	2
		Ilaticana	2
		Sulcaticana	0
		Colque	1
			17
San Pedro de Buenavista	Anansaya	Ilacana	2
		Sulcacana	3
		Auquicamarca	3
			8
Chayanta	Chulpas (A)	Collana	4
anejo: Micani		Sulcahata	2
	Laymes (A)	Collana	2
		Laime	2
		Puraca	3
		Sulcahata	1
	Carachas (U)	Collana	2
		Pailloca	3

Pueblos	Parcialidades	Ayllus	Ausentes
		Coyotunga	0
		Sulcahata	2
	Sicoyas (U)	Collana	1
	anejo de S. Pedro de Buenavista	Suyo	2
		Ilahaui	2
		Picho	1
	Chayantaca (U)	Collana	2
	anejo: S. Pedro de Buenavista	Suyo	2
		Anachi	0
		Quillacollo	1
			30
Aymaya	Anansaya	Collana	2
		anaqui	2
		Chiaco	0
	Urinsaya	Collana	3
		Cuico	2
		Mitma	1
			10
Total			169

III

Sustitución de la energía humana por la animal

Al ocupar los europeos el territorio que se interpuso en su camino hacia el lejano Oriente, hallaron que la economía de las islas y del continente dependía, para la explotación de la naturaleza circundante, de la inyección de energía humana fundamentalmente. Solo en los Andes, las llamas o *carneros de la tierra*, como los castellanos las bautizaron pronto, relevaban a hombres y mujeres de parte de la carga extenuante que recaía sobre sus espaldas. Los habitantes originarios del Nuevo Mundo ocuparon su ingenio en cazar, pescar, cultivar, confeccionar su vestimenta, extraer minerales, edificar y transportar bienes, amén de servir a sus divinidades. Para su producción material se valían de herramientas, efectivas pero elementales, que potenciaban el esfuerzo desarrollado por sus músculos. La destreza adquirida les sirvió para aprovechar la exposición al sol, el abono animal y el curso declinante del agua en incremento del rendimiento del suelo. Sacrificaron animales para su alimento y por sus pieles, y se valieron de sus fibras y de sus plumas para cubrirse o adornarse. La energía ingerida para su subsistencia la invirtieron en el trabajo diario y para reproducirse. Un trabajo de baja productividad, por uso intensivo de mano de obra, no impidió que los lugareños desarrollaran sistemas económicos y sociales propulsores del crecimiento demográfico, ni les privó de acumular excedentes materiales empleados a menudo en erigir monumentos orgullo de las civilizaciones americanas. Más allá del valor estético hoy ampliamente apreciado, esas obras representan una inversión descomunal de energía humana.

El *intercambio colombino*, como la historiografía reciente rotula a los préstamos cruzados al entrar en contacto dos esferas terráqueas hasta entonces incomunicadas, introdujo en América —además de hombres— una constelación de seres vivos, silvestres o domesticados, en forma de gérmenes, plantas y animales. Los huéspedes inesperados acabaron por modificar el ecosistema del continente, unas veces para bien y otras para mal. En el interior de las mentes, ideas y creencias cruzaron el océano, a la par que los conocimientos técnicos, arcaicos o recientes. Algunos de ellos llevaban tiempo concebidos para ahorrar el esfuerzo humano y aumentar la productividad laboral. El inventario del trasvase tecnológico de la Vieja Europa al Nuevo Mundo es a grandes rasgos conocido. Sus detalles no necesitan ser recordados ahora. Gracias a esas adquisiciones, la plataforma tecnológica del continente arrinconó al acervo local menos eficiente.

La tecnología europea de fines del siglo XV no pasó a Indias ni pareja ni de golpe. Adoptar y adaptar novedades —no siempre bienvenidas— llevó decenios. La costumbre frena los cambios. La abundancia de mano de obra desincentiva la innovación. La población nativa abundaba donde los invasores optaron, no por casualidad, por asentarse. Obsesionados por explorar el espacio desconocido que se extendía ante ellos y por apropiarse de las riquezas allí acumuladas, los intrusos no tuvieron urgencia excesiva por remozar el aparato productivo del Nuevo Mundo. Quienes lo hicieron fueron aquellos que emprendieron actividades regulares en segunda instancia.

El transporte a media o larga distancia, aparte del estrictamente local, ocupó, antes de la Conquista, a buena parte de la mano de obra disponible. Los aztecas se valieron de la espalda de los *tamemes* para acarrear víveres, combustibles y materiales de construcción, así como para traer de lejos tributos y materias suntuarias, tales como el cacao consumido por la élite o las piedras preciosas para adornos o ceremonias. En los Andes, la corta distancia entre climas fríos, templados y cálidos debido a lo quebrado del suelo invitó a las comunidades a diversificar y complementar su dieta mediante cultivos situados a distintas alturas. Porteadores o llamas transportaron la producción hasta la cabecera de la comunidad, situada por lo general a media altura. Los incas contaron también, como los aztecas, con un transporte a gran distancia de bienes suntuarios. La élite cuzqueña no se privó del pescado que *chasquis* acarreaban a la carrera desde el mar a su mesa.

Los castellanos arrastraron consigo al Nuevo Mundo animales domésticos que les sirvieron de auxiliares (perros), para boca (aves de corral y cerdos —las piaras aseguraron la subsistencia de las huestes y evitaron que sus miembros se distrajeran cazando—) y para transporte (caballerías). El alto valor alcanzado por los equinos, debido a su escasez y por el papel militar desempeñado, hizo que se los destinara, en un primer momento, más a silla o a la guerra que al transporte de provisiones y pertrechos. A falta de animales de carga, los expedicionarios recurrieron entonces a porteadores nativos facilitados por los curacas o reclutados por la fuerza. El relato de las expediciones a la impenetrable Amazonía documenta los abusos más despiadados cometidos en aquellas cargas.

Erigidas tras la Conquista ciudades españolas —administrativas, comerciales, portuarias o mineras— se necesitó dotarlas de víveres, combustibles (leña) y demás géneros. El acarreo lo realizaron entonces porteadores indígenas sujetos al servicio personal o conchabados por vía de concierto. Los usos llevaron a los abusos. La famosa *Recopilación de Leyes de Indias* recoge en su Libro VI, Título XII, las medidas restrictivas, pero no abolicionistas, dictadas durante el primer siglo de colonización con el propósito de acabar con los excesos del servicio personal de los indios. La repetición denota la escasa eficacia que la prédica tuvo.

Las leyes no se opusieron frontalmente a la carga de los indios. Adujeron la falta de caminos y de bestias para admitir el recurso de su empleo. Las leyes de los puertos resultaban imprescindibles para la descarga de las naves. Legalizada la práctica pese a cierta reticencia, las cédulas reales se afanaron por limar aristas: únicamente se podría cargar con el consentimiento de los indios y a cambio de remuneración;

el peso no debería exceder las dos arrobas castellanas (23 kilogramos); solo podrían emplearse hombres de dieciocho años para arriba; los mestizos quedaron exentos de la obligación. Las cédulas reales se opusieron además a que doctrineros, corregidores y encomenderos exigieran que los indios entregados a su custodia acarrearan el producto de los diezmos (Libro I, Título XVI, Ley XI) o los géneros tributados para ser vendidos en los asientos de minas. Las leyes acabaron por prohibir la carga, "aunque los indios digan que lo hacen de su voluntad". El rey encomendó a Audiencias, Gobernadores y Justicias reales velar por la eliminación de la práctica y, entre tanto, les instó a que redujeran el peso admisible de los fardos y a que fijaran la remuneración en función de la distancia por cubrir. Intenciones tan moderadas ni fueron observadas, ni obedecidas las insistentes Leyes Nuevas. Sesenta años después de promulgarse estas, Felipe III volvió a la carga. La *Recopilación* no contiene prohibiciones posteriores. Únicamente una provisión de 1618 del mismo Felipe III, destinada a Paraguay, volvió sobre la cuestión y limitó la licitud de cargar indios al abastecimiento de agua para las casas.[1] Para el resto, en especial para la extracción de cera y yerba mate a otros lugares del virreinato, esa provisión dispuso que habrían de proporcionarse a los indios caballos o carretas. El remedio propuesto cabía aplicarlo a lo sumo en Paraguay y en el Río de la Plata restante, pero no en los Andes, sin planicies onduladas ni abundancia de caballos o bueyes. En todo caso, la carga de indios parece haber quedado circunscrita al ámbito local, más que por acatamiento a la ley como consecuencia de las transformaciones económicas y sociales continuas.

Esta tercera sección del libro aborda dos facetas inconexas de la sustitución progresiva de la energía humana por la mular en el Nuevo Mundo, etapa ella de una evolución histórica más amplia cuyos comienzos se remontan a la prehistoria del Viejo Mundo. Este proceso sustitutivo global se halla a punto de concluir. Los cuatro siglos en los que la economía americana dependió en buena parte del esfuerzo exigido a las mulas constituyen a su vez un episodio del constante,

---

1. *Recopilación*, 1973 [1681], l. VI, tit. XVII, t. II, fol. 242 y ss.

diverso y colosal desarrollo de energías sustitutivas sintetizado recientemente por Smil,[2] obra que, por cierto, ignora la contribución cinética de las mulas al crecimiento económico americano y al alivio aportado a la población nativa.

El primero de los capítulos de esta sección, sobrevuela la cría y el empleo de mulas en Indias a comienzos del siglo XVII, partiendo del escrito dejado por un bien informado fraile andariego cuya pluma recorre a vuelo de pájaro cómo las mulas ocuparon los suelos americanos más propicios para su reproducción. En un siglo, aseguraron los principales trajines de la red viaria imperial. De las observaciones de Vázquez de Espinosa se deduce que el empleo de energía humana había retrocedido ya, sobre todo en lo concerniente con el tráfico a larga y media distancia.

El libro se cierra con un estudio puntual cuantitativo del vínculo que las remesas de mulas tejieron entre las economías del Río de la Plata y Perú en el siglo XVIII. En Salta y Jujuy, ciudades situadas estratégicamente en la cabecera del camino de internación a Charcas, la administración provincial erigió un portazgo para cobro de la sisa, un impuesto percibido por cabeza de mula extraída. La documentación fiscal detalla los altibajos del tráfico y su rendimiento pecuniario. La cantidad de mulas internadas permite finalmente estimar la inyección aproximada de energía al Altiplano andino y al Bajo Perú durante tres cuartos de siglo.

---

2. Smil 2017.

Capítulo 8

Las mulas en Indias: balance del primer siglo

La mula, el híbrido de yegua y asno o de caballo y burra, no tardó en cruzar el océano tras sus amos castellanos. Dos años después de que Cristóbal Colón pusiera pie en suelo americano, una docena de burros desembarcó en La Española por cuenta del erario. Autorizado su transporte privado, los mercaderes se hicieron cargo de los envíos posteriores. Tras los asnos vinieron caballos y yeguas, codiciados y caros. Las remesas fueron por fuerza cortas, por el parco arqueo de las carabelas, los fletes elevados y el espaciado cruce marítimo. Dentro de esos envíos, las mulas fueron más bien pocas. Los cruces por cría o espontáneos sobrevinieron en La Española. Sus vegas proveyeron, domados, caballos de silla y guerra, mulas de silla y carga, más burros al resto del Caribe, a Nueva España, al istmo y a Tierra Firme. Tropillas de los tres equinos cruzaron de Nombre de Dios a Panamá por sus propios medios para pasar a Perú terciado el siglo XVI. Medio siglo tardó la cría y doma de equinos en difundirse por el continente. Pronto se percibió que las mulas podrían aliviar la espalda de los tamemes, pero su cría se desaconsejó, en favor de la de los caballos indispensables para la guerra de conquista.[1]

1. Del Río Moreno 1992: 207-231.

La mula tardó cierto tiempo en propagarse por el continente. De la América meridional, un texto de 1553 recuerda que tres lustros después de su fundación, Tunja dependía aún de los indios para "traer las cosas necesarias para el sustento de los vecinos de la dicha ciudad de Tunja, pues recuas no lo podían", y explica en la página siguiente: "hasta tanto que haya abundancia de bestias de carga".[2] Pocos años después, constan, más al sur, trajines regulares a lomo de mulas o de llamas (ya no de indios). Glave ha estudiado el tráfico de coca, encabezado por arrieros indios, desde los valles cuzqueños hasta los centros de consumo en el Altiplano, entre 1560 y 1575.[3] La carga de indios no había desaparecido, pero sí disminuido. En el orden local, la sustitución resultó tan lenta que, a fines del siglo XX, pude ver a un indio de edad madura, ataviado a su usanza, trepando las empinadas calles de Potosí con un armario de madera a la espalda. Mi memoria guarda también la imagen posterior de una rueda de jóvenes cargando a la carrera sacos de maíz hasta una casa principal situada en la plaza mayor del pueblo de Andahuaylillas (Quispicanchi), cerca del Cuzco. La camioneta o la simple carretilla de mano no se habían impuesto aún, o, mejor dicho, el coste de portear a hombros seguía siendo competitivo en ambos casos en relación con la adquisición o el alquiler de maquinaria.

En el trabajo citado, Glave recuerda una ordenanza atrabiliaria del conde de Montesclaros. En 1615, el virrey prohibió transportar coca a Potosí a lomo de mula. Por más razones que le asistieran para reservar el trajín a los camélidos, la disposición ofrece un testimonio indirecto de una competencia entre animales y, *a fortiori*, otra entre el equino y la espalda del hombre. La ordenanza citada no da a entender que la prohibición se debiera a escasez de mulas. Un siglo largo había pasado hasta la fecha desde que yeguas y burros pisaron suelo americano. Antonio Vázquez de Espinosa, un carmelita descalzo andarín y de mente alerta, natural de Jerez, anduvo doctrinando por buena parte de América en los primeros decenios del siglo XVII. Terminó

---

2. Colmenares 1968: 18, 19.

3. Glave 1989: 81-116.

por conocer buena parte de ella a conciencia. En 1622, volvió a España, donde se le presentó la oportunidad de publicar libros que tenían que ver con su periplo americano. Por encargo de su paisano, el todopoderoso conde-duque de Olivares, en cuyo servicio entró, elaboró un minucioso *Compendio y descripción de las Indias occidentales*, cuyo manuscrito permaneció inédito —aunque no desapercibido— hasta que Charles Upson Clark lo dio a la imprenta a mediados del siglo pasado. Desde entonces, las ediciones completas o parciales de ese texto jugoso se han sucedido manteniéndose fieles a las pautas editoriales establecidas por el concienzudo primer editor del manuscrito. Las reediciones respetan por fortuna la numeración del texto por párrafos. La edición príncipe se encuentra hoy, además, libremente asequible en Internet. Por estas razones, remitimos aquí al texto de Vázquez de Espinosa por párrafos, mejor que por la paginación, cambiante de una edición a otra. Al redactar el *Compendio*, el fraile se basó en observaciones propias y en noticias tomadas del archivo del Consejo de Indias, puesto a su disposición libérrimamente.

Las cifras de población, tributos, salarios, ingresos de las Cajas Reales, producción minera y otros conceptos de los que Vázquez de Espinosa da cuenta proceden de los papeles del no siempre al día Consejo de Indias. No corresponden a fecha alguna, sino al periodo indeterminado que precedió al cierre de la obra.[4] La información contenida ha dado lugar a estudios valiosos, como los relativos al proceso de urbanización de Hispanoamérica.[5] Vázquez de Espinosa recoge, para nuestro propósito, los trajines del Nuevo Mundo más concurridos y las principales zonas de cría de mulas. La precisión de los detalles proporcionados varía según la familiaridad adquirida por Vázquez de Espinosa en sus viajes con la geografía, la sociedad o el gobierno de los lugares por donde pasó. En omisiones también incurre. Compensan el defecto con creces los detalles que adornan otras partes.

La primera noticia del *Compendio* sobre cría de híbridos procede de la gobernación de Venezuela. Que la reseña comience por la

---

4. Sánchez-Albornoz 2009: 702-705.

5. Hardoy y Aranovich 1969: 9-89.

América meridional septentrional sorprende por no haber puesto el fraile andariego pie en ella. El recorrido de norte a sur que sigue luego la exposición del libro resulta en cambio más convencional. El carmelita sitúa en el valle de Caracas la principal cría de mulas venezolana (párrafo 257 de la numeración del texto hecha por Clark y respetada, como se ha dicho, en las ediciones posteriores). Al poniente, Carora, entre Barquisimeto y Coro, figura como otra zona de cría (§ 277). Cubierta la demanda local, el excedente ganadero generado fue remitido —señala— al Perú. El fraile no detalla, por desgracia, la ruta utilizada por las conducciones. Pausas para descanso o invernada de los animales debieron estar previstas cada tanto en un recorrido ciertamente largo. También debieron ocurrir desprendimientos e incorporaciones al flujo. Un ramal neogranadino sumado al caudal venezolano partió de los valles de Cúcuta y Locos, distrito de Pamplona (§ 905). Otras caravanas debieron partir de allí para Maracaibo con cargas de harinas, azúcares, conservas, corambre, tabaco y otros géneros. El último tramo fue, por cierto, cubierto en canoa (§ 967). De los valles andinos de la Mérida venezolana, el religioso andaluz ensalza los pastos y la cría de mulas (§ 970), pero no dice que mandaran mulas a Perú.

El relato no se adentra luego por Nueva Granada, como cabría esperar. Salta por mar hasta Jamaica, isla privilegiada para la cría de caballos para el México de la Conquista. Un siglo más tarde, Jamaica sigue exportando mulas al continente, pero las remite ahora a Yucatán (§ 336). La pluma del autor se posa apenas en la Península, gran consumidora de estos híbridos, para volar de inmediato un largo trecho hacia el norte, hasta alcanzar tierra adentro en la Nueva España la ciudad de Puebla de los Ángeles (§ 379). La isla La Española, cabecera antaño del negocio equino, ha caído entre tanto en el olvido. El fraile sitúa anecdóticamente en Puebla un trajín de la orden religiosa que regentaba los hospitales de la ciudad y de Huaxtepec (otro valle de cría de mulas). Doscientas acémilas cargadas de refacciones partían, según él, cada año con el propósito caritativo de atender a los necesitados llegados maltrechos a Veracruz en la flota de la carrera (§ 374 y 456). De entidad mayor es luego en el relato del fraile andaluz el trajín que abastece a la capital del virreinato. A las alhóndigas de México, "corte y cabeza de los reinos de la Nueva España", acuden a diario 3000 mulas con trigo, maíz, azúcar y demás bastimentos (§ 435). Su contribución confina las espaldas de los indios al menudeo urbano.

La cría de mulas prolifera al norte de la Nueva España, en la Huasteca (Villa de los Valles), "que es trato principal de la tierra" (§ 469), así como en Tampico, particularmente en Pánuco (§ 472). En esta región, el religioso anota que "las más están en la tierra de guerra", es decir, en el territorio en disputa con los indios "salineros" insumisos. A ese propósito comenta: "Y con lo que se da a los indios [algún maíz y sayal para vestirse] no hacen daño". El relato gira luego hacia el poniente, donde el ganado mayor roba protagonismo al mular. La cría de híbridos se reduce a Celaya (§ 499), Guadalajara (§ 520) y, por la costa del Pacífico, a Zacatula (§ 500). En el distrito minero de Nueva Vizcaya, la cría se reduce a Sombrerete y Fresnillo (§ 536). El texto abandona la frontera septentrional sin dejar rastro del empleo de mulas en la minería o en la conducción de plata a la ceca, a la Tesorería y a los particulares de la capital. Del trajín regular de caudales dependía —téngase presente— el pago de los géneros importados de España así como las remesas destinadas a la Real Hacienda metropolitana.

En su derrotero en dirección al sur, el fraile esquiva la meseta central y bordea el Pacífico. En Oaxaca, encuentra "muy buenas mulas" (§ 506 y 512). En tierra caliente, lindando con Chiapas, abundan en Mexaltepeque (§ 510). En el obispado de Chiapas prolifera su cría estimulada por el activo intercambio comercial entre Soconusco y Puebla. A la ida, las mulas chiapanecas cargan el cacao de la zona, preciado en la Nueva España y exportado al Caribe y a Europa (§ 581). Al regreso, internan las mercaderías desembarcadas en Veracruz y almacenadas en Puebla. En menos de un siglo, las mulas habían sustituido a los *tamemes* aztecas y contribuido a popularizar el consumo del chocolate, como bebida o como mole, entre españoles y naturales.

En la región ístmica, la cría se dispersa al llegar a Guatemala. Pasa a segundo plano en las estancias de Guatemala (§ 625), Jerez de la Frontera (Chuluteca) (§ 667) y San Salvador (§ 632, 657 y 662). En mulas se transporta sin embargo los preciados productos locales, tales como el añil o el cacao, hasta los puertos atlánticos. La Honduras atlántica cría mulas en Valladolid (Valle de Comayagua) (§ 693, para el comercio con la metrópoli por el puerto habilitado de Trujillo), Gracia de Dios (§ 696) y Tegucigalpa (§ 702). Honduras, como Nicaragua (Granada) (§ 714 y 731), provee mulas al trajín, intenso pero estacional, del istmo cercano. Costa Rica se limita a darles paso hacia Chiriquí, en Veragua, y Panamá. Al final del trayecto, los animales se venden o alquilan "para el trajín de Portobelo" (§ 757), "que es —afirma el fraile— uno de los mayores del mundo" (§ 887).

Deslumbrado por la dimensión y el prestigio del tráfico ístmico, Vázquez de Espinosa describe con detenimiento rutas y tratos. Dice así:

> Hay arrieros muy ricos y poderosos, que traen grandes recuas de mulas con que han ganado y adquirido mucha hacienda, porque en tiempo de la armada vale el flete de una mula por las 18 leguas, 25 y 30 pesos. También se trajina por el río Chagre. Suben por este río 15 leguas a fuerza de remos hasta la casa de Cruces, y allí desembarcan las mercaderías y las llevan en mulas cinco leguas a Panamá. (§ 895)

Dos vías unen la costa atlántica y la pacífica. Las mercaderías cruzan a lomo de mula las 18 leguas que separan Portobelo de Panamá por el camino directo; la segunda vía requiere remar primero río Chagre arriba. Las mulas salvan después a pie el tramo final hasta la capital. El autor añade cuánto cuestan los fletes y resalta el gran beneficio que rinde el alquilar mulas. Una tercera ruta devuelve los animales no vendidos (menos los desaparecidos) a su origen. Regresan cargados de bultos adquiridos en la feria de Portobelo.

> La ciudad de Chiriquí —comenta— es la última población de la provincia y gobernación de Veragua, porque toda la demás tierra al occidente hasta la provincia de Costa Rica es de indios gentiles, los cuales dan paso y avío a todos los que pasan por aquellas provincias y otras mercaderías, y rescatan con ellos los cuchillos, machetes, hachas y otras cosas. (§ 905)

Los indios selváticos conocían ya esas herramientas cuya adopción ahorraba a sus manos y brazos un esfuerzo ímprobo.

El istmo, impenetrable en su parte oriental, entonces como ahora, frustra el viaje por tierra y obliga a la pluma del carmelita a brincar hasta Santa Fe de Bogotá, cabecera del reino que el relato abandonó para internarse en Nueva España. En las estancias próximas a la capital neogranadina, el fraile se topa con muchas mulas pastando (§ 945). Otro tanto observa en La Palma (§ 981), en el valle de Aburrá (Antioquia) (§ 1007), Popayán (Almaguer en particular) (§1065) y Pasto (§ 1081). En las prisas que ahora le persiguen, Vázquez de Espinosa se olvida de la ruta que unió Venezuela con Perú a través de Nueva Granada. De los intercambios locales solo recoge uno, el que va al distrito minero de Remedios: "También le entran las mercaderías de España por el río Nechí, y por Zaragoza, de donde se llevan en mulas por tierra" (§ 1047). Curso navegable y trajín de mulas vuelven, como en Maracaibo o en el río Chagre, a complementarse para el transporte de mercaderías.

El relato abandona poco después el hemisferio norte. De la Audiencia de Quito para el sur, crías y trajines se agolpan en una estrecha franja vertebrada de norte a sur por las cordilleras andinas, en la que Vázquez de Espinosa, buen conocedor de ese espacio, da rienda suelta a su pluma. Las mulas se topan en ese territorio, por primera vez, con la competencia de las llamas: "[D]esde aquí comienza a haber los carneros de la tierra del Perú", advierte el fraile (§ 1096).

Mulas abundan a continuación alrededor de Quito, pero el eje de la red de trajines de la Audiencia se sitúa más al sur, donde el valle central andino se comunica con la costa y luego con el exterior por mar. De Chimbo parte el "camino real del desembarcadero del Río que va a Guayaquil [...]. Los más españoles que viven son arrieros para el trajín del vino que suben de Guayaquil y demás mercaderías de España para Quito y para su tierra. Hay muy grandes recuas de mulas". Las dos jornadas primeras del desembarcadero, "es del más mal camino que hay en el mundo, porque como es de montaña y llueve siempre vienen las mulas atollando por el lodo y por camellones, que les topa en la barriga, que parece imposible que lo puedan andar; y así en este camino muere mucho ganado" (§ 1114 y 1117).

La pluma del religioso registra más adelante la cría de mulas en los valles ecuatoriales de tierra adentro, en Cuenca (§ 1128) y Loja (§ 1131).

Entre Panamá y Perú, las embarcaciones no solían arriesgarse a cruzar de un tirón hasta el puerto del Callao, en la cercanía de la capital virreinal. Sorteadas las costas neogranadina y quiteña, desembarcaban la carga en el puerto ya peruano de Paita. De ahí en adelante, las recuas relevaban a las naos y competían con ellas en seguridad, rapidez y precio. Las caravanas de mulas avanzaban hasta Lima por un árido camino paralelo a la costa. Una de las cabeceras de esta ruta terrestre se situaba en el valle costero de Lambayeque:

> El pueblo de los indios Olmos está poblado en medio de un seco arenal [...] es rico porque todos los indios olmos son arrieros y tienen mulas, y cuando llegan las naos de Tierra Firme a Paita llegan ellos con sus mulas y fletan a 30 y 40 pesos y a como pueden hasta Lima que son 180 leguas y tienen tan grande cuidado y son tan diestros y diligentes en el oficio, que los que van fletados no tienen cuidado de cosa, y como aquella tierra es de arenales comienzan la jornada sobre la tarde, y caminan toda la noche hasta que llegan al jagüel, o paraje, o valle, donde han de parar, y allí están todo el día descansando comiendo las mulas hasta que se hace hora de volver a caminar, y se camina con más gusto con ellos que no con los mozos de mulas de España. (§ 1173)

Evitan caminar bajo el sol ardiente. Desde Catacaos, más cerca de Piura que de Lambayeque, partía otro ramal: "Todos los indios de este pueblo son arrieros como los de Olmos, y muy buenos indios" (§ 1175). Las llamas no intervenían en ese trajín costero. La carga entre Lambayeque y Lima costaba, legua por legua, entre 6 y 10 pesos, nótese que menos que lo correspondiente al azaroso cruce del istmo de Panamá por tierra.

En el norte de los Andes, tras el predominio inicial de la cría de caballos, en detrimento incluso de la agricultura,[6] las mulas hallaron finalmente a diversas alturas —costa, sierra y vertiente oriental de la

---

6. Ramírez 2002.

cordillera— un entorno favorable para su reproducción. En la zona de Piura, las mulas se dieron en la sierra (§ 1177), en particular en Otuzco (§ 1181). En Trujillo, se criaron en el valle costero de Chicama (§ 1155), pero también en las provincias serranas "ricas de minas de plata" (§ 1164). Chachapoyas, por el oriente, proporcionó "mulas que se sacan para toda la tierra de Lima y de arriba" (§ 1190). Tal vez compitió en su momento con las remesas venezolanas antes mencionadas. El pueblo de Luya (Chillaos) se caracterizó por cierto por criar "los mejores caballos que hay en todo el reino" (§ 1194).

El camino interior por la sierra que unía Quito con Cuzco y Potosí se detenía en Cajamarca. El fraile sevillano aplaude en su escrito la actitud servicial de la comunidad indígena local:

> Hay —escribe— muchas tiendas de mercaderes y tratantes, por ser el lugar grande y de mucho trato, y camino real por la sierra para todos los que vienen del Nuevo Reino de Quito con mercaderías para el Cusco, Potosí y toda la tierra de arriba, y así tiene la comunidad y Cabildo de los indios de esta villa un mesón muy grande y capaz y bien hecho para que en él se aposenten todos los arrieros y mercaderes. (§ 1184)

Cajamarca no proporcionó mano de obra ni animales para el trajín. Solo acomodó a los viandantes. El camino cruzaba después islotes de cría mular: Huánuco (§ 1365) y Castrovirreyna (§ 1458), en las proximidades de las minas de Huancavelica. De aquí procede la única mención del libro a precios (§ 1446): 45 pesos la mula "serrera".

Lima y su puerto del Callao dependían de las mulas para acarrear mercaderías del extrarradio al centro urbano y de un lado para otro dentro de la ciudad (§ 1290). El fraile no especifica la cantidad de animales que absorbía ese trajín diario, tal como hizo al ocuparse de la ciudad de México. Para funcionar, la capital virreinal requería gran cantidad de energía animal, pero no disponía en sus alrededores de terrenos propicios para su cría. De Lima al sur costa adelante, el *Compendio* no menciona mula alguna hasta alcanzar Arequipa. La ganadería cuenta aquí, según él, con pastos en las lomas que rodean la desembocadura de los valles: Acarí (§ 1380), Chala (§ 1381), Camaná (§ 1385), puerto de Hilay [Islay] (§ 1393), Río de Tambo (§ 1395),

Los Sauces (§ 1408) y Locumba (§ 1411). Cría y engorde se combinan para aprestar mulas para el bronco ascenso del litoral al Altiplano. La agricultura feraz de Arequipa abastece con variedad de productos a las "provincias de arriba". De Tacna "sacan todo el vino que se lleva a Oruro y La Paz y otras partes por la provincia de los Pacajes. Hasta este pueblo traen el vino en mulas y de aquí lo cargan los carneros" (§ 1413). Complemento animal en el trajín: mula para el ascenso, llama una vez alcanzada la alta planicie. La llama también trepa a veces de la costa hacia arriba.

La conexión comercial más activa con el Altiplano parte sin embargo de más al sur, del puerto de Arica. "Los vecinos —dice el carmelita andaluz— tienen más de mil mulas con grandes recuas para el trajín de las mercaderías a Potosí, Charcas y toda la tierra de arriba, y para traer la plata al puerto, que aunque también hay grandes recuas de carneros, todo es menester por ser mucho el trato" (§ 1415). Mercancías cuesta arriba; plata cuesta abajo. La ruta que enlazaba ambas partes ha merecido un estudio detenido reciente por parte de López Beltrán.[7] Los insumos para los ingenios mineros y para la vida diaria de la ciudad de Potosí movilizaron, por lo que dice, menos mulas (1000) que el abasto, ya señalado, de México (3000). El principal producto traído de afuera procedía de Huancavelica:

> Sacado el azogue lo ponen en badanas para guardarlo en los almacenes de Su Majestad, de allí lo llevan de ordinario en carneros al puerto de Chincha (que está al norte de Pisco 5 leguas), donde hay un almacén [...] y de allí lo embarcan en navíos hasta el puerto de San Marcos de Arica, de donde se lleva en recuas de carneros y mulas a Potosí. (§ 1473)

La llama resultaba preferible para el transporte del delicado metal líquido.

La capital del imperio incaico perdió en el siglo XVI sus antiguas funciones administrativas y ceremoniales para convertirse en un centro regional de distribución, con algo de producción. Cuzco enlaza por ruta con Lima y, en la dirección opuesta, con las llamadas "provincias

---

7. López Beltrán 2016.

de arriba" (§ 1599). Vázquez de Espinosa caracteriza a la ciudad como "lugar de mucho trato, y está en medio del Camino Real de la Ciudad de los Reyes para todas las ciudades y provincias de arriba, para Potosí, Charcas, Oruro y la ciudad de La Paz y provincias del Collao, para donde se lleva de esta imperial ciudad mucho azúcar y conservas y otras cosas de regalo en recuas de mula" (§ 1603). Lugar de tránsito terrestre, Cuzco es también la cabecera agrícola de los valles que proveen alimentos elaborados y las mulas codiciadas: "tiene esta ciudad en su contorno muchos valles muy fértiles y abundantes [...] donde tienen los españoles vecinos de ellos sus [...] estancias de ganado [...] con muchas mulas y caballos" (§ 1603).

Potosí, centro minero de reputación mundial y, para algunos, la urbe de mayor población del continente, requería la entrada incesante de mulas cargadas de víveres, de materias primas y de bienes de equipo para sus labores extractivas y manufactureras, así como para la manutención de sus trabajadores y servidores. Las mulas comparten aquí la tarea con las llamas. Vázquez de Espinosa no entra en los detalles. Erigida en suelo inhóspito, la Villa Imperial depende para casi todo de afuera, en especial, para reponer la energía animal consumida. En sus alrededores, faltan terrenos propicios para la cría de mulas. Las estancias más cercanas se hallan en Chuquisaca (§ 1677 y 1741), y su producción allí no basta para satisfacer las necesidades potosinas.

Para cubrir la carencia, Potosí depende ya entonces del lejano territorio del Río de la Plata. De Jujuy, el autor del libro expresa: "Tendrá 100 vecinos españoles, los más de ellos son arrieros, llevan harinas, maíz, quesos y otras cosas de sustento a las minas de Chichas y Lipes. Tienen crías de mulas y ganado vacuno que sacan a Potosí" (§ 1765), pero la demanda de animales penetra hasta Tucumán (§ 1769), Catamarca (Londres) (§ 1778), La Rioja (§ 1777) y Córdoba (§ 1784). Salta, en un jugoso valle propicio para la ganadería y sede más tarde de una famosa feria anual, ni siquiera es digna de mención. Su cercanía a los belicosos indios diaguitas impide su participación en ese negocio prometedor. De Jujuy al sur, la ruta procede derecho hacia Esteco, Talavera de Madrid por otro nombre, donde los indios "tienen grandes crías de ganados, mulas y los más son arrieros" (§ 1767). Vázquez de Espinosa registra de nuevo la existencia de indios arrieros. La cría reina en fin en el litoral rioplatense, en especial en Santa Fe (§ 1824).

El fraile cierra su reseña de la cría y del trajín de mulas en Indias a orillas del Paraná. Su recorrido le había llevado, de norte a sur, de Sombrerete a Santa Fe. Los terrenos más favorables para la reproducción del híbrido para carga y silla ocupan los llanos del Bajío mexicano, las pampas rioplatenses, las vegas desembarazadas del trópico (incluida Jamaica) y las lomas del litoral peruano. La cría prospera además de Mérida a Chuquisaca en valles intramontanos. Un Chile sin mulas resulta contradictorio, pero el libro no da noticia de ellas allí. El *Compendio* tampoco registra los tráficos de menor envergadura que zigzaguearon por todo el continente. El texto de Vázquez de Espinosa no se sustenta en cantidades. Más bien despliega impresiones, a ser posible de primera mano. Por otra parte, mulas para silla o para la agricultura tampoco se mencionan. Los trajines gozan de prioridad.

Al empezar el siglo XVII, las mulas y su cría se habían propagado por los espacios abiertos que ocupaban las provincias internas de Nueva España y el Río de la Plata, los extremos de la colonización española de las Indias. Entre medias, llanos o valles acogían una reproducción insuficiente y cara para surtir a algo más que a los trajines, en los que la mula había llegado a ser indispensable. El alto precio de la mula "serrera" citado no fue excepcional. Las mulas criadas en los valles costeros de Arequipa se vendieron para el trajín de la sierra a nada menos que 150 pesos corrientes en 1562, 1584 y 1600, según Davies.[8] En los valles orientales del Altiplano, en la frontera chiriguana, se dio incluso, circunstancialmente en 1610, la execrable cesión o venta de mulas y caballos contra niños raptados en Potosí.[9] En 1622, una docena de años después, el precio de las mulas había descendido a menos de la mitad (60 pesos) en Arequipa. En 1640, se pagaron a entre 40 y 45, una cuarta parte del valor anotado dos decenios antes. Davies detecta en Arequipa la presencia de burros que sustituían a las mulas en ciertas tareas. Por esas fechas, mulas y llamas se depreciaron al mismo

8. Davies 1974: 81.

9. Saignes 1981: 177, n. 3.

tiempo.[10] El sostenido aumento de la oferta en el Río de la Plata y en Chile debió precipitar su abaratamiento.

Un texto, redactado en la ciudad de La Plata (Chuquisaca) en 1639, un par de decenios posterior al informe elaborado por Vázquez de Espinosa, da cuenta de la latitud dentro de la cual se movían los precios de las mulas, según calidad y función. Ramírez del Águila escribió al cronista mayor de Indias, el sucesor en cierto modo del fraile, que:

> [...] sustentan y tienen los vecinos caballos, mulas, rocines de camino, que hay tantos de este género en esta tierra que una yegua o caballo vale seis u ocho pesos, una mula o macho domado y de camino, treinta y cuarenta pesos, y chúcaro veinte pesos, un caballo regalado, de muy buena carrera, doscientos o trescientos pesos, que toda esta baja ha causado la gran cantidad que hay de estos géneros por las grandes partidas que ellos vienen de Tucumán y muchos que hay en estas provincias; siendo así que pocos años ha valía una mula buena, que ahora vale cien pesos, ochocientos o mil pesos y un caballo de carrera que ahora vale cien pesos, quinientos y mil pesos.[11]

Y más adelante escribe: "Impónense las mulas con tanta destreza, que las hay famosísimas de camino, y no hay español ni indio que no se sirva de excelentes mulas de paso y para recuas, que las hay muy grandes para todo género de trajines. Hay asimismo muchas crías de jumentos [...] con que se va perdiendo el trajín de los carneros de la tierra". En otro lugar precisa que el burro sin herrar vale 16 pesos. El plantel de mulas se descompone en tres categorías: la mula —o el macho—, domada y curtida, la chúcara y la buena. La mula "serrera" de Castrovirreyna, citada páginas antes, pertenece por lo visto a la categoría más alta. Para Ramírez del Águila, el precio máximo, jamás alcanzado, fue de quinientos a mil pesos.

El *Compendio* da fe de forma indirecta del grado de sustitución de la energía humana por la mular un siglo después de iniciada la colonización americana. Al comenzar el siglo XVII, el gran comercio

---

10. Bakewell 1989: 199.

11. Ramírez del Águila 1978: 9-89.

imperial circulaba ya a lomo de mula: istmo de Panamá, cacao de Soconusco, añil centroamericano, ruta de Paita al Callao, camino real de los Andes, ruta de Arica al Altiplano (con la ayuda complementaria de las llamas). En algunos trechos, las mulas alternaban con la navegación: Chagre, Nechí, Maracaibo, Panamá-Paita, Chincha-Arica. Rutas importantes —de Veracruz y Cartagena al interior; del norte minero hasta la ciudad de México— dependían asimismo de ese trajín, pero el libro pasa por ellas de largo. Las mulas resultaban también imprescindibles para abastecer a las grandes ciudades. Otra señal de los cambios producidos entre tanto es la propagación de la arriería, no solo por cuenta de los españoles, sino también de los indios (Chimbo, Pucará [§ 1474], Potosí [§ 1653], Jujuy, Esteco). El libro no aborda los trajines menores, forzados o legales, encomendados a los indios. En cuanto a la carreta de bueyes, alternativa en Santa Fe y en Santiago de Chile (aquí para el trajín desde el puerto, § 1934), las noticias no pueden ser menos.

Los cuatro siglos del dominio de la mula tocaron a su fin en el Nuevo Mundo a últimos del siglo XIX, cuando oleadas sucesivas de máquinas movidas por energías minerales (carbón o petróleo) se encargaron de dar carpetazo al transporte a lomo de mulas, o a la espalda de los hombres compartida por largo tiempo.

Mapa 2

Cría y rutas de mulas en América del Sur, c. 1620

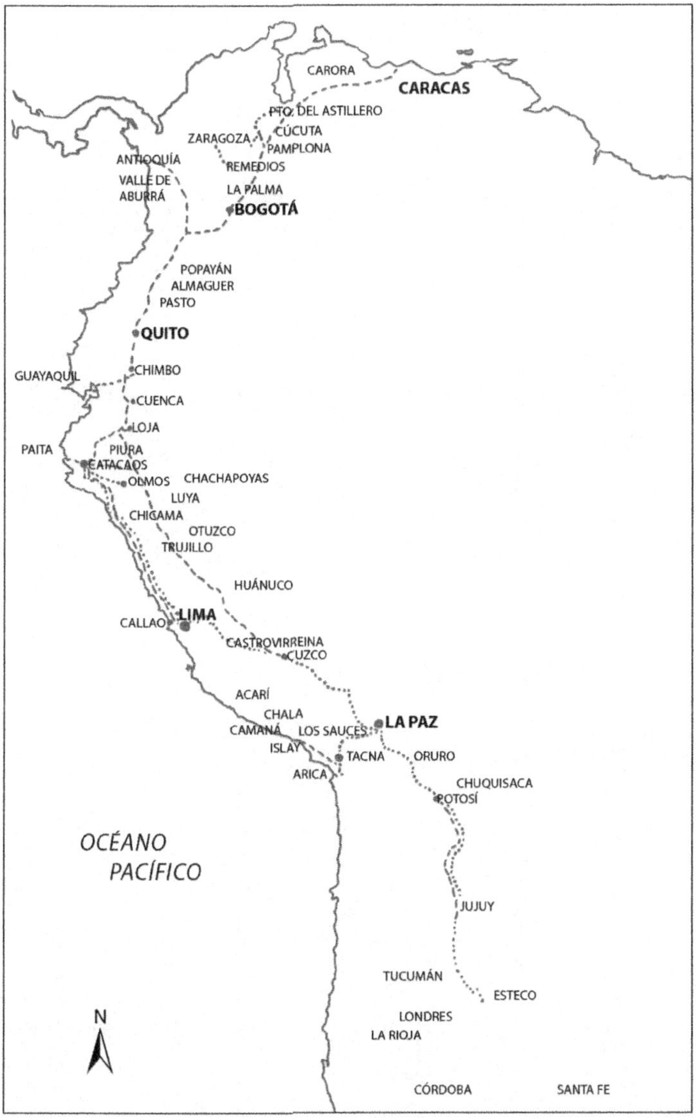

Capítulo 9

La internación de mulas del Río de la Plata al Perú, 1735-1810. Etapas, cometidos y transferencia energética

Para Herbert S. Klein,
con quien comparto larga amistad e
indeleble concepción de la historia
como ciencia social

Potosí repartió riqueza a espuertas en el último cuarto del siglo XVI. Asegurar la actividad de sus minas argentíferas requirió víveres para que subsistiera la población —los trabajadores indígenas de las minas en primer lugar—, así como insumos para la extracción y el refino del mineral: sal, magistral, azogue, leña, sebo... El dinero o los créditos puestos en circulación por el auge minero impulsaron acto seguido la demanda de bienes de consumo (ropa, utensilios y algunos suntuarios) traídos de afuera, de la metrópoli incluso. En términos contemporáneos, cabría decir que el magno asiento conformó un polo de crecimiento económico regional, de añadida proyección mundial, o global, de preferirse el término en boga. Una red extensa y diligente de transportes terrestres aseguró sus conexiones con el entorno inmediato, con el resto del virreinato y, más allá, con el mundo transatlántico.[1]

1. Medinaceli 2011.

El éxito minero, comercial y urbano de la Villa Imperial dependió entonces en gran parte del empleo de energía humana en la extracción y refino de los minerales y, luego, de la energía suministrada por animales para el acarreo de bienes de consumo o de los productos mineros. La fuerza de la llama, de la que los andinos se habían valido en sus intercambios autóctonos, no bastó entonces para cubrir la demanda desenfrenada de energía. La llama acabó desplazada por la mula en la mayoría de sus cometidos. Suelos adecuados para la cría del cuadrúpedo ultramarino había sin embargo pocos cerca del asiento minero. Potosí lanzó tentáculos a gran distancia para vencer la penuria. Las jóvenes gobernaciones del sur del virreinato respondieron a la apetencia manifestada. El relato del viaje de fray Diego de Ocaña por Tucumán y Buenos Aires registra el aporte de vituallas, tejidos, ganado y, en particular, de mulas a Potosí al comenzar el siglo XVII.[2] La explotación sin tregua de la mano de obra indígena empañaba, entre tanto, el lustre de la plata arrancada al Cerro Rico.

Antes de pisar las mulas los Andes, el transporte a corta y larga distancia descansó sobre las espaldas del hombre o el lomo de la llama, el camélido local domesticado. Tras la Conquista, un equino de procedencia europea, híbrido de yegua y burro, entró a competir allí con el carnero de la tierra, en el castellano andino. Las mulas aventajaban a la llama en tranco y corpulencia. El paso más ligero les permitía cubrir trechos más largos en una jornada y llegar por consiguiente antes a destino. Su reciedumbre reforzaba además su capacidad de transportar bultos. La mula era tenida pues en cuenta, sobre todo para el tráfico interregional. En los primeros tiempos salía, por escasa, muy cara. La ventaja inicial del camélido —precio inferior y abundancia— fue estrechándose a medida que las mulas aumentaron y su precio se abarató. El uso de la llama fue quedando circunscrito de a poco al ámbito local, donde el burro no tardó en competir con ella. Las epizootias (de caracha o sarna) redujeron el tamaño del ganado auquénido, en perjuicio de sus dueños indígenas.

---

2. Ocaña 2013: 550 y ss.

La disputada ascensión de Tucumán

Estancias o potreros para la cría de mulas salpicaron los valles excavados a uno y otro costado del Altiplano. Su producción no llegó sin embargo a cubrir la demanda potosina de energía animal. La escasez experimentada pareció, en un primer momento, que podría ser paliada por una corriente abastecedora proveniente del norte. En su famoso *Compendio y descripción de las Indias Occidentales*, Vázquez de Espinosa desgrana, como recuerda el capítulo anterior, la cría o el empleo de mulas en Indias a comienzos del siglo XVII. Venezuela y Nueva Granada, o mejor dicho áreas concretas de ambas regiones, despacharon, según él, mulas hacia el sur en largas y ásperas jornadas. La traza del camino seguido se nos escapa. Los trajines del norte del virreinato debieron retener parte considerable de aquellas remesas. Pocas de las mulas venezolanas cargaron sobre sus lomos, de Piura o Lambayeque hasta Lima, las mercaderías europeas llegadas de Panamá por mar. Extenuadas al llegar al Callao, debieron permanecer en el entorno de Lima, sin reanudar una marcha que habría de terminar en Charcas.

Siglo XVII bien adentro, varias islas del Caribe arrancadas a la Corona española se especializaron en producir el azúcar que la Europa septentrional apetecía. Las praderas de las islas donde el ganado mayor pacía hasta entonces fueron roturadas para sembrar caña. En vez de criar las mulas imprescindibles, salía más barato traerlas del continente vecino. El desvío hacia las islas llevó a desatender al distante y azaroso mercado peruano. Muchos años después (1806), cuando la provisión por mar —legal o intérlope— se hallaba consolidada, Depons[3] informó que, de las 16.000 mulas que Venezuela criaba cada año, 10.000 se exportaban a Jamaica, Cuba, Santo Domingo, Puerto Rico, Trinidad, Martinica y Guadalupe. Las islas absorbieron en esa fecha tardía alrededor de dos tercios de la producción venezolana. Hacía rato que Perú había abierto de par en par sus puertas a flujos que manaban del sur.

Los ganaderos chilenos no desoyeron el clamor potosino. Ovalle[4] elevó a tercer renglón de las exportaciones del reino de Chile a las

---

3. Depons 1960, II: 123.
4. Ovalle 1969: 27.

mulas que cruzaban el desierto de Atacama. En los archivos notariales de Santiago abundan las escrituras de flete de mediados de aquel siglo. El volumen de las remesas registradas no desmerece del que arrojan las tucumanas contemporáneas.[5] Otros autores[6] ratifican el envío abultado de mulas de Chile a Charcas. Este comercio perdió fuelle al topar con la competencia venida del Río de la Plata.

En la Córdoba del Tucumán, corazón económico de la extensa gobernación, el comercio de mulas arrancó de forma modesta a comienzos del siglo XVII. Las actas notariales de la ciudad informan del envío de centenares de ellas por año a las llamadas "provincias de arriba". A ese corto número conviene añadir las remesas no escrituradas, pero que delatan los pleitos sobre impagos o liquidaciones indebidas. Al ser apropiadas y puestas en explotación en las pampas, grandes extensiones hasta entonces baldías, el negocio de las mulas cobró impulso. Los comerciantes de la ciudad, bastantes de ellos ganaderos a su vez, acabaron por hacerse con la intermediación. Compraban animales chúcaros en el litoral rioplatense, los engordaban y amansaban en Córdoba o más al norte y los juntaban finalmente en Jujuy o Salta para su despacho a Potosí o a las tierras altas. Producción, invernada y comercio de mulas encumbraron a Córdoba por encima de las demás ciudades de la gobernación. En las sierras de Córdoba prosperaron precisamente las estancias jesuíticas cuyas mulas se vendieron en Perú.[7] Noticias sobre la cría y remisión de mulas del Litoral al Tucumán con destino a Charcas salpican también el estudio de Escobari de Querejazu.[8]

La ciudad de Salta, con pastos jugosos en sus aledaños y ubicación estratégica para el ascenso a Perú, tardó decenios en aventajar a la vecina ciudad de Jujuy como punto de arranque de la internación. Lo consiguió al disiparse la amenaza representada por los pugnaces calchaquíes, ocupantes de los valles intramontanos a espaldas suyas. Tras la derrota y extrañamiento de esos indios insumisos, el dorso serrano de Salta quedó a salvo. A partir de entonces, la tablada del vecino pueblo de Sumalao y la

---

5. Assadourian 1982: 47.

6. Ramón 1978, I: 55.

7. Cushner 1983, cap. 3.

8. Escobari de Querejazu 1985.

saca consiguiente prosperaron. Los protocolos notariales salteños contienen datos esporádicos del despacho de mulas.[9] Esa fuente da cuenta de la salida de nada menos que 22.000 mulas en 1694. Cuatro años después, en 1698, solo lo hicieron 7.000.[10] ¿Cómo compaginar tamaña variación? ¿Pico especulativo, primero, por una subida intempestiva de precios en Perú? ¿Estallido de la crisis finisecular, en el segundo caso?[11]

Assadourian[12] ha trazado, mechada de magnitudes, la expansión del comercio de mulas de la Córdoba del setecientos. Hacia 1630, la saca subió de centenares a millares de híbridos por año. A partir de 1680, se disparó para sobrepasar la decena de miles anuales. A mayor oferta, menor valor unitario. De 1630 en adelante, su precio descendió a la mitad. Su abaratamiento prosiguió luego más despacio. La contracción de la producción argentífera y, con ella, de la economía potosina en su conjunto no parece haber afectado a la internación de mulas. Otros empleos o destinos debieron reclamarlas en sustitución de otros quehaceres. Los precios reducidos facilitaron su adquisición para la arriería local, en particular para el abasto de las ciudades. El arancel de jornales emitido por el virrey duque de La Palata en 1687 deja entrever la difusión de la arriería con mulas, de Catamarca al Altiplano meridional, complemento o sustitución del acarreo a lomo de llamas y a la espalda del indio. El arancel estipula el salario mínimo de los peones contratados para la conducción y lo equipara al que corresponde al trabajador voluntario.[13] En 1691, 66 arrieros empleaban por cierto 1501 mulas para aprovisionar a Huancavelica.[14] Unas 23 mulas compusieron en este caso el modesto promedio de animales por recua. Los indios con dinero encontraron campo abierto para entrar en el negocio. Por esas fechas, los arrieros indios de Jujuy reemplazaron la llama por la mula.[15] Los campesinos indígenas parecen haberse hecho a ellas e incluso a codiciarlas, al punto

9. Miller Astrada 1997.

10. Toledo 1962-1963: 172.

11. Moreyra y Paz Soldán y Céspedes del Castillo 1954, I: XVI-XVII.

12. Assadourian 1982: 18-55.

13. Zavala 1979, II: 207-213.

14. Contreras 1982: 104.

15. Sica 2005, 2010.

de robarlas a los hacendados, al cura y al gobernador, según denuncia el padrón de Chayanta de 1684 (capítulo 7). Los dueños de ingenios potosinos reemplazaron parte de la energía de la llama o del indio, que la molienda del mineral requería, por la más eficiente de la mula.[16]

La colusión de comerciantes y corregidores, al abrigo del reparto forzoso de mercaderías, obligó a los indios y castas a adquirir más adelante mulas a precios desmesurados.[17] De haber despertado los abusos reservas en el ánimo de funcionarios y proveedores, ellas se disiparon al oficializarse los repartos en 1751.[18] Las ventas forzadas extendieron la presencia de las mulas en el medio rural. Adquiridas a regañadientes, los indios no les concedieron tregua para poder resarcirse de su inversión o de su endeudamiento. Alonso Carrió de la Vandera, oculto por siglos bajo el seudónimo de Concolorcorvo, refiere en su famoso *Lazarillo de ciegos caminantes* la sobrexplotación a la que los indios las sometían: "Siempre crían unos animales sin corpulencia y de débiles fuerzas, porque las trabajan, antes de tiempo y sin alimento correspondiente, y los tienen siempre en continuo movimiento".[19]

Golte ha construido por su parte el mapa por corregimiento (número 18 de su libro) de las mulas que, en principio, debían adquirir en 1754 las familias campesinas.[20] Las cantidades y los precios mayores se sitúan en la costa y, en especial, en torno a la capital virreinal, donde los indios parecen haber gozado de poder adquisitivo superior al de la sierra. El mercado renqueante de Charcas perdió entonces fuelle, salvo en su extremo meridional. El despegue económico de Tarija y Chichas retuvo parte de la internación. Los precios pagados fueron más asequibles por desembocar allí el raudal rioplatense.[21]

A mediados del siglo XVIII, nuevas fuentes abrieron ventanales sobre la internación de mulas. Series anuales basadas en los registros

---

16. Bargalló 1955: 124, 150.
17. Moreno Cebrián 1977: 167-278.
18. Ibíd., pp. 279-384.
19. Carrió de la Vandera 1956: 326.
20. Golte 1980.
21. Moreno Cebrián 1977: 206-207.

fiscales de Salta y Jujuy reemplazaron al expurgo de las actas notariales locales. El crédito que la información merecía pasó entonces a depender de la confianza que los fedatarios despertaban al buen hacer mostrado por los servidores públicos. Dos gravámenes medievales, alcabala y sisa, informaron entonces sobre las remesas. La alcabala, de nombre árabe, fue un impuesto indirecto *ad valorem*. Recababa un porcentaje variable del valor de las transacciones de determinados artículos. Los concejos castellanos concedieron su percepción, primero por un tiempo y después a perpetuidad, al rey Alfonso XI. Los monarcas siguientes fueron cediendo su cobro a los nobles en premio a su adhesión. En la Edad Moderna, los reyes reivindicaron y recuperaron su ingreso.[22] La sisa, por su parte, retenía para el fisco una parte fija del valor venal del producto. En el lenguaje coloquial, sisa acabó por significar detracción o quita.

La alcabala fallida

La alcabala fue introducida en América a fines del siglo XVI (Real Cédula de 9 de noviembre de 1591) con el objeto de recaudar fondos para la defensa del territorio en constante acoso de los piratas. De las contadurías de la Real Hacienda de Cartagena y de Santa Fe se conoce el rendimiento de ese tributo a finales de siglo en Nueva Granada.[23] Los criollos, habituados a disfrutar de exenciones fiscales, acogieron de uñas la imposición. En Quito, la protesta degeneró en una rebelión ahogada en sangre.[24] El libro clásico de Escalona y Agüero[25] resume el origen y los primeros pasos de la alcabala en Perú. Su percepción por los corregidores motivó quejas y reformas frecuentes.[26] En el Río de la Plata, la alcabala gravó la venta de efectos de la tierra, así como a los

22. Moxó 1963.
23. Tovar Pinzón 1999.
24. Lavallé 1992: 24-28.
25. Escalona y Agüero 1941: 168-191.
26. Moreno Cebrián 1977: 279-384.

"de Castilla", procedentes de ultramar. La alcabala de las mulas, un efecto de la tierra, pagó de ordinario en la feria de Salta un modesto 2% del precio del animal, tasa que los proponentes de duplicarla y los partidarios de rebajarla impugnaron. Entre los argumentos aducidos contra su incremento, consta uno insólito por su inflexión compasiva: "Cualquier alteración en esta parte —reza— vendría a redundar en nuevo gravamen de los indios tributarios a quienes las venden [las mulas] los corregidores".[27]

Al adentrarse por territorio peruano, las mulas rioplatenses tuvieron que pagar recargos suplementarios: un gravoso 6% en Charcas y otro 3% en el Bajo Perú.[28] La incidencia de la alcabala aumentó mientras crecían los gastos financieros y en personal por la extensión del recorrido. El precio unitario de los animales se disparó en consecuencia. En Chancay, se encareció 65%.[29] La presión fiscal dejó sentir su aumento: de 1751-1760 a 1771-1780, se multiplicó cuatro veces y media en el Alto Perú y se duplicó en el Bajo Perú.[30] A la alcabala se responsabilizó del encarecimiento de las mulas. El levantamiento indígena de 1780 reclamó su abolición.

El Archivo General de la Nación de Buenos Aires guarda en la División Colonia, Sección Contaduría (Sala XIII), los libros y papeles sueltos de la alcabala recaudada en Salta. Antonia Antonione y Dante Ruggeroni los expurgaron y elaboraron un informe para el seminario que dirigía entonces en el Instituto de Investigaciones Históricas de la Universidad del Litoral. La intervención militar de las universidades argentinas (1966) impidió el pulido y publicación del trabajo. Me temo que siga inédito. Del borrador que conservo, me permito extraer el cuadro 20, acordando pleno reconocimiento a los recopiladores y primeros analistas de los datos.

---

27. AGN, XIII, 32-1-2, Hacienda, Legajo 16, Expedientes sobre rebaja de impuestos, 1780, Expediente 340.

28. Orden del 16 de mayo de 1779, AGN, XIII, Hacienda, 33-1-2.

29. Moreno Cebrián 1977: 210.

30. Newland y Cuesta 2003: 491.

Cuadro 20
Alcabala de Salta

	A	B	C	D	E	F	G	H
	Mulas vendidas	Valor (en pesos)	Prom. pesos	Ramo de mulas	Recaudadores	Total	Efectos de la tierra	% F/G
1767	19.921	175.304	8,8	3569		3569	3569	100
1768	23.819	211.765	8,9	4101		4101	4845	85
1769	23.598	197.233	8,4	3770		3770	4561	83
1770	21.732	168.014	7,7	3372		3372	4136	82
1771	17.574	155.432	8,8	3458		3458	4425	78
1772	13.985	112.036	8	2520		2520	3678	69
1773								
1774	21.477	145.790	6,8	2827		2827	4072	69
1775	17.488	119.213	6,8	2383		2383	4066	57
1776-1780								
1781	1827	18.270	10	365		365	2095	17
1782	12.395	127.946	10	1478		1478	5968	25
1783	13.583	76.729	5,6	1588		1588	5565	29
1784	29.222	164.779	5,6	3295		3295	21.630	15
1785	31.900	191.100	6	3827		3827	13.507	28
1786	28.250	169.500	6	102	3298	3400	14.791	23
1787	12.266	105.000	8,6	49	2058	2107	10.722	20
1788	26.703	204.091	7,6	4053		4053	4563	89
1789					3411	3411	11.802	29
1790					3369	3369	12.618	27
1791				30		30	8375	0
1792					2842	2842	10.986	26
1793					2851	2851	7319	39
1794							6219	
1795					3499	3499	7829	47
1796					5777	5777	10.936	53

	A	B	C	D	E	F	G	H
	Mulas vendidas	Valor (en pesos)	Prom. pesos	Ramo de mulas	Recaudadores	Total	Efectos de la tierra	% F/G
1797					5396	5396	10.714	50
1798					7246	7246	11.865	61
1799					9588	9588	16.115	59
1800					4708	4708	12.187	39
1801					9348	9348	18.091	52
1802					9732	9732	18.798	52
1803				666	3619	4285	16.047	27
1804	1770	21.461	12	429	7102	7531	15.512	49
1805							6697	
1806	23.119	198.104	8,6	3962		3962	11.829	33
1807	5453	59.890	11	1197		1197	12.613	9
1808	4336	34.888	8	697	2575	3272	9680	34
1809					3262	3262	10.792	30
1810					7543	7543	15.047	50
Totales	350.418	2.656.545	8,2	43.911	101.051	144.962	374.264	39

Fuente: Archivo General de la Nación, Buenos Aires, Sala XIII, Contaduría, Alcabalas.

Los libros anuales del ramo de la alcabala se suceden sin regularidad de 1767 hasta 1823, víspera de la independencia que el Alto Perú obtuvo bajo el nombre de Bolivia. La serie de datos concluye en 1810, antes de empezar la fractura política y estadística inminentes (cuadro 20). El corte redujo drásticamente —pero no eliminó— el comercio habitual de mulas entre el territorio insurrecto del virreinato del Río de la Plata y la parte fiel a la Corona. Lagunas y titubeos administrativos lastran, por otra parte, la información que las series encierran. Del trienio 1767-1769, solo constan, por ejemplo, las operaciones cerradas en el mes de abril, uno de los más activos, pero no único de la feria. Las cuentas pasaron finalmente en 1770 a llevarse por año calendario. De entonces hasta 1784, constan día a día las operaciones realizadas:

cantidad vendida, total percibido, precio medio por cabeza, nombre del fletador o de su representante y, en ocasiones, lugar de procedencia de los animales, informaciones todas ellas oportunas para investigaciones diferentes a la aquí perseguida. Falta el año de 1773 entero y el quinquenio de 1776 a 1780. En 1781, la rebelión indígena de fines del año anterior detuvo bruscamente la internación. En 1783, finalizado el levantamiento, se decidió desgajar la caja de Salta de la superior de Córdoba. Echadas las debidas cuentas, resultó un saldo favorable a la nueva. La liquidación realzó por unos años el ingreso anual de la caja de Salta. La *externalización* posterior del cobro de la alcabala añadió confusiones. De 1785 a 1804, es decir, por dos decenios, recaudadores y sus tenientes se encargaron de su percepción, pero los oficiales reales no aceptaron su exclusión y siguieron entrometiéndose en ella (columna E del cuadro 20). La anotación global de la alcabala en Salta debería coincidir con la de las Cajas Reales virreinales.[31] Por desgracia, la documentación de rango superior no permite rellenar las muchas lagunas del cuadro 20, en parte por su distinto grado de agregación. Las Cajas Reales no distinguen, por ejemplo, la alcabala de Castilla de la de la tierra, ni los ramos que recubre la segunda. Una sola variable absorbe a las restantes.

Los fallos incorregibles laceran la representatividad de la serie elaborada por Ruggeroni y Antonione. De la alcabala salteña no se desprende una serie continua de la internación anual. Los fragmentos disponibles consienten apenas dos conclusiones elementales. El precio medio de las mulas mercadas entonces en Sumalao osciló entre 6 y 12 pesos, nivel coincidente con el que desprende el cobro de la sisa. En segundo lugar, del rendimiento de la alcabala de efectos de la tierra, el grueso procede en Salta de la venta de mulas. Al principio ascendía al 80%; al final del periodo, a entre el 30% y el 50%. La disminución no es por menos ventas o abaratamiento de las mulas, sino por reducción de la posición relativa del ramo al entrar a pagar el impuesto más efectos de la tierra. La serie de la alcabala salteña es siquiera comparable con las de cajas vecinas. De primera intención, parecería que la

31. Klein y Tepaske 1982, 1985.

alcabala de Oruro[32] habría rendido tanto como la de Salta, pero a falta de desglose por ramos, no procede.

La sisa: recaudación y cometidos, 1735-1810

Los documentos de la renta municipal de la sisa, que guarda el Archivo General de la Nación de Buenos Aires, abarcan tres cuartos de siglo, presentan menos interrupciones y lucen más fiables que los recién examinados. Antes de entrar a deshojar el contenido, conviene acotar el origen material y legal de la renta.

Del Tucumán al Altiplano, las mulas treparon por dos rutas separadas, de sur a norte, por las sierras de Goñi y Occidental de Humahuaca, vías en uso en tiempos incaicos o incluso antes.[33] Agentes del fisco vigilaban el paso de las conducciones y verificaban si ellas venían acompañadas con las guías acreditativas del abono de la sisa o de la constancia de haber dejado designados fiadores. La ruta más frecuentada de las dos fue la occidental. Partía del valle de Lerma y ascendía por la Quebrada del Toro. La partida detenía su marcha cada tanto en los resguardos que se levantaban en el camino para verificación forzosa del número de animales conducidos y, de paso, para su descanso. Recuento y guía debían concordar. Los resguardos se erigían en la Boca de la Quebrada, Piscuno y Los Sauces ("El Puesto de los Sauces abraza todo lo que va y viene por la angostura del Río Blanco y diversos caminos y veredas desde Cobos a Perico").[34] Las conducciones emprendían el ascenso al concluir la temporada de aguas, repuestos los animales de la larga caminata que los había traído el año anterior del Litoral, Córdoba o Cuyo. Por efecto de las lluvias, acababan de brotar hierbas como para entretener de camino el estómago de las bestias. La ruta oriental, menos concurrida, ascendía desde Jujuy por la quebrada de Humahuaca, con puntos intermedios en Volcán, Hornillos,

32. Gavira Márquez 2001.

33. Sica 2010: 28.

34. AGN, IX, 10-2-3.

Humahuaca, La Cueva y Cangregillos, para confluir en La Quiaca con la rama occidental.[35]

Una ruta accesoria, apenas documentada, partía de los valles calchaquíes, situados a las espaldas de Salta. Un guarda, situado en el pueblo de Santa María, se encargaba de cobrar la sisa y de expedir las guías correspondientes. La carta cuenta del sexenio 1735-1740 recoge los magros ingresos de la receptoría en ese quinquenio.[36] Las de los años 1773 a 1775 se encuentran en otro legajo.[37] En el arco montañoso que separa la cuenca del Río de la Plata del Alto Perú, no faltan veredas por las que los baqueanos internaban tropillas a hurtadillas, admite resignado el guarda mayor de Piscuno.[38]

Exhibidas las guías y recontados los animales, incluidos los exentos de pago por razón de "equipaje" y "refacción" del personal, las sobrantes debían pagar sisa doble para ser autorizadas a proseguir su camino. La penalización entró en desuso a fines de siglo. El libro manual de la sisa de 1779 consigna un modesto 3% de excesos, pero el guarda cobró solo la tasa simple, sin temor a que la superioridad lo reconviniera al leer la constancia que él mismo dejó escrita.[39] Las instrucciones del 12 de febrero de 1803, adjuntas al nombramiento del guarda del puesto de Los Sauces, van más lejos en esa dirección. Establecen que "si fuere vecino de conocido abono nada le exigirá en la parte de excesos, pero siendo forastero, o desconocido, le obligará a que se presente en esta Tesorería a satisfacer cuanto adeude".[40] La instrucción distingue pues entre bienquistos e intrusos, a costa de la competencia.

¿Con qué fin y en qué circunstancias se introdujo la sisa en Indias y en la gobernación del Tucumán, en concreto? Las Leyes de Indias

---

35. "Itinerarios y derroteros de las provincias del Perú", Biblioteca de Palacio, Madrid, Ms. 2835, fol. 92 y ss.

36. AGN, XIII, 31-8-4.

37. Ibíd., 31-9-3.

38. AGN, IX, Hacienda, 33-8-1, expediente 1811.

39. AGN, XIII, 9-7-6.

40. Ibíd., 10-2-3.

autorizaron a los Cabildos americanos a cobrar sisas a fines del siglo XVI. Los virreyes príncipe de Esquilache y marqués de Guadalcázar las implantaron en Perú en el segundo y tercer decenio del siglo XVII. El propósito manifiesto fue "para reparo y fortificación de las lagunas, puentes y caminos", al decir de Pedro Vicente Cañete años más tarde.[41] El impuesto habría pues de financiar obras públicas locales y la defensa del territorio en provecho de los habitantes del lugar. La sisa llegó tarde al Río de la Plata. El Cabildo de Buenos Aires la introdujo en 1717 para fortificar la ciudad, pero cédulas del mismo año se opusieron a su adopción y lograron impedir que se aplicara la decisión local.[42] En 1730, el Cabildo de Buenos Aires cobró sisa por la venta de aguardiente.[43] Córdoba, con aduana seca desde 1625, empezó a recaudarla en 1678, a razón de 7 reales por zurrón de yerba paraguaya, producto de consumo popular. Su rendimiento se empleó en contener los malones que hostigaban a la gobernación por el sur. La Corona descargó visiblemente sobre los vecinos la responsabilidad de protegerse a sí mismos y de defender la frontera imperial.[44] El indio bárbaro e insumiso desempeñó tierra adentro el oscuro papel de enemigo que en las costas se endilgaba al pirata.

Los primeros rastros documentales de la sisa salteña se remontan al mando de Esteban de Urízar.[45] Este gobernador hubo de enfrentarse en sus más de tres lustros de ejercicio del poder a un recrudecimiento de los asaltos a las haciendas ganaderas y a los presidios militares que festoneaban el oriente de la provincia. Por haber invadido el ganado asilvestrado las planicies chaqueñas, muchos de los habitantes originarios de la región renunciaron a sus hábitos ancestrales de cazadores-recolectores. Guerrearon desde entonces a caballo y dependieron para su sustento de la caza de ganado bagual. Al menguar este por la desmesura de las vaquerías que los criollos llevaron a cabo, al punto

41. Cañete 1952: 410.

42. AGN, IX, 31-1-2, legajo 351.

43. Ensick 1990: 82.

44. Vitar 1997: 179.

45. De Urízar 1707-1724.

que ser prohibidas para impedir la extinción de las manadas, los jinetes chaqueños noveles echaron en falta la fuente de subsistencia recién adquirida. Las vacas montaraces fueron sustituidas por las mansas de las estancias que pacían mansamente en las estancias que ocupaban las tierras hasta hace poco indígenas. Los hacendados interpretaron sin embargo semejante acto de necesidad como una deliberada depredación de sus intereses.[46] El conflicto se tornó inevitable.

Urízar no contaba con recursos ni hombres suficientes para repeler los malones chaqueños. La introducción de una sisa, de entre 2 y 4 reales por pieza, según calidad y edad de la mula, remedió la carencia de fondos. Un texto tardío, de 1792, sostiene que los vecinos acogieron gustosos el nuevo impuesto:

> El único objeto por el que la pública necesidad instituyó el ramo municipal de sisa fue para asegurar la mejor subsistencia de los provincianos liberándolos de las duras pensiones que los obligaba la fuerza del enemigo y continuados asaltos. Para este efecto se prometieron los vecinos esforzar sus sudores a infatigables desvelos al fin de contribuir con aquella exacción que se reguló suficiente para mantener los fuertes y tropa partidaria, que los guarnecen. Su Majestad, que Dios guarde, viendo el empeño de sus más fieles vasallos a libertar el Real Haber se dignó prestar su aprobación para ver asegurado por este arbitrio sus vidas, casas y haciendas.[47]

El tono adrede deferente pasa por alto la vivacidad de los sucesivos debates.[48] Para animar a los vecinos a participar en la defensa del territorio y para reunir más fondos, Urízar declaró baldías las tierras de frontera, incluidas las detentadas sin licencia, y ofreció cederlas por mérito de guerra o a cambio de donativos significativos.[49] Más hombres y más dinero garantizaron el éxito de las campañas de 1710 y 1711.[50]

---

46. Vitar 1997.
47. AGN, IX, 33-8-1, Expediente 1811.
48. Vitar 1997: 158-166.
49. Cornejo 1945: 96-97, 319-320.
50. Garavaglia 1984.

Rendimiento y cometidos de la sisa variaron a lo largo del siglo XVIII, sin que la provincia jamás perdiera la titularidad del impuesto. Un paréntesis informativo vela la recaudación de varios años: "decadencia que se reconoce en ellas [la carta cuenta] desde el año de veinte y nueve hasta el de cuarenta".[51] En los años treinta, los asaltos indígenas recrudecieron la alarma y la consiguiente preocupación por cómo financiar la resistencia. En 1745, los chaqueños llegaron a conquistar el Fuerte de Cobos y a quemar estancias en las inmediaciones de la capital salteña. Antes, el gobernador Juan de Santiso, precavido, había convocado un Cabildo Provincial en septiembre de 1739. A él acudieron procuradores de todas las ciudades de la gobernación, salvo Córdoba. Conmocionados por la amenaza, los convocados acordaron elevar a 2 pesos la sisa. Cuadruplicarla de una sentada pareció una exageración a muchos asistentes al Cabildo, con una inevitable incidencia sobre el precio final del animal en perjuicio de su venta. El virrey Villagarcía tomó cartas en el asunto y el 26 de abril de 1740 expidió en Lima el Real Acuerdo que reguló el arancel y la correspondiente contabilidad. Los datos del cuadro 21 proceden de la aplicación de aquel acuerdo, fundamental para que la serie arrancara. La reforma se hizo en caliente. La promulgación del acuerdo sorprendió a Santiso en el fuerte de Nuestra Señora del Rosario al frente de las tropas de Jujuy y Salta, listo para adentrarse en el Chaco en operación de castigo.

El Acuerdo de Lima de 1740 reza: "Se aumenta la exacción y cobranza de los impuestos que todos llaman sisa [...]. De cada mula que saliere de aquella provincia [Tucumán] y de las que pasaren por ella traídas del distrito y gobernación del Reino de Chile [Cuyo], se ha de cobrar a seis reales cada una".[52] El texto supone que el Cuyo entonces bajo órbita chilena exportaba mulas por el corredor de Salta-Jujuy, pero los documentos disponibles no lo confirman. El acuerdo regula asimismo la sisa de yerba, aguardiente, vacas y jabón y reafirma el destino finalista: dotación de presidios y sueldo de los oficiales y de la tropa. Poner orden en las cuentas revueltas de la sisa salteña

51. AGN, IX, 31-8-4.

52. AGN, XIII, 31-9-1.

consumió casi tres lustros. Datos apenas quedan de 1735, 1736 y 1739. Los de la saca y recaudación de 1737, 1738 y 1740 no pasan de ser aproximaciones (cuadro 21). Los defectos llevaron a la superioridad a mandar localizar los informes que los oficiales reales debían redactar reglamentariamente para los gobernadores. Al no hallárselos, ordenó compulsar los "testimonios de los fletamentos para la conducción de mulas y demás efectos de su venta, así en la ciudad de Salta como en las demás". Los protocolos notariales recuperaron incidentalmente el papel desempeñado antes en exclusiva.

Fragmentos de las series del cuadro 21 datan de un primer intento de estimar la cantidad de mulas extraídas y el rendimiento de la sisa de Salta y Jujuy en partes del siglo XVIII.[53] La fuente consultada entonces y ahora se halla compuesta por dos fondos complementarios del ramo de sisa —libros manuales y cartas cuenta— que conserva por separado el Archivo General de la Nación de Buenos Aires. La duplicación de la información resulta una bendición, por ratificar datos o rellenar lagunas. Únicamente los años de 1777 y 1810 faltan en ambos casos. La información ulterior, esporádica y defectuosa, que las Cajas Reales guardan sobre la sisa de Salta,[54] no ayuda a rellenar faltas o corregir errores.

De los cambios posteriores a la regulación de la sisa, traeremos a colación solo alguno que otro. El gobernador Matorras duplicó, en 1772, el canon. Un aumento tan brusco levantó resistencias y fue revocado al cabo de tres años. Los comerciantes hicieron valer entonces su influencia. En 1776, en vísperas de la erección del virreinato del Río de la Plata, el virrey Amat aprobó en Lima otro reglamento e instrucciones para la gestión del impuesto. Las exenciones de que gozaba el clero fueron asimismo recortadas. La Real Ordenanza de 7 de enero de 1783, acerca de propios y arbitrios, insistió en el carácter singular de la sisa y destinó su rendimiento a la defensa del territorio, excusándola de proveer para los gastos municipales ordinarios.

---

53. Sánchez-Albornoz 1965a, 1965b.

54. Klein y Tepaske 1982, 1985.

El dorso serrano del corredor tucumano quedó asegurado al ser derrotados y deportados los pobladores de los valles calchaquíes mencionados. El acoso indígena al territorio de la gobernación quedó así circunscrito a las fronteras meridional y oriental. La vigilancia del sur recayó sobre Córdoba. Al dejar los comerciantes cuyanos de cruzar la provincia y de pagar por consiguiente la sisa de la yerba mate, los recursos disponibles para su defensa se despeñaron. El virrey conde Superunda puso remedio en el acto. Por Real Acuerdo de 22 de marzo de 1753, concedió a la caja cordobesa el rendimiento de la Bula de la Santa Cruzada,[55] renta cedida a los monarcas castellanos por pontífices de espíritu marcial. En la Córdoba americana, la bula no financió la guerra contra el sarraceno, sino contra el indio infiel. Gracias a esta concesión, Salta y Jujuy no tuvieron que compartir sus nada sobrantes ingresos con Córdoba. Los retuvieron íntegros para hacer con ellos frente a los desafíos provenientes del Chaco.

En la segunda mitad del siglo XVIII, la sisa viró de cometido. De recurso para derrotar al indio se convirtió en palanca para su "pacificación".

> La conquista espiritual y conversión de aquellas almas han ocupado también mi desvelo y atención —escribe el conde Superunda en su memoria de gobierno—. Éntrales a estos miserables la fe por la boca, de suerte que no hay esperanza de convertirlos si no se aseguran antes los mantenimientos para los que se van reduciendo, porque en faltándoles éstos, con fácil apostasía, se vuelven a la noche de su infidelidad. Por eso, para cualquier reducción que intentan los jesuitas [...] lo primero que previenen es el capital de vacas correspondientes a mantener el número de neófitos, como también los instrumentos necesarios para la labor de los campos con que hagan sementeras o chacras, y así sea menos el consumo de las vacas.[56]

La cita no tiene desperdicio: terminología, prejuicios, recomendaciones...

---

55. Fuentes 1859, IV: 200-201.

56. Ibíd., p. 202.

Los jesuitas llevaban desde principios de siglo erigiendo reducciones al sur del Chaco. Procuraban juntar y asentar allí a los indios dispuestos a renunciar al nomadismo. Prédica del evangelio y acción civilizadora operaron de consuno. Los recursos de la orden más socorros esporádicos de la Real Hacienda debieron bastar en una primera fase para costear la acción misionera. El reparto de ganado para consumo y de aperos para la labranza compró voluntades indígenas, al modo implantado antes en otras fronteras imperiales. Rebajada la tensión, la avenencia sustituyó a las armas. Una plena concordia nunca se alcanzó.[57]

Expulsados los jesuitas de la metrópoli y de los dominios españoles en 1767, sus bienes pasaron a la Junta de Temporalidades y fueron luego subastados. Por temor a que, al faltar la Compañía, las misiones quedaran desamparadas y que los indios se desbandaran por los montes, facilitando así el avance portugués resuelto por el Chaco, la Corona encargó a los franciscanos la custodia de las misiones y dotó de respaldó financiero a su cometido. La documentación de la sisa salteña registra entonces donativos ocasionales. Las transferencias regulares datan de cuando la Real Cédula del 12 de febrero de 1774 prohibió las entradas al Chaco y asignó a las misiones 12.000 pesos de socorros anuales sobre la sisa salteña. Menos garrote y más zanahoria, en suma. El cambio de prioridades no supuso el desmantelamiento de los presidios o de la fuerza partidaria. La sublevación de los indios de las "provincias de arriba" puso pronto a prueba la política de "pacificación". La noticia del alzamiento no tardó en circular por el Chaco. En previsión de un estallido, la caja salteña libró fondos a los doctrineros y encargó a la vez la confección de 260 lanzas. Socorros y aprestos sobrepasaron con creces los ingresos ordinarios de la caja. Para que ella no quedara desguarnecida, la Hacienda Real le allegó partidas extraordinarias.[58]

57. Santamaría 2007.

58. Wayar 2001.

Cuadro 21
Sisa de las mulas en Salta y Jujuy, 1735-1810

	A Mulas			B Rendimiento (en pesos)				C Mulas			D Rendimiento (en pesos)		
Año	Salta	Jujuy	Total	Salta	Jujuy	Total	Año	Salta	Jujuy	Total	Salta	Jujuy	Total
1735	15.177	4450	19.627	5865	1688	7553	1778	36.405	7992	44.397	28.094	5994	34.088
1736	21.285	3872	21.157	7982	1452	9434	1779	37.817	10.849	48.666	28.291	8136	36.427
1737	180	360	440	540	135	675	1780	22.971	7525	30.496	17.228	5643	22.871
1738	34.247	30	34.277	12.843	10	12853	1781	200	662	862	150	497	647
1739	15.907	1151	17.058	6952	434	7396	1782	15.981	5171	21.152	11.986	3953	15.939
1740	35.211			14.273		14.273	1783	28.760	9360	38.120	21.574	7015	28.589
1740-50							1784	27.372	7537	34.909	20.382	5646	26.028
1751	21.827	1465	23.292	29.103	1099	30.202	1785	22.972	5222	28.194	17.081	4137	21.218
1752	20.335			27.113		27.113	1786	29.028	4998	34.026	18.354	3673	22.027
1753							1787	15.571	4006	19.577	15.127	3004	18.131
1754	19.905	3347	25.252	14.929	1255	16.184	1788	21.866	4857	26.723	17.652	3642	21.294
1755	25.647	2564	28.211	19.235	1923	21.158	1789	23.407	4450	27.857	19.407	3337	22.744
1756	16.529	2468	18.997	12.397	1851	14.248	1790	19.444	3964	23.408	13.856	2973	16.829
1757	22.322	1735	24.057	16.772	1289	18.061	1791	15.025	2007	17.032	12.680	1515	14.195
1758	28.926	1000	29.926	21.694	750	22.444	1792	17.502	2703	20.205	13.149	2027	15.176
1759	26.134	896	27.030	19.600	672	20.272	1793	13.284	1635	14.919	9962	1263	11.225
1760	25.060	2453	27.513	18.795	920	19.715	1794	11.203	2235	13.438	8402	1670	10.072
1761	22.771	2592	25.363	17.078	972	18.050	1795	17.800	2462	20.262	13.350	1846	15.196
1762	27.692	7601	35.292	20.769	2873	23.642	1796	18.625	1606	20.231	13.967	1227	15.194
1763	26.904	3109	30.013	20.178	1166	21.344	1797	21.922	2001	23.923	16.441	1501	17.942

1764	28.774	2256	31.030	21.580	1692	23.272	1798	25.368	4263	29.631	16.942	2035	18.977
1765	35.104	4293	39.397	30.294	3220	33.514	1799	33.125	5638	38.763	26.862	3197	30.059
1766	33.059	3115	36.174	24.791	2336	27.127	1800	26.128	5653	31.781	19.660	4240	23.900
1767	30.834	1767	32.601	21.774	1325	23.099	1801	34.516	5690	40.206	25.887	4240	30.127
1768	35.513	5699	41.212	26.635	4274	30.909	1802	39.650	5146	44.796	29.703	4220	33.923
1769	30.824	3123	33.947	23.118	2342	25.460	1803	33.111	8311	41.422	19.429	5829	25.258
1770	25.564	11.713	37.277	19.173	8784	27.957	1804	33.983	4812	38.795	14.755	3608	18.363
1771	39.828	3365	43.193	29.871	2523	32.394	1805	41.683	5394	47.077	18.502	4045	22.547
1772	29.708	3169	32.877	22.281	2376	24.657	1806	40.355	5553	179	31.987	4164	36.151
1773	38.176	6588	44.764	28.631	4941	33.572	1807	45.011	8441	53.452	25.321	6330	31.651
1774	28.453	5717	34.170	21.340	5717	27.057	1808	34.746	8134	42.880	36.221	6100	42.321
1775	30.816	853	31.940	23.112	640	23.955	1809	26.362	5897	32.259	26.362	4423	30.785
1776	31.485	4088	35.573	23.613	3066	26.679	1810		8197	8197		6148	6148
1777		2695	2695		2021	2021							
							Totales	1.655.390	269.905	1.867.919	1.211.095	191.024	1.360.946

Fuente: Archivo General de la Nación, Buenos Aires, División Colonial, Sección Contaduría, Sala XIII, Sisa de Salta, Cartas cuentas de 1735 a 1765, 31-8-4; de 1766 a 1770, 31-9-1; de 1771 a 1773, 31-9-2; de 1774 a 1776, 31-9-3; Manuales de Sisa, 1769 y 1770, 9-7-4; de 1771 a 1775, 9-7-5; de 1776 a 1781, 9-8-1; de 1782 a 1784, 9-7-4; 1784 y 1785, 9-8-2; 1786, 9-8-3; de 1787, 9-8-4; 1788, 9-8-5; 1789, 9-8-6; 1790, 9-9-1; 1791, 9-9-2; 1792, 9-9-3; 1793, 9-9-4; 1794, 9-9-5; 1795, 9-9-6; 1796, 9-9-7; 1797, 10-1-1; 1798, 10-1-2, 1799, 1799, 10-1-3; 1800, 10-1-4; 1801, 10-8-5; 1802, 10-2-1; 1803, 10-2-3; 1804, 10-2-5; 1805, 10-3-2; 1806, 10-3-4; 1807, 10-4-1; 1808. 10-4-2; 1809, 10-4-3.

Sisa de Jujuy, Cartas Cuentas de 1704 a 1753, Legajo 32-3-5; de 1754 a 1759, 31-8-4; de 1760 a 1763, 31-8-5; de 1764 a 1767, 32-3-5. Manuales de Sisa, de 1769 a 1771, 10-6-1; de 1772 a 1775, 10-6-2; de 1776 a 1779,10-6-3; de 1780 a 1783, 10-6-4; de 1784 a 1786, 10-7-1; de 1787 a 1789, 10-7-2; de 1790 a 1792, 10-7-3; 1793 y 1794, 10-7-4; de 1795 a 1799, 10-7-5; de 1800 a 1802, 10-8-1; de 1803 a 1804, 10-8-2; 1805 y 1806, 10-8-3; de 1807 a 1809, 10-8-4; 1810, 10-8-5.

Notas:

1.- Las cantidades de animales y valores del cuadro anterior constituyen la mayor aproximación posible a la extracción de mulas de la cuenca del Río de la Plata al Alto Perú, entre 1735 y 1810. El volumen efectivo fue superior en proporción difícil de precisar por la diversidad de factores que influyeron a la baja. Aparte de las lagunas insalvables de la documentación preservada, las cifras consignadas no incluyen las partidas exentas del pago de sisa despachadas por eclesiásticos, como párrocos, conventos, maestros o colegios (por ejemplo, Cuentas, Salta, 1738: mercedarios, 120 mulas y 340; maestros, 70 y 100; cura de Santa María, 70; redentoristas, 150 y Colegio, 500); aquellas con pases especiales (por ejemplo, las que internaron negros de las Temporalidades de Córdoba; véase Manual de sisa de Jujuy, 1772); los excesos hallados en los recuentos efectuados por los guardas en los puestos habilitados en el camino (por ejemplo, el cuaderno del guarda de la Boca de Quebrada anota 2286 mulas de exceso en relación con las 22.786 que pasaron por el puesto en 1803, o sea 10% de más); excesos autorizados a proseguir su camino previo pago efectivo o afianzamiento del pago por el doble de la tasa (12 reales); el contrabando menor a través de vericuetos fuera de vigilancia (por ejemplo, "las muchas veredas por donde pueden extraerse los ganados"; AGN, IX, 33-8-1, Hacienda, Legajo 67, Expediente 1811, fol. 37); y el porcentaje libre de impuesto (3% "que se práctica rebajar para la vuelta del capataz y de los peones"; AGN, XIII, 10-6-3, Manual de sisas, Jujuy, 1777) . En sentido contrario, hay que restar de las salidas anuales las mulas con guía, extraviadas o muertas en el camino, así como los infrecuentes retornos, por no haber encontrado comprador en destino. El baile de cifras consiguiente no altera sin embargo, en lo sustancial, el nivel, ni la tendencia de las series. Las cifras del rendimiento conjunto anual del ramo de sisa de Salta y Jujuy entre 1778 y 1790, incluido en la representación de los oficiales reales de la Tesorería Principal de Salta de 28 de febrero de 1792 (AGN, IX, 33-8-1. Hacienda, Legajo 67, Expediente 1806, fols. 38 a 39), difieren de las del cuadro 21, a lo sumo en el orden del millar).

2.- En 1737, la saca fue prohibida. No obstante, figura registrada la salida de una punta sin guía que pagó sisa doble (entonces a 6 reales).

3.- Diferencias contables: en 1802, se pagó la sisa de 500 mulas, cuya salida fue postergada al año siguiente. Por consiguiente, rendimiento y salidas de mulas no coinciden en ambos años. Atrasos: 1800, ingresaron en Jujuy pequeñas deudas de 1783 y 1799. Pagos en especie: el capataz del regidor de la ciudad de La Serena, Chile, abona en 1788 al teniente tesorero de la Caja de la Rioja la sisa de la partida en "ochenta y ocho libras de cobre que pesaron cuatro pailas, un macho redomón, un caballo y una mula". El teniente "redujo estas especies a otras mejores en las que sin detrimento alguno satisfizo este importe en plata física" (AGN. XIII, 10-6-3, Manual de Sisa, Jujuy).

Las series que, en el cuadro 21, penden en sentido vertical consignan en primer lugar la cantidad de mulas internadas y ocupa las columnas siguientes el rendimiento en pesos de las licencias de extracción. Las series abarcan de 1735 a 1810. Empiezan tres decenios antes —1735 y no 1767— que las de la alcabala, recién descartadas. Por las dos primeras columnas del cuadro desfilan las cabezas de animales remitidos desde Salta (A) y Jujuy (B). La suma de ambas genera la tercera (C). Los defectos que no faltan al empezar las series han sido denunciados ya. El bloque de columnas a la derecha del cuadro da cuenta, en pesos, del ingreso anual de la sisa en Salta (D) y Jujuy (E), más la adición de ambos valores en F. De una simple ojeada, se desprende claramente que la ruta de la Quebrada del Toro fue más concurrida que la de Humahuaca. Por Salta pasaron siete veces más mulas que por Jujuy. La distancia que separa el flujo respectivo no impide que ambos estuvieran correlacionados. La covarianza se eleva al 65%, mientras que el tercio restante oscila a su aire. En el último tramo, Jujuy varía descompasado de Salta. La correlación de la sisa se redujo entonces a la mitad. Antes que extraer mulas por Humahuaca, Jujuy prefirió despachar otro ganado por la Quebrada hacia las provincias limítrofes al norte. En la tablada de Jujuy, a la que López de Albornoz[59] se refiere fugazmente, se feriaron por entonces vez y media más vacas que mulas.

El gráfico 2 recoge no los datos anuales de la internación, sino las medias móviles trianuales desde 1757 hasta 1809, a costa obviamente del primer y último año de las series. La media móvil —sabido es— suaviza la estridencia de las variaciones anuales y resalta por lo mismo la tendencia subyacente. Los números y los comentarios complementarios sugieren una posible división del periodo en cuatro tramos. El primero abarca de 1754 a 1769, años de crecimiento de las remesas al amparo del famoso y objetado repartimiento de mercaderías. Al obligar a adquirir mulas, la saca se vio favorecida. De Salta salieron de 19.905 mulas anuales en 1754 hasta 35.513 tres lustros después, en 1769, o sea 78% más, a pesar de los movimientos especulativos que el negocio experimentó entonces. El Cabildo de Buenos Aires lamentó,

59. López de Albornoz 2003: 206.

por ejemplo, en 1768, que los mercaderes de Lima se hubieran confabulado para no acudir a la feria de Salta, para presionar a la baja el precio de los animales.[60] En el decenio de 1770, la saca de Salta y Jujuy tendió a estabilizarse en un nivel alto.

La insurrección indígena sorprendió a las "provincias de arriba" en la primavera (noviembre) de 1780 y paralizó el trajín de mulas del año siguiente. En plena sublevación apenas cruzaron por Salta, previo pago de la sisa, 442 mulas de silla y carga con destino a las milicias reclutadas para combatir la rebelión. Un año después, el comerciante salteño Pedro de Elexalde hizo entrega en Oruro al comandante de la plaza de 2600 mulas, libres esta vez de alcabala y sisa.[61] La conmoción detuvo la recaudación de la sisa, al tiempo que los gastos militares aumentaban. En 1792, los oficiales de la Tesorería salteña evocaron el déficit incurrido diez años antes por la caja:

> En los años 81 y 82 [...] no salieron mulas y como hubo necesidad urgente de aumentar los gastos de sisa por la insubordinación y altanería que se notó en los neófitos de las fronteras y movimientos de los infieles del Chaco para hostilizarlas, de ahí provienen los empeños del ramo que no puede convalecer sin auxilio eficaz porque las posteriores entradas exceden poco a las precisas salidas y hay año que no alcanzan a totalizarlas.[62]

Sometido el levantamiento indígena, ganaderos y fletadores procuraron deshacerse del stock acumulado por la interrupción del tráfico. Las mulas se abarataron entonces hasta registrar un mínimo. La venta y la internación de estos animales (cuadro 21) repuntaron transitoriamente a continuación, sin llegar a recuperar el nivel alcanzado antes. Un franco resarcimiento tardó años en darse.

> Al presente —dice un texto de 1788— aunque no emplean tantos como cuando los repartimientos de los corregidores, va tomando aumento

---

60. Céspedes del Castillo 947: 28.
61. Archivo y Biblioteca Nacionales de Bolivia, Sucre, E, 1782, 17.
62. AGN, IX, 33-8-3, legajo 1806, fols. 38-39.

este comercio y fomentándose mucho las crías, costando a los hacendados exquisitas diligencias para proveerse de mulas de dos años en las jurisdicciones referidas.[63]

La grave sequía de 1790 frenó el rebrote. Para remate de males, las mulas de San Luis y Mendoza, pero no las de San Juan, dejaron de acudir a Salta.[64] Los arduos esfuerzos acometidos por años para impulsar la saca resultaron vanos. Salta y Jujuy juntas despacharon entonces 23.000 mulas anuales, no más que al comenzar el siglo.

Restablecida la calma, los comerciantes echaron cuentas. Algunos, con gruesas inversiones y deudas, acabaron por quebrar.[65] La rebelión dañó gravemente al negocio. Una sabia prudencia aconsejó abolir los repartimientos, uno de los motivos impulsores de la sublevación. Que la élite mercantil añorara por lustros la época dorada de aquel deshonroso despojo no es de extrañar. Un oficial de la Real Hacienda, reacio a las reformas borbónicas y a la libertad de comercio, comentó diez años después, en 1792, en Buenos Aires:

> En otros tiempos que el Perú se dividía en muchas Provincias, que cada una de éstas tenía un corregidor, y que cada corregidor repartía a los indios una gran porción de mulas, salía cada año de este ganado el ingente número de sesenta mil y más; hoy que no hay corregidores, que no hay repartos y que se venden en el Perú pocas mulas porque todas van a la suerte de hallar uno quien las compre, apenas salen de diez y seis a veinte mil.[66]

Los datos del cuadro 21 no respaldan la primera afirmación. Las 60.000 mulas anuales parecen ser un deseo no cumplido, aun de pretender añadir las salidas fraudulentas imposibles de contabilizar.

---

63. *Revista de Buenos Aires* 1865: 482.
64. Ibíd.
65. Paz 1999: 60-67.
66. AGN, IX, 33-8-1, Hacienda, legajo 67, expediente 1806.

Gráfico 2
Mulas a Perú, 1757-1808

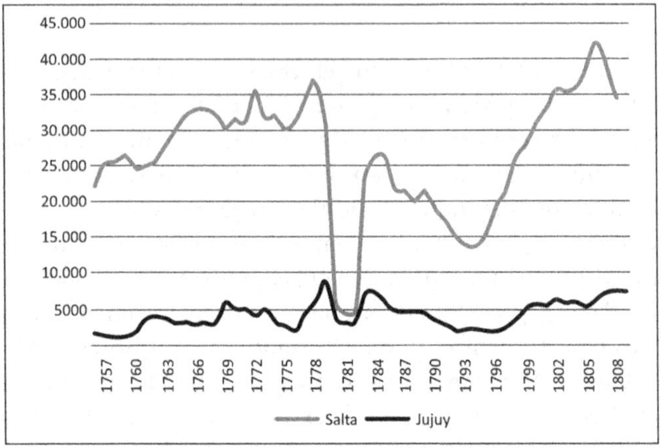

La periodización de las series de la sisa salteña y jujeña culmina en los tres lustros expansivos que precedieron a la emancipación política del Río de la Plata. Ambas provincias juntas despacharon, entre 1795 y 1809, 36.760 mulas de media anual, tantas como antes de la rebelión indígena. Desaparecidos los repartimientos forzosos, la recuperación prueba que la prosperidad del negocio no necesitaba de privilegios, sino de una demanda sostenida. El poderoso negociante y regidor salteño Francisco Manuel Costas recordó en 1800 las etapas recientes de la extracción: desplome, resarcimiento y apogeo final:

> Esta escasez se ha reconocido desde la prohibición de repartos, sin duda porque los hacendados considerando por ella muy difícil su expendio han abandonado las crías, pero desengañados ya de este error o estimulados del subido precio en su venta, propenden con el mayor esmero a su fomento, acreditándolo en el número existente en invernar para la próxima saca que se computa en el de cincuenta mil y se espera que anualmente vaya en aumento.[67]

---

67. AGN, IX, 4-6-7, n.º 26, fol. 47.

La reanudación del auge exportador depende del comportamiento económico, no del político ni el administrativo. Resalta el factor que el precio de las mulas desempeñó, pero pasa por alto la influencia ejercida por el alza de la demanda peruana.

Antes de dejar de sacar el jugo a los datos de la sisa, no estará de más atacar un par de cuestiones tácitas: la variación en tamaño y destino de las partidas de mulas expedidas. A diferencia del cuadro 21, el gráfico 3 no proyecta las cabezas de ganado fletadas, sino el tamaño medio de las conducciones entre 1757 y 1810, año por año: Salta, línea superior; Jujuy, línea inferior. El objeto representado, la saca de mulas, es en ambos casos el mismo, pero se contempla desde un ángulo distinto. Si las medias móviles representadas en el gráfico anterior suavizaban los altibajos de la saca, el gráfico 3 despliega la plena variación de las conducciones. Las remesas acrecientan o adelgazan su tamaño, según los comerciantes estimen que les conviene. Los grandes empresarios salteños reaccionaron rápido atentos a la coyuntura como denotan los picos afilados. Los comerciantes menores, los jujeños en particular, parecen no haber hecho otro tanto. La mayor agilidad tendió a concentrar el negocio en manos de los más pudientes.

Gráfico 3
Promedio de las partidas de mulas internadas por año, 1757-1810

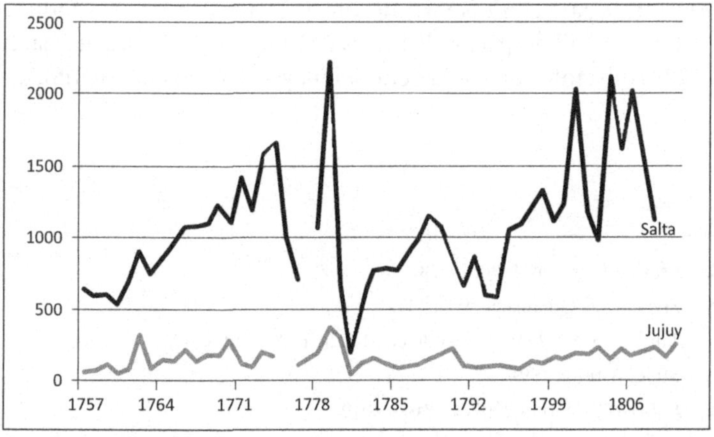

Oferta y demanda inciden sobre la internación. La oferta rioplatense crece por ampliación del área ganadera. El comportamiento de la demanda peruana resulta menos evidente. El cuadro 22 sugiere indirectamente una explicación. Contiene la cantidad de fletamentos y de mulas salidos de Jujuy en solo dos fechas, 1780 y 1789, es decir, antes y después de la crisis comercial provocada por el levantamiento indígena del Altiplano. Las dimensiones, 25 partidas, son las mismas. Fletadores y fiadores jujeños declararon, al hacerse con las guías, que llevaban a Potosí solo el 12% y 6% de sus mulas, baja proporción que contrasta con la insaciable absorción que caracterizó a la Villa Imperial un par de siglos antes. La crisis de la minería de la plata redujo su demanda.[68] Las conducciones tendieron a partir de entonces a orillar la Villa Imperial para dirigirse derecho a Oruro o Jauja, según ha escrito Laura Escobari de Querejazu.[69] La modesta recuperación de la actividad minera y de la Villa en el siglo XVIII duró poco, para desplomarse sin remedio en el primer decenio del siglo XIX.[70] Mayores precisiones sobre el destino último de las remesas de mulas han de hallarse en los libros de fianzas suscritas por los negociantes locales que el Archivo Histórico de Salta custodia.[71] Aparte de la plata de Oruro y el oro de Carabaya, las mulas rioplatenses debieron acudir entonces al Cerro de Pasco o a las numerosas minas de Trujillo, Arequipa, Puno y Huamanga, puestas en explotación en el siglo XVIII.[72] A Arequipa acudieron otras para el transporte del preciado aguardiente de Moquegua al Altiplano.[73] El despacho de mulas de Jujuy, Humahuaca arriba, fue, en 1789, 40% inferior por la dedicación, ya advertida, al vacuno.

---

68. Assadourian et ál. 1980: 27-28.

69. Escobari de Querejazu 1985: 131.

70. Tandeter 1992: 254-268, Tandeter, Milletich y Schmit, 1994.

71. Miller Astrada 1997.

72. Fisher 1977, Flores 2007, Te Paske 2010.

73. Polvarini de Reyes 2007.

Cuadro 22
Destino de las mulas de Jujuy

	1780		1789	
Destino	Mulas	Partidas	Mulas	Partidas
Rinconada	---	---	37	1
Tarija	6	1	6	1
Chichas	293	3	37	1
Potosí	359	6	150	4
La Plata	68	2	50	1
Oruro	1160	1	---	---
Carabaya	2025	2	---	---
Lima	320	1	---	---
Perú	3110	9	4239	17
	7525	25	4519	25

Fuente: AGN, XIII, 1780: 10-6-4. Libro 2, fols. 13 a 17 (17 de enero a 19 de mayo); 1789: 10-7-2, Libro 16, fols. 3 a 10 (7 de febrero a 25 de mayo).

La complementariedad del Río de la Plata y Perú se disolvió al comenzar el siglo XIX por razones políticas. El virreinato del Río de la Plata dio lugar a dos naciones: Bolivia y las Provincias Unidas. La división se tradujo en el orden económico en una depresión honda y prolongada. Cegado el destino septentrional, el mercado de las mulas rioplatenses quedó reducido a su adquisición, como auxiliares, por los ejércitos libertadores o las partidas de una guerra civil interminable. La esperanza concebida fugazmente de exportar los excedentes a otros continentes no prosperó.

Debilitada la tradicional cría y extracción de mulas de las Provincias Unidas, la feria de Sorocaba, surgida en los alrededores de São Paulo en el siglo XVIII y libre Brasil de las pugnas internas que socavaron al país vecino, pudo florecer remitiendo al interior de Minas Gerães las mulas llegadas de la Banda Oriental del Uruguay y de Río

Grande do Sul.[74] La extensión del frente agrícola por el interior paulista a mediados del siglo XIX reforzó la absorción de mulas con destino al transporte del azúcar y del café al puerto exportador de Santos. El flujo mular paulista conquistó entonces la cima que ocuparon antes en el subcontinente sudamericano Venezuela y el Río de la Plata. El ciclo paulista duró hasta la construcción, a fines del mismo siglo, del enlace ferroviario entre el interior del Estado y los puertos. La mecanización del transporte hizo que las mulas dejaran de ser imprescindibles al cabo de un par de siglos para el desarrollo de la economía paulista.[75] En Perú, el ferrocarril relevó también a las mulas del pesado acarreo de minerales, por ejemplo, en Cerro de Pasco.[76]

La transferencia de energía animal

La documentación que resta del portazgo percibido al salir las mulas de Salta y Jujuy revela la dimensión fiscal y económica que la saca desplegó durante buena parte del siglo XVIII. Los folios amarillentos de los libros de sisa relacionan, además, animales y sujetos. Los comerciantes, hacendados, fletadores y fiadores que coincidieron en el negocio acabaron por ocupar la cima de la economía y del poder local. Cruzar sus nombres y las cantidades despachadas da pie para estratificar al grupo mercantil de ambas ciudades. Un par de artículos llamó la atención hace más de medio siglo sobre la posibilidad que la sisa brindaba para una prosopografía de la capa social ascendente (Sánchez-Albornoz 1965a y 1965b). La sugerencia no ha caído en saco roto. La historia regional y empresarial cuenta ahora con los enjundiosos estudios de Mata (1969, 2005), Cornejo (1977), Madrazo, (1982), Paz (1999), López de Albornoz (2002), Conti y Gutiérrez (2009). Al rescatar hoy viejas notas para la redacción de las páginas actuales, no pretendo retomar sendas dejadas de hollar en su día, sino llamar la atención sobre cuestiones que siguen en la penumbra.

74. Ellis 1950: 73.

75. Klein 1989.

76. Contreras 1984.

Las series de la sisa enlazan el circuito comercial que unió la actividad pecuaria de las pampas rioplatenses con una difusa demanda peruana insatisfecha. ¿Cuántas mulas transfirió el Río de la Plata a Perú entonces? Los totales que figuran al pie del cuadro 21 requieren ciertos retoques antes de constituir una respuesta. Aparte de los defectos u omisiones que toda fuente arrastra en mayor o menor medida, fallas señaladas, inferiores por cierto a aquellas con las que se tropieza en otras plazas,[77] debe tenerse de entrada presente que no todas las mulas despachadas llegaron a destino. El muy citado Carrió de la Vandera[78] propone qué restas conviene efectuar para ajustar emisión y recepción. Los pastos nocivos, el agotamiento, la inflamación de los cascos y otros males, junto con los accidentes o extravíos fortuitos, dejaron en el tendal gran cantidad de animales en el camino. Salvar una altitud de unos 2500 metros en un trecho empinado y corto, y coronar el Altiplano por sendas escabrosas fue todo menos un paseo. La mayor parte de las mulas completó el ascenso, pero llegaron extenuadas, las tiernas en particular. Al concluir la escalada, no las esperaban por lo demás ni descanso ni buenos pastos. ¿Qué quebranto sufrieron las partidas en tales circunstancias? Solieron mermar —se dice— entre el 9% y el 16% de la cantidad registrada en la guía expedida antes de emprender camino. La mala suerte llegó a elevar la pérdida hasta la cuarta parte de la partida. La compañía que sufrió tal descalabro solía otras veces echar en falta 3% apenas.[79] Rasero único no hay en esta materia.

Además de sustraer, conviene por otra parte sumar. Hubo mulas que salieron de tapadillo y otras quedaron en el tintero a sabiendas del oficial encargado del registro. Lo primero consta por referencias; lo consentido oficialmente cabe en cambio cuantificarlo en parte. El excedente tolerado a título de "equipaje" o de "refacción" solía ascender a una mula por cada veinte de abono, o sea un modesto 5% de la cantidad consignada en la guía. Llegado a destino, el personal de la conducción necesitaba animales para el regreso. No todo el excedente

77. Gavira Márquez 2001.

78. Carrió de la Vandera 1959: 314 y ss.

79. Paz 1999: 62.

fue entonces repatriado. Peones, mayordomos, fletador o propietario se reservaron los animales de silla y carga imprescindibles para el viaje de vuelta. Las mulas restantes fueron vendidas en Perú para mejora de salarios o beneficios. Consta pues que parte del 5% de las mulas exentas de sisa no volvió, pero no podemos saber cuántas fueron.

Las mulas que las órdenes religiosas, los párrocos y los doctrineros remitían estuvieron exentas también del pago de sisa en los primeros tiempos. Referencias a la extracción de mulas eclesiásticas se encuentran en la nota 1 del cuadro 21. La expulsión de los jesuitas, dueños de grandes estancias de cría y engorde de mulas en varias provincias del Río de la Plata, puso fin al tráfico consuetudinario. Los bienes de la Compañía pasaron a la Junta de Temporalidades, que las vendió a continuación a particulares. Las estancias siguieron activas, pero su producción quedó sujeta a la fiscalidad ordinaria. Los ingresos por ese concepto aumentaron, pero se nos escapa cuánto.

Del fraude consentido se conocen denuncias explícitas.

> Los oficiales reales —dice el *Lazarillo de ciegos caminantes*— usan de alguna condescendencia. Los guardas los imitan en este género de equidad, y los muleros se aprovechan de la indulgencia de unos y otros valiéndose de la destreza de sus capataces, ayudantes y peones [...]. En este trato sisan muchos, como en todo lo demás en que el rey cobra sisa.[80]

Para redondear el contexto en el que la internación se hallaba inserta, Concolorcorvo[81] aventuró el tamaño del plantel al que las mulas rioplatenses se sumaban. Según él, ascendía al medio millón de unidades, sin haber cubierto aún todas las necesidades. Carrió de la Vandera escribe que el "servicio [...] de coches y calesas, cuyas dos últimas clases se reducen a Lima, porque en otras ciudades no usan de este ostentoso tren, porque no se proporciona a su terreno o, por mejor decir, al uso". Pocas mulas de tiro había entonces en Perú. ¿De dónde sacó Carrió de la Vandera esa cantidad? El medio millón parece guardar relación

80. Carrió de la Vandera, 1956: 327.

81. Ibíd.

con la estimación hecha en 1753 por los oficiales reales limeños para el reparto anual de mercancías.[82] Según el desglose corregimiento por corregimiento, correspondía al Bajo Perú adquirir 71.000 híbridos al año y 48.000 los de Charcas, o sea un total de 119.000 piezas, para toda clase de labores y el desahucio anual. El reparto comercial forzoso, sin contar la autosuficiencia de las haciendas, araña a la cuarta parte del medio millón. Remozar el plantel de mulas en su totalidad por esta vía habría requerido cuatro años consecutivos. ¿Cómo asegurar la debida rotación?

Las mulas rioplatenses vivieron, por cierto, pocos años en Perú sin dejar por lo demás descendencia debido a su condición de estériles. Carrió de la Vandera fijó su duración en cuatro años.[83] En una obra posterior,[84] reiteró la opinión. De las nativas, dijo en cambio, "las mulas en los valles, como el de Cochabamba, y toda la costa, desde Arica a Lima inclusive, trabajan cuatro veces más, y viven cuatro veces más por la proporción que tienen de alfalfares para su alimento, como por la benignidad del temple". Los híbridos rioplatenses debieron por consiguiente morir en Perú cumplidos los siete años de su nacimiento, mientras que los locales no tropezaron con inconvenientes para completar el ciclo vital correspondiente a su especie: tal vez el doble de las importadas. La breve vida laboral de las mulas pampeanas en Perú exigió su reposición frecuente y la encareció.

El volumen de animales que arroja la serie de la sisa no basta para cubrir la reposición por reparto del plantel peruano. A principios de los años cincuenta, época de los repartimientos forzosos, por Salta y Jujuy ascendieron entre 30.000 y 16.000 anuales, cantidad muy por debajo de las más de 100.000 por mercar. La diferencia de magnitud es demasiado grande. Otras fuentes tendrían que haber intervenido para acortar distancias. Chile central no consta que haya aportado entonces tantas mulas como hizo un siglo antes. El propio Perú tampoco pudo hacerse cargo de la deficiencia. Llanos o pampas al estilo venezolano

82. Moreno Cebrián 1977: 317-358.

83. Carrió de la Vandera 1959: 328.

84. Carrió de la Vandera 1966: 66.

o rioplatense no tenía. Su relieve serrano limitaba las praderas para la cría y el alimento de los progenitores y de mulas sin domar. Los habitantes de Perú tampoco habrían aceptado ceder al pastoreo de mulas tierras aptas para el sustento humano. A todas las luces, la propuesta de Carrió de la Vandera se encuentra sobredimensionada.

Una revisión más a fondo de la fuente requiere, seguramente, más retoques. Para evitar dilaciones, supongamos que las sumas y restas ya hechas se compensan en buena medida y que las series aguantan más preguntas de hondo significado histórico. La primera cuestión que nos asalta es la siguiente: ¿a qué cantidad de energía equivale la transferencia documentada? De 1754 a 1810, la autopropulsión ascendió a la considerable cantidad de 1.867.919 mulas de toda edad y condición (total de la columna C del cuadro 21). Las pérdidas de información (años de 1740 a 1750, 1752 y 1753 más 1810) representarían unas 300.000 mulas adicionales. ¿Qué concluir de un flujo hipotético de 2.200.000 mulas? Multiplicada esa cifra por los cuatro años de vida útil aportados a la economía peruana, según el límite establecido por Carrió de la Vandera, el aporte energético bruto habría ascendido, en alrededor de medio siglo, a unos 8,8 millones de mulas en edad plenamente activa. Siguiendo con las elucubraciones y pasando por alto las conversiones intermedias (días trabajados por año y horas por día), esos millones se convierten, en números redondos, en 20.000 millones de horas de esfuerzo animal.

Por las mismas fechas, a gran distancia del eje Salta-Jujuy y con el Atlántico de por medio, el ingeniero escocés James Watt daba a conocer en Glasgow, en 1782, el método ideado para determinar la energía cinética generada por la máquina de vapor inventada por él y patentada en 1769.[85] Su rendimiento fue contrastado con el peso que un caballo fue capaz de transportar en un segundo. Watt bautizó a esa cantidad *horsepower* (HP). El nombre elegido rezumaba una connotación pecuaria fácilmente asimilable para un público muy apegado aún al suelo. La energía que el caballo y la mula desarrollan dista algo, pero no demasiado, de modo que medir en caballos de fuerza la energía

85. Smil 2017: 9-11.

cinética transferida por las mulas rioplatenses a Perú no presenta inconveniente. Esa unidad de medición no ha caído en desuso desde entonces, pese a las múltiples unidades disponibles según la fuente de alimentación contemplada. La potencia de los automóviles sigue expresándose en caballos de fuerza. La energía eléctrica se mide ahora en vatios o en sus múltiplos, en homenaje al mencionado ingeniero escocés.

Las cantidades barajadas abren paso a la pregunta siguiente. Los supuestos 8,8 millones de mulas transferidas o los 20.000 millones de horas trabajadas ¿qué beneficio reportaron a la economía peruana? Cabe también plantear al revés, ¿qué efectos habría tenido la falta de esas remesas? De no ser por tamaño aporte energético, el producto interior del territorio peruano habría sido desde luego inferior y los perjuicios mayores. Para evitar una caída más pronunciada de ese producto, es de suponer que los sectores populares habrían sido llamados a arrimar el hombro, como tantas veces antes. Contreras ha titulado, feliz y eufónicamente, una situación opuesta: "Menos plata, pero más papas".[86] Su trabajo sostiene que la caída de la actividad minera a mediados del siglo XIX benefició a los sectores populares al transferir mano de obra de la extracción a la producción para el consumo. Un siglo antes, el auge minero fue en cambio compatible con un aumento del bienestar popular. La expansión minera dieciochesca coincidió con el crecimiento demográfico del que Vollmer ha dejado cumplida constancia.[87] Mano de obra no faltó para la minería, ni la producción para el consumo. Las mulas importadas ahorraron además un esfuerzo humano que quedó libre para volcarse en provecho propio. Al modo de Contreras, cabe pues decir que, en general, las mulas ayudaron a conciliar entonces "más plata con más papas".

Antes de poner punto final al capítulo, procede recordar rápidamente cómo pagó Perú el grueso de la energía animal adquirida. Sin productos capaces de competir eficazmente con la invasión de bienes que llegaban al Río de la Plata por mar desde Europa, de forma lícita o

---

86. Contreras 2011.

87. Vollmer 1967.

de contrabando, Perú se vio movido a saldar en metálico, salvo excepciones, el valor de las mulas transferidas. La saca enlazó y complementó —plata por mulas— la economía de regiones que la segregación decretada del Río de la Plata del viejo virreinato peruano no consiguió desanudar.

El presente ensayo denota una concepción de la historia como ciencia social. Los datos de la sisa que respaldan este capítulo informan de una actividad económica y social de relevancia más allá de la local. Su significado cobra particular relieve al comparárselo con otra de la misma índole actual. Lo expuesto contiene además evidencias de cómo las instituciones fiscales funcionaron entonces, con mayor eficiencia en el cobro y en la gestión de la administración provincial de la sisa que la desplegada por los oficiales reales en la percepción de la alcabala o en la remisión de la información a las cajas supremas.

El flujo de mulas, reconstruido a partir de las series de datos anteriores, forma parte de un capítulo escueto de una epopeya más larga del género humano. Por cientos de miles de años, la humanidad ha procurado aliviar o aumentar el rendimiento del trabajo físico empleado para la supervivencia personal o de la especie recurriendo a instrumentos o a animales domésticos. El mismo objetivo perseguido llevó a cargar sobre otros hombres, sin su consentimiento, los trabajos más duros, sometiéndolos de este infausto modo a la condición servil.

Muchas sociedades han recurrido a la energía equina en múltiples usos. En el continente americano, ese episodio se reduce en el tiempo. Las mulas hollaron tarde el Nuevo Mundo hace cinco siglos a la par de otros equinos. Su introducción inició un lento proceso de ahorro de energía humana, en particular la de la mayoría nativa reducida a los trabajos más duros. El reemplazo añade ahora la sustitución de los procesos mecánicos tempranos, por ejemplo, velas y vapor en la navegación. Instrumentos de última generación, impulsados por energías renovables o fósiles, encabezan en nuestros días la actividad sustitutiva, al punto de amagar con esterilizar empleos que hoy proporcionan ocupación a hombres y mujeres.

El proceso sustitutivo encuentra ahora un continente bien dotado esta vez de las energías renovables y fósiles imprescindibles.

Distribuidas geográficamente de manera desigual, se impone, exportaciones aparte, transferir energía de una región excedentaria a otra deficitaria del continente. La complementación y el flujo resultante devuelven nuestra mente al ciclo mular recién expuesto. Un volumen sustancial de energía fluye ahora en sentido opuesto al del siglo XVIII. El Río de la Plata figura ahora como demandante impenitente de energías fósiles: gas y petróleo. Un aprovisionamiento local insuficiente en relación con el alto consumo de energía reproduce la antigua porfía en una escala mayor y en dirección contraria. Un par de siglos más tarde, la energía fluye por gasoductos u oleoductos de norte a sur.

En el futuro, la electrónica, la robótica, más lo impredecible, prometen un próximo relevo en esta carrera sustitutiva inconclusa. Ante el telón de fondo milenario recién evocado, el más que bicentenario tráfico de mulas entre el Río de la Plata y Perú emerge diáfano como un episodio nada anecdótico de la historia energética americana.

Bibliografía

ACOSTA, José de

1984 [1587] *De procuranda indorum salute.* Madrid: Consejo Superior de Investigaciones Científicas.

AGIA, Miguel de

1946 [1604] *Tratado que contiene tres pareceres graves en derecho. Servidumbres personales de indios.* Estudio preliminar de F. Javier de Ayala. Sevilla: Escuela de Estudios Hispanoamericanos.

ALBÓ, Xavier (comp.)

1988 *Raíces de América. El mundo aymara.* Madrid: Alianza Editorial.

ANDRIEN, Kenneth y Rolena ADORNO

1991 *Transatlantic Encounters. Europeans and Andean in the Sixteenth Century.* Berkeley: University of California Press.

ARGOUSE, Aude

2004 "Transcription d'un document inédit: Répartition de mita en 1666. Rationalisation de l'économie et main d'oeuvre indienne dans le Corregimiento de Cajamarca". *Bulletin de l'Institut Français d'Études Andines*, vol. 33, n.º 1: 97-134.

ARZANS DE ORSÚA Y VELA, Bartolomé

1965 *Historia de la Villa Imperial de Potosí* (2 vols.). Providence: Brown University Press.

Assadourian, Carlos Sempat

1982 *El sistema de la economía colonial. Mercado interno, regiones y espacio económico.* Lima: Instituto de Estudios Peruanos.

1985a "La crisis demográfica del siglo XVI y la transición del Tawantisuyo al sistema mercantil colonial". En Nicolás Sánchez-Albornoz (comp.), *Población y mano de obra en América Latina* (pp. 69-93). Madrid: Alianza Editorial.

1985b "Las rentas reales, el buen gobierno y la hacienda de Dios: el parecer de 1568 de Fray Francisco de Morales sobre la reformación de la Indias temporal y espiritual". *Histórica*, n.º 9: 75-130.

1994 *Transiciones hacia el sistema colonial andino.* Lima, Ciudad de México: Instituto de Estudios Peruanos, El Colegio de México.

Assadourian, Carlos Sempat et ál.

1980 *Minería y espacio económico en los Andes. Siglos XVI-XX.* Lima: Instituto de Estudios Peruanos.

Bakewell, Peter

1989 *Mineros de la Montaña Roja. El trabajo de los indios en Potosí.* Madrid: Alianza Editorial.

Bargalló, Modesto

1955 *La minería y la metalurgia en la América Española durante la época colonial.* Ciudad de México: Fondo de Cultura Económica.

Barriga, Víctor M.

1941 *Documentos para la historia de Arequipa* (2 vols.). Arequipa: s. e.

1951 *Los terremotos de Arequipa, 1582-1868.* Arequipa: s. e.

1952 *Memorias para la historia de Arequipa* (4 vols.). Arequipa: s. e.

Beltrán y Rózpide, Ricardo

1921 *Colección de la memoria o relaciones que escribieron los virreyes del Perú acerca del estado en que dejaban las cosas generales del reino* (2 vols.). Madrid: Imp. del Asilo de Huérfanos del S. C. de Jesús.

BLOCK, David
2003 "Four Decades of 'Visitas de Indios', an Annotated Bibliography" (pp. 15-50). En Ana María Lorandi et ál., *Los Andes: cincuenta años después (1953-2003). Homenaje a John Murra.* Lima: Pontificia Universidad Católica del Perú.

BOLEDA, Mario y Enrique TANDETER
2004 *Poblaciones andinas. Estudio de la dinámica demográfica de Chayanta, en los siglos XVII y XVIII.* Buenos Aires: Alianza Editorial.

BORAH, Woodrow y Sherburne COOK
1972 *Essays in Population History: Mexico and the Caribbean.* Berkeley: University of California Press.

BOUYSSE-CASSAGNE, Thérèse
1978 "L'espace aymara: urco et uma". *Annales*, vol. 33, n.os 5-6: 1057-1080.

1984 "Volcan indien, volcan chrétien à propos de l'éruption du Huaynaputina en l'an 1600". *Journal de la Société des américanistes*, vol. 70, n.o 1: 43-68.

BOWSER, Frederick
1974 *The African Slave in Colonial Peru.* Palo Alto: Stanford University Press.

BROWN, Kendall W.
2008 *Borbones y aguardiente. La reforma imperial en el sur peruano. Arequipa en vísperas de la independencia.* Lima: Banco Central de Reserva del Perú, Instituto de Estudios Peruanos.

BURNS, Kathryn
1999 *Colonial Habits. Convents and the Spiritual Economy of Cuzco, Peru.* Durham: Duke University Press.

CABELLO BALBOA, Miguel
1951 [c. 1586] *Miscelánea antártica.* Lima: Universidad Nacional Mayor de San Marcos.

CABILDO DE LIMA
1935 *Cabildos de Lima, Libros de* (10 vols.) Edición de Bertram T. Lee y Juan Bromley. Lima: Torres Aguirre.

Calancha, Antonio y Bernardo de Torres

1972 *Crónicas agustinianas del Perú.* Madrid: Consejo Superior de Investigaciones Científicas Instituto Enrique Florez, Departamento de Misionología Española.

Cañete, Pedro Vicente

1952 [1791] *Guía histórica, geográfica, física, política, civil y legal del Gobierno e Intendencia de la Provincia de Potosí.* Potosí: s. e.

Capoche, Luis

1959 *Relación general de la Villa Imperial de Potosí.* Edición de L. Hanke. Madrid: Biblioteca de Autores Españoles, vol. 122.

Carnero Albarrán, Nadia

1981 *Minas e indios del Perú. Siglos XVI-XVIII.* Lima: Seminario de Historia Rural Andina.

Carrió de la Vandera, Alonso

1959 [1773] "El lazarillo de ciegos caminantes desde Buenos Aires hasta Lima". En *Relaciones histórico-literarias de la América meridional.* Madrid: Biblioteca de Autores Españoles, vol. 122.

1966 [1782] *La reforma del Perú.* Lima: Universidad Nacional Mayor de San Marcos.

Castañeda, Juan

1996 "Notas para una historia de la ciudad de Trujillo del Perú en el siglo XVII" (pp. 159-189). En Hiroyasu Tomoeda y Luis Millones (comp.), *La tradición andina en los tiempos modernos* Osaka: Kokuritsu Minzoku Hakubutsukan.

Céspedes del Castillo, Guillermo

1947 *Lima y Buenos Aires: repercusiones económicas y políticas de la creación del virreinato del Plata.* Sevilla: Escuela de Estudios Hispano-Americanos.

Chance, John K.

1978 *Race and Class in Colonial Oaxaca.* Palo Alto: Stanford University Press.

CHARNEY, Paul J.

1988 "El indio urbano. Análisis económico y social de la población india de Lima en 1613". *Histórica*, vol. 13, n.º 1: 5-33.

2001 *Indian Society in the Valley of Lima*. Lanham: University Press of America.

CHEVALIER, François

1989 "Servidumbre de la tierra y rasgos señoriales en el Alto Perú: apuntes comparativos sobre los yanaconas". *Histórica*, vol. 13, n.º 2: 153-170

1993 "Servidumbre de la tierra y rasgos señoriales en el Alto Perú: apuntes comparativos sobre los yanaconas". *Revista de Historia de América*, n.º 115: 7-22.

CHOCANO MENA, Magdalena

2000 *La fortaleza docta: elite letrada y dominación social en México colonial (siglos XVI-XVII)*. Barcelona: Bellaterra.

COBO, Bernabé

1882 [1639] *Historia de la fundación de Lima*. Lima: Colección de Historiadores del Perú, vol. 1.

COLE, Jeffrey A.

1984 "Viceregal Persistance Versus Indian Mobility: The Impact of the Duque de la Palata's Reform Program on Alto Perú (1681-1692)". *Latin America Research Review*, n.º 9: 37-56.

1985 *The Potosí Mita, 1573-1700.Compulsory Indian Labor in the Andes*. Palo Alto: Stanford University Press.

COLEMAN, Katherine

1979 "Provincial Urban Problems: Trujillo, Perú, 1600-1784" (pp. 369-409). En David J. Robinson (comp.), *Social Fabric and Spatial Structure in Colonial Latin America*. Boulder: Westview Press.

COLMENARES, Germán

1968 *Fuentes coloniales para la historia del trabajo en Colombia: transcripciones del Archivo Histórico Nacional*. Bogotá: Universidad de los Andes.

Conti, Viviana
1989 "Articulación económica en los Andes Centromeridionales (siglo XIX)". *Anuario de Estudios Americanos*, n.º 46: 423-453.

Conti, Viviana y Mirta Gutiérrez
2009 "Empresarios de los Andes de la Colonia a la Independencia. Dos estudios de casos de Jujuy". *América Latina en la Historia Económica. Revista de Investigación*, n.º 32: 135-163.

Contreras, Carlos
1982 *La ciudad del mercurio. Huancavelica, 1570-1700*. Lima: Instituto de Estudios Peruanos.

1984 "Mineros, arrieros y ferrocarril en el Cerro de Pasco, 1870-1904". *HISLA*, n.º 4: 3-15.

2011 "Menos plata pero más papas: consecuencias económicas de la independencia en el Perú". *Histórica*, vol. 35, n.º 2: 101-132.

Contreras, Carlos (ed.)
2009 *Compendio de historia económica del Perú*. Lima: Banco Central de Reserva del Perú, Instituto de Estudios Peruanos.

Contreras, Miguel
1968 *Padrón de los indios que se hallaron en la Ciudad de los Reyes*. Edición de Noble David Cook. Lima: Universidad Nacional Mayor de San Marcos.

Cook, Noble David
1976 "Les indiens inmigrés à Lima au début du XVIIe siècle". *Cahiers des Amériques latines*, n.os 13-14: 35-50.

1977 "La población de la parroquia de Yanahuara, 1738-47. Un modelo para el estudio de las parroquias coloniales peruanas". En Franklin Pease (ed.), *Collaguas*, vol. 1. Lima: Pontificia Universidad Católica del Perú.

1978 "La visita de los conchucos por Cristóbal Ponce de León, 1543". *Historia y Cultura*, n.º 10: 23-45.

1981 "Eighteenth-Century Population Change in Andean Peru: The Parish of Yanque". En David J. Robinson (comp.), *Studies in Spanish American Population History*. Boulder: Westview Press.

1982 "Population Data for Indian Peru: Sixteenth and Seventeenth Centuries". *Hispanic American Historical Review*, n.º 62: 73-120.

1989 "Patrones de migración indígena en el virreinato del Perú: mitayos, mingas y forasteros". *Histórica*, vol. 13, n.º 2: 125-152.

1990 "Migration in Colonial Perú: An Overview" (pp. 41-61). En David J. Robinson (comp.), *Migration in colonial Spanish America*. Cambridge: Cambridge University Press.

1998 *Born to Die: Disease and New World Conquest, 1492-1650*. Cambridge: Cambridge University Press.

2010 *La catástrofe demográfica andina. Perú 1520-1620*. Lima: Pontificia Universidad Católica del Perú.

Cook, Noble David (ed.)
1975 *Tasa de la visita general de Francisco de Toledo*. Lima: Universidad Nacional Mayor de San Marcos.

Cook, Noble David y Alexandra Parma Cook
2011 *Los hijos del volcán. Dualidad andina en el valle de Colca*. Arequipa: Ediciones El Lector.

Cornejo, Atilio
1945 *Contribución a la historia de la propiedad inmobiliaria de Salta en la época virreinal*. Buenos Aires: Imprenta Ferrarihnos.

Cornejo, Florencia S.
1979 "El comercio de mulas de Salta con el Litoral, Córdoba, Alto y Bajo Perú" (pp. 365-373). En *Cuarto Congreso Nacional y Regional de Historia Argentina*, vol. I. Buenos Aires: Academia Nacional de la Historia.

Crespo Rodas, Alberto
1955-1956 "La mita de Potosí". *Revista Histórica*, n.º 22: 169-182.

1970 "El reclutamiento y los viajes en la mita del Cerro de Potosí" (pp. 469-481). *La minería hispana e iberoamericana. Contribución a su investigación histórica*. VI Congreso Internacional de Minería, vol. 1. León: Cátedra de San Isidoro.

CUSHNER, Nicholas P.
1983 *Jesuit Ranches and de Agrarian Development of Colonial Argentina, 1650-1767.* Albany: State University of New York Press.

DAVIES, Keith
1974 *The Rural Domain of the City of Arequipa.* Michigan: microfilms.

1977 "La tenencia de la tierra y la sociedad rural arequipeña en los siglos XVI y XVII". *Histórica*, vol. 1, n.° 2: 183-197.

1982 *Landowners in Colonial Peru.* Austin: University of Texas.

DÁVILA BRICEÑO, Diego
1965 [1586] "Descripción y relación de la provincia de los Yauyos toda, Anan Yauyos y Lorin Yauyos" (pp.155-165). En *Relaciones geográficas de Indias. Perú*, vol. 1. Madrid: Biblioteca de Autores Españoles, vol. 183.

DEL RÍO MORENO, Justo L.
1992 *Caballos y équidos españoles en la conquista y colonización de América (S. XVI).* Sevilla: Real Maestranza de Caballería.

DEPONS, Federico
1960 *Viaje a la parte oriental de Tierra Firme en la América meridional* (2 vols). Caracas: Banco Central de Venezuela.

DESCRIPCIÓN DE LA VILLA Y MINAS DE POTOSÍ
1965 En *Relaciones geográficas de Indias. Perú,* vol. 1. pp. 372-385. Madrid: Biblioteca de Autores Españoles, vol. 183.

DOMÍNGUEZ FAURA, Nicanor
2017 *Aproximaciones a la historia de Puno y del Altiplano.* Puno: Dirección Desconcentrada de Cultura de Puno.

DOMÍNGUEZ ORTIZ, Antonio
1952 "La esclavitud en Castilla durante la Edad Moderna". *Estudios de Historia Social de España*, n.º 2: 367-428.

ECHEVERRIA Y MORALES, Francisco Javier
1952 "Memoria de la Sta. Iglesia de Arequipa". En Víctor M. Barriga, *Memorias para la historia de Arequipa,* vol. 4. Arequipa: s. e.

ELLIS JUNIOR, Alfredo
1950 "O ciclo do muar". *Revista de Historia*, vol. 1, n.º 1: 73-81.

ENSICK, Oscar L.
1990 *Propios y arbitrios del Cabildo de Buenos Aires*. Madrid: Instituto de Estudios Fiscales.

ESCALONA Y AGÜERO, Gaspar
1941 [1647] *Gazofilacio real del Perú: tratado financiero del coloniaje*. La Paz: Ministerio de Educación, Bellas Artes y Asuntos Indígenas.

ESCOBARI DE QUEREJAZU, Laura
1985 *Producción y comercio en el espacio sur andino en el siglo XVII. Cuzco-Potosí, 1650-1700*. La Paz: s. e.

1990 "Conformación urbana y étnica en las ciudades de La Paz y Potosí durante la colonia". *Historia y Cultura*, n.º 18: 59-78.

1992 "Migración multiétnica y mano de obra calificada en Potosí, siglo XVI" (pp. 67-83). En Silvia Arze et ál. (comp.), *Etnicidad, economía y simbolismo en los Andes*. La Paz: Hisbol, Instituto Francés de Estudios Andinos.

1997 "Los extravagantes: mano de obra en las minas de Oruro 1606-1650". *Tiempos de América: Revista de Historia, Cultura y Territorio*, n.º 1: 11-23.

2001 *Caciques, yanaconas y extravagantes. La sociedad colonial en Charcas. S. XVI-XVIII*. La Paz: Plural.

2011 "Mano de obra especializada en los mercados coloniales de Charcas. Bolivia, siglos XVI-XVII". *Nuevo mundo, mundos nuevos*. Disponible en: <https://journals.openedition.org/nuevomundo/60530> (última consulta: 11/10/19).

ESCOBEDO, Ronald
1979 *El tributo indígena en el Perú (siglos XVI-XVII)*. Pamplona: Universidad de Navarra.

ESPINOZA SORIANO, Waldemar
1976 "Los mitmas de Nazca en Ocoña, Vitor y Camaná. Siglos XVI y XVII. Una tasa inédita para la etnohistoria andina". *Bulletin de l'Institut Français d'Etudes Andines*, n.º 5: 85-95.

1981 "El fundamento territorial de los ayllus serranos. Siglos XVI y XVII". Amalia Castelli et ál., *Etnohistoria y antropología andina*. Lima: Museo Nacional de Historia.

2009 "Economía política y doméstica del Tahuantinsuyo" (pp. 315-390). Carlos Contreras (ed.), *Compendio de historia económica del Perú*, vol. 1. Lima: Instituto de Estudios Peruanos.

Esteve Barba, Francisco (comp.)
1968 *Crónicas peruanas de interés indígena*. Madrid: Biblioteca de Autores Españoles.

Eugenio Martínez, María A.
1977 *Tributo y trabajo del indio en Nueva Granada*. Sevilla: Escuela de Estudios Hispano-Americanos.

Evans, Brian M.
1981 "Census Enumeration in Late Seventeenth-Century Alto Perú: The Numeración General of 1683-1684" (pp. 25-44). En David J. Robinson (comp.), *Studies in Spanish American Population History*. Boulder: Westview Press.

1990 "Migration Processes in Upper Peru in the Seventeenth Century" (pp. 62-85). En David J. Robinson (comp.), *Migration in Colonial Spanish America*. Cambridge: Cambridge University Press.

1991 "Death in Aymaya, 1580-1623" (pp. 142-158). Noble David Cook y W. George Lovell, *"Secrets Judgments of God". Old World Diseases in Colonial Spanish America*. Norman: University of Oklahoma Press.

s. f. "Migration in Alto Perú in the Late Seventeenth Century: The Evidence of the Numeración general". Ms.

Ezquerra Abadía, Ramón
1970 "Problemas de la mita en el siglo XVIII" (pp. 483-511). En *La minería hispana e iberoamericana*, vol. 1. VI Congreso Internacional de Minería. León: Cátedra de San Isidoro.

Farriss, Nancy M.
1992 *La sociedad maya bajo el dominio colonial*. Madrid: Alianza Editorial.

FAVRE, Henri

2011 *Changement et continuité chez les mayas du Mexique*. París: L'Harmattan.

FISHER, John

1977 *Minas y mineros en el Perú colonial, 1776-1824*. Lima: Instituto de Estudios Peruanos.

FOX, K. V.

1962 "Pedro Muñiz, Dean of Lima, and the Indian Labor question (1603)". *Hispanic American Historical Review*, n.º 42: 63-88.

FREILE GRANIZO, Juan

1981 *Numeraciones del repartimiento de Otavalo* (2 vols.). Otavalo: Instituto Otavaleño de Antropología.

FRIEDE, Juan

1974 *Bartolomé de Las Casas, precursor del anticolonialismo: su lucha y su derrota*. Ciudad de México: Siglo XXI.

FUENTES, Manuel A. (comp.)

1859 *Memorias de los virreyes que han gobernado el Perú durante el tiempo del coloniaje español* (6 vols.). Lima: F. Bailly.

GALDÓS RODRÍGUEZ, Guillermo

1987 *Comunidades prehispánicas de Arequipa*. Arequipa: Fundación Manuel J. Bustamante de la Fuente.

GARAVAGLIA, Juan Carlos

1984 "La guerra en el Tucumán colonial. Sociedad y economía en el área de frontera (1660-1760)". *Hisla*, n.º 4: 21-35.

2008 *Mercado interno y economía colonial*. Rosario: Prohistoria.

GAVIRA MÁRQUEZ, María de la Concepción

2001 "Producción de plata y comercio en Oruro a fines del período colonial. Análisis a través de las fuentes fiscales". *Revista de Indias*, vol. 61, n.º 222: 377-405.

GIBSON, Charles

1964 *The Aztec under Spanish Rule. A History of the Indians of the Valley of Mexico, 1519-1810*. Palo Alto: Stanford University Press.

GIL MONTERO, Raquel

2011 "Free and Unfree Labour in the Colonial Andes in the Sixteenth and Seventeenth Centuries". *International Review of Social History*, n.º 56, Special Issue: 297-318.

2013 "Migración y tributación en los Andes: Chichas y Lípez a fines del siglo XVII". *Anuario de Estudios Americanos*, vol. 70, n.º 1: 39-65.

2014 "Mecanismos de reclutamiento indígena en la minería de plata. Lípez (sur de la actual Bolivia). Siglo XVII". *América Latina en la Historia Económica*, vol. 21, n.º 1: 5-30.

GIL MONTERO, Raquel y Axel E. NIELSEN

2010 "The *Forasteros* of Lípez: Ethnohistorical and Archaeological Perspectives on the Peoples of Bolivia's Southern Altiplano (Thirteenth to Eighteenth Centuries)". *Colonial Latin American Review*, vol. 19, n.º 3: 437-459.

GIL MONTERO, Raquel, Lía Guillermina OLIVETO y Fernando LONGHI

2015 "Mano de obra y fiscalidad a fin del siglo XVII: dispersión y variabilidad de la categoría yanacona en el sur andino". *Boletín del Instituto de Historia Argentina y Americana "Dr. Emilio Ravignani"*, vol. 43, n.º 2: 59-93.

GISBERT, Teresa

1985 *Arquitectura andina. Historia y análisis.* La Paz: Embajada de España en Bolivia.

GLAVE, Luis Miguel

1988 *Demografía y conflicto social. Historia de las comunidades andinas en los Andes del Sur.* Documento de trabajo n.º 23. Lima: Instituto de Estudios Peruanos.

1989 *Trajinantes. Caminos indígenas en la sociedad colonial. Siglos XVI-XVII.* Lima: Instituto de Apoyo Agrario.

1992 *Vida, símbolos y batallas. Creación y recreación de la comunidad indígena. Cusco, siglos XVI-XX.* Ciudad de México: Fondo de Cultura Económica.

1994 "La comunidad campesina y el manejo del espacio. Una perspectiva histórica en los Andes". *Andes. Antropología e Historia*, n.º 6: 349-359.

1995-1996 "Familia y poblamiento en el Altiplano andino (siglo XVII). *Andes. Antropología e historia*, n.º 7: 89-112.

2009 "Propiedad de la tierra, agricultura y comercio, 1570-1700: el gran despojo" (pp. 313-446). En Carlos Contreras (ed.), *Economía del período colonial temprano*. Lima: Banco Central de Reserva del Perú, Instituto de Estudios Peruanos.

GOLTE, Jürgen

1980 *Repartos y rebeliones. Túpac Amaru y las contradicciones de la economía colonial*. Lima: Instituto de Estudios Peruanos.

GÓNGORA, Mario

1998 *Estudios sobre la historia colonial de Hispanoamérica*. Santiago de Chile: Editorial Universitaria.

GONZÁLEZ CASASNOVAS, Ignacio

2000 *Las dudas de la Corona. La política de repartimiento para la minería de Potosí (1680-1732)*. Madrid: Consejo Superior de Investigaciones Científicas.

GORDILLO, José M. y Mercedes DEL RÍO

1993 *La visita de Tiquipaya (1579). Análisis etno-demográfico de un padrón toledano*. Cochabamba: Universidad Mayor de San Simón.

GREENOW, L. L.

1981 "Marriage Patterns and Regional Interaction in Late Colonial Nueva Galicia" (pp. 119-147). En David J. Robinson, S*tudies in Spanish American Population History*. Boulder: Westview Press.

GRICE-HUTCHINSON, Marjorie

1982 *El pensamiento económico en España*. Barcelona: Crítica.

GUAMÁN POMA DE AYALA, Felipe

1980 *El primer nueva corónica y buen gobierno* (3 vols.). Ciudad de México: Siglo XXI.

GUEVARA GIL, Jorge Armando y Frank L. SALOMON
1996 *Cuadernos de investigación I*. Lima: Instituto Riva-Agüero.

GUIBOVICH PÉREZ, Pedro y Luis Eduardo WUFFARDEN
2008 *Las visitas del obispo Mollinedo y Angulo (Cuzco 1674-1694)*. Lima: Instituto Francés de Estudios Andinos, Instituto Riva-Agüero.

GUTIÉRREZ, Ramón
1984 "Dos planos inéditos de Córdoba y Mendoza". *Anuario de la Academia Nacional de Bellas Artes*, n.º 19.

1992 *Evolución histórica urbana de Arequipa 1540-1990*. Lima: Facultad de Arquitectura, Urbanismo y Artes de la Universidad Nacional de Ingeniería, Epígrafe Editores.

HANKE, Lewis (comp.)
1978-1980 *Los virreyes españoles en América durante el gobierno de la Casa de Austria. Perú*. Madrid: Biblioteca de Autores Españoles, vols. 280-286.

HARDOY, Jorge E. y Carmen ARANOVICH
1969 "Urbanización en América hispánica entre 1580 y 1630". *Boletín del Centro de Investigaciones Históricas y Estéticas*, n.º 11: 9: 89.

HARRIS, Olivia
1978 "De l'asymétrie au triangle. Transformation symboliques au Nord de Potosí". *Annales*, n.º 33: 1108-1125.

HARRIS, Olivia, Brooke LARSON y Enrique TANDETER (comp.)
1987 *La participación indígena en los mercados surandinos. Estrategias y reproducción social. Siglos XVI a XX*. La Paz: Centro de Estudios de la Realidad Económica y Social.

HERREROS CLERET DE LANGAVENT, Benita
2016 "Alianzas, negociación y conflictos en las misiones de la frontera chaqueña durante el siglo XVIII" (pp. 241-253). En Valentina Favarò, Manfredo Merluzzi y Gaetano Sabattini (eds.), *Fronteras. Procesos y prácticas de integración y conflictos entre Europa y América (Siglos XVI-XX)*. Madrid: Fondo de Cultura Económica.

HUERTAS VALLEJO, Lorenzo
1998 "Conformación del espacio social en Huamanga, siglos XV y XVI" (pp. 7-28). En Luis Millones, Hiroyasu Tomoeda y Tasuhiko Fujii, *Historia, religión y ritual de los pueblos ayacuchanos*. Osaka: Suita.

JACKSON, Robert H.
1999 *Race, Caste and Indians in Colonial Spanish America*. Albuquerque: University of New Mexico.

JARA, Álvaro
1987 *Trabajo y salario indígena. Siglo XVI*. Santiago de Chile: Editorial Universitaria.

JARAMILLO, Miguel
1992 "Migraciones y formación de mercados laborales: la fuerza de trabajo indígena de Lima a comienzos del siglo XVII". *Economía*, vol. 15, n.os 29-30: 265-320.

JIMÉNEZ DE LA ESPADA, Marcos
1965 *Relaciones geográficas de Indias, Perú*. Madrid: Biblioteca de Autores Españoles, vols. 183, 184 y 185.

JORALEMON, Donald
1982 "New World Depopulation and the Case of Disease". *Journal of Anthropological Research*, n.º 38: 108-127.

JULIEN, Catherine J.
1987 "The Uru Tribute Category: Ethnic Boundaries and Empire in the Andes". *Proceedings of the American Philosophical Society*, vol. 131, n.º 1: 53-91.

KLEIN, Herbert S.
1989 "A oferta de muares no Brasil Central: o mercado de Sorocaba, 1825-1880". *Estudos Econômicos*, vol. 19, n.º 2: 347-372. Versión algo más extensa en inglés en *Agricultural History*, vol. 64, n.º 4: 1-26, 1990.

KLEIN, Herbert S. y John J. TEPASKE
1982, 1985 *Las cartas cuentas de la Real Hacienda de la América española, siglos XVI a principios del siglo XIX*. Disponible en: <http://realhacienda.colmex.mx/> (última consulta: 13/10/19)

Konetzke, Richard
1953-1962 *Colección de documentos para la historia de la formación social de Hispanoamérica, 1443-1810* (5 vols.). Madrid: Consejo Superior de Investigaciones Científicas.

Lamana Ferrario, Gonzalo (ed.)
2012 *Pensamiento colonial crítico. Textos y actos de Polo de Ondegardo.* Lima: Instituto Francés de Estudios Andinos, Centro de Estudios Rurales Andinos Bartolomé de Las Casas.

Larson, Brooke
1992 *Colonialismo y reforma agraria en Bolivia, Cochabamba, 1550-1830.* La Paz: Ceres, Hisbol.

Lavallé, Bernard
1992 *Quito et la crise de l'Alcabala (1580-1600).* París: Éditions du CNRS.

[León de Portocarrero, Pedro]
1958 *Descripción del virreinato del Perú.* Edición de Boleslao Lewin. Rosario: Universidad Nacional del Litoral, Facultad de Filosofía, Letras y Ciencias de la Educación.

Lissón Chávez, Emilio
1943-1947 *La Iglesia de España en el Perú: colección de documentos para la historia de la Iglesia en el Perú, que se encuentra en varios archivos.* Con la colaboración del paleógrafo Manuel Ballesteros. 5 vols. Sevilla: Editorial Católica Española.

Levillier, Roberto
1919 *Organización de la Iglesia y órdenes religiosas en el virreinato del Perú en el siglos XVI* (2 vols.). Madrid: Sucesores de Rivedeneyra.

Lizárraga, Fray Reginaldo de
1986 *Descripción del Perú, Tucumán, Río de la Plata y Chile.* Madrid: Historia 16.

Lohmann Villena, Guillermo
1949 *Las minas de Huancavelica en los siglos XVI y XVII.* Sevilla: Escuela de Estudios Hispano Americanos.

López Beltrán, Clara

1987 "Envejecimiento y migración en una comunidad andina; Livitaca en 1689". *Revista de Historia Económica*, n.º 2: 245-270.

2016 *La ruta de la plata: de Potosí al Pacífico: caminos, comercio y caravanas en los siglos XVI al y XIX*. La Paz: Plural.

López de Albornoz, Cristina

2002 "Tiempos de cambio: producción y comercio en Tucumán (1770-1820)". *Andes. Antropología e Historia*, n.º 13: 213-256.

2003 *Los dueños de la tierra. Economía, sociedad y poder en Tucumán (1770-1820)*. Tucumán: Universidad Nacional de Tucumán.

López de Caravantes, Francisco

1985-1989 [1630] *Noticia general del Perú* (6 vols.). Madrid: Biblioteca de Autores Españoles, vols. 292, 293, 296-298.

López de Velasco, Juan

1971 *Geografía y descripción universal de las Indias*. Madrid: Biblioteca de Autores Españoles.

Lorandi, Ana María et ál.

2003 *Los Andes: cincuenta años después (1953-2003). Homenaje a John Murra*. Lima: Pontificia Universidad Católica del Perú.

Lorandi, Ana María y Lorena Rodríguez

2003 "Yanas y mitimaes. Alteraciones incaicas en el mapa étnico andino" (pp. 129-170). En Ana María Lorandi et ál., *Los Andes: cincuenta años después (1953-2003). Homenaje a John Murra*. Lima: Pontificia Universidad Católica del Perú.

Macdondald, John S. y Leatrice D. Macdondald

1964 "Chain Migration, Ethnic Neighbourhood and Social Networks". *The Milbank Memorial Fund Quaterly*, vol. 42, n.º 1: 82-96.

Madrazo, Guillermo

1982 *Hacienda y encomienda en los Andes. La puna argentina bajo el marquesado de Tojo. Siglos XVII a XIX*. Buenos Aires: Fondo Editorial.

MÁLAGA MEDINA, Alejandro

1974 *Índice del Libro segundo de actas de sesiones y acuerdos del Cabildo de la Ciudad de Arequipa, 1546-1556*. Arequipa: s. e.

1975 "Las reducciones en el virreinato del Perú (1532-1589)". *Revista de Historia de América*, n.º 80: 9-42.

1980 *Catálogo del Archivo Parroquial de Yanahuara*. Arequipa: s. e.

1981 *Arequipa. Estudios históricos*. Arequipa: s. e.

1985 *Arequipa. Estudios históricos II*. Arequipa: s. e.

1989 *Reducciones toledanas en Arequipa*. Arequipa: s. e.

MARAVALL, José Antonio

1972 *Estado moderno y mentalidad social. Siglos XV a XVII* (3 vols.). Madrid: Revista de Occidente.

1983 "Trabajo y exclusión. El trabajador manual en el sistema social español de la primera modernidad" (pp. 135-159). En Augustin Redondo (comp.), *Les problémes de l'exclusion en Espagne (XVIe-XVIIe siécles*. París: Publications de la Sorbonne.

MARTÍNEZ FERNÁNDEZ, Montserrat

1984 *La alcabala en la Audiencia de Quito, 1765-1810*. Cuenca: Casa de la Cultura Ecuatoriana.

MARTIRÉ, Eduardo

1972 "Las ordenanzas de minas del conde de Nieva y los comisarios (1561)". *Revista del Instituto de Historia del Derecho Ricardo Levene*, n.º 23: 341-369.

MATA DE LÓPEZ, Sara

1969 "El crédito mercantil. Salta a fines del siglo XVIII". *Anuario de Estudios Americanos*, vol. 58, n.º 2: 147-171.

2005 *Tierra y poder en Salta. El noroeste argentino en vísperas de la Independencia*. Salta: Universidad Nacional de Salta.

MATIENZO, Juan

1967 [1567] *Gobierno del Perú*. París, Lima: Instituto Francés de Estudios Andinos.

McCaa, Robert
[s. f.] "The Geometry of Gender among the Aztecs: 'Earthly Names', Marriage, and the Household". Ms.

Mira Caballos, Esteban
2000 *Indios y mestizos americanos en la España del siglo XVI*. Madrid: Iberoamericana.

Medinaceli, Ximena
2003 *¿Nombres o apellidos? El sistema nominativo aymara, Sacaca, siglo XVII*. La Paz: Instituto Francés de Estudios Andinos, Instituto de Estudios Bolivianos.

2011 "Potosí y La Plata. La experiencia de la ciudad andina (siglos XVI y XVII)" (pp. 1-147). En Ximena Medinaceli et ál., *La construcción de lo urbano en Potosí y La Plata, siglos XVI y XVII* (2.ª ed.). Sucre: Archivo y Biblioteca Nacionales de Bolivia, Fundación Cultural del Banco Central de Bolivia.

Meléndez, Juan
1681 *Tesoros verdaderos de las Indias. Historia de la provincia de San Juan Bautista del Perú*. Roma: Nicolás Angel Tinassio.

Mellafe, Rolando
1970 "The Importance of Migration in the Viceroyalty of Peru" (pp. 303-313). En Paul Deprez (ed.), *Population and Economics*. Winnipeg: University of Manitoba.

Mendoza, Diego de
1976 *Chrónica de las provincias de S. Antonio de los Charcas*. La Paz: Casa Municipal de la Cultura Franz Tamayo.

Messía, Alfonso
1871 [1604] "Memorial [...] sobre las cédulas del servicio personal de los indios" (pp. 339-374). En *Relación de los virreyes y audiencias que han gobernado el Perú*, vol. 2. Madrid: s. e.

Miller Astrada, Luisa
1997 *Salta Hispánica. Estudio socio-económico (desde el siglo XVI hasta la primera década del siglo XIX)*. Buenos Aires: Ediciones Ciudad Argentina.

Ministério de Relações Exteriores

1958 “De la mita de Potosí y reducciones del reino”. En *Livro Primeiro do Governo do Brasil, 1607-1633*. Río de Janeiro: Imprensa Nacional.

Miranda, José

1963 “La población indígena de México en el siglo XVII”. *Historia Mexicana*, vol. 12, n.º 2: 182-189.

2005 [1952] *El tributo indígena en la Nueva España durante el siglo XVI*. Ciudad de México: El Colegio de México.

Molina, Cristóbal de

1968 “Conquista y población del Pirú” (pp. 57-95). *Crónicas peruanas de interés indígena*. Madrid: Biblioteca de Autores Españoles, vol. 209.

Moncada, Sancho de

1974 [1619] *Restauración política de España*. Madrid: Instituto de Estudios Fiscales.

Monteiro, John M.

2006 “Labor Systems” (pp. 15-233, 534-541). En Victor Bulmer-Thomas, John H. Coatsworth y Roberto Cortés Conde, *The Cambridge Economic History of Latin America*, vol. 1. Cambridge: Cambridge University Press.

Moreno Cebrián, Alfredo

1977 *El corregidor de indios y la economía peruana del siglo XVIII: los repartos forzosos de mercancías*. Madrid: Consejo Superior de Investigaciones Científicas.

Moreyra y Paz Soldán, Manuel y Guillermo Céspedes del Castillo

1954 *Virreinato peruano: documentos para su historia: colección de cartas de virreyes*. Lima: Instituto Histórico del Perú.

Moxó, Salvador de

1963 *La alcabala, sus orígenes, concepto y naturaleza*. Madrid: Consejo Superior de Investigaciones Científicas.

Murra, John V.
1967 "La visita de los chupaychus como fuente etnológica" (pp. 381-406). En Iñigo Ortiz de Zúñiga, *Visita de la provincia de León de Huánuco de 1562,* vol. 1. *Vista de las cuatro waranqa de los chupachos.* Edición de John V. Murra. Huánuco: Universidad Nacional Hermilio Valdizán.

1975 *Formaciones económicas y políticas del mundo andino.* Lima: Instituto de Estudios Peruanos.

2002 *El mundo andino. Población, medio ambiente y economía.* Lima: Pontificia Universidad Católica del Perú, Instituto Francés de Estudios Andinos.

Murúa, Martín de
1987 *Historia general del Perú.* Madrid: Historia 16.

Neira Avendaño, Máximo et ál.
1990 *Historia general de Arequipa.* Arequipa: Fundación M. J. Bustamante de la Fuente.

Newland, Carlos y Martín Cuesta
2003 "Revueltas y presión fiscal en el espacio peruano, 1691-1790". *Revista de Historia Económica,* vol. 21, n.º 3: 457-500.

Ocaña, Diego de
2013 *"Memoria viva" de una "tierra de olvido": relación del viaje al Nuevo Mundo de 1599 a 1607.* Edición de Beatriz Peña. Barcelona: Paso de la Barca.

Ortiz, Luis
1970 [1558] *Memorial del contador* [...] *a Felipe III.* Valencia: Instituto de España.

Ortiz de Zúñiga, Iñigo
1967 *Visita de la provincia de León de Huánuco de 1562,* vol. 1. *Vista de las cuatro waranqa de los chupachos.* Ed. de John Murra. Huánuco: Universidad Nacional Hermilio Valdizán.

Ovalle, Alonso de
1969 *Histórica relación del reino de Chile.* Santiago: Universidad de Chile.

PÄRSSINEN, Marti
2003 *Tawantisuyu. El estado inca y su organización política*. Lima: Instituto Francés de Estudios Andinos.

PAZ, Gustavo L.
1999 "A la sombra del Perú: mulas, repartos y negocios en el norte argentino a fines de la colonia". *Boletín del Instituto de Historia Argentina y Americana "Dr. Emilio Ravignani"*, tercera serie, n.º 20: 45-68.

PEASE G. Y., Franklin
1978 "Las visitas como testimonio andino" (pp. 437-453). En Francisco Miró Quesada et ál., *Historia, problema y promesa*, vol. 1. Lima: Pontificia Universidad Católica del Perú.

PÉREZ, Aquiles
1947 *Las mitas en la Real Audiencia de Quito*. Quito: Impr. del Ministerio del Tesoro.

PÉREZ DE HERRERA, Cristóbal
1975 [1598] *Amparo de pobres*. Madrid: Espasa Calpe.

PESCADOR, Juan Javier
1992 *De bautizados a fieles difuntos. Familia y mentalidades en una parroquia urbana: Santa Catarina de México, 1568-1820*. Ciudad de México: El Colegio de México.

PETERSEN, Wilhelm
1936 *Quellen zur Kulturgeschichte des präkolumbischen Amerika*. Stuttgart: Strecker und Schröder.

PIQUERAS, José A.
2011 *La esclavitud en las Españas: un lazo transatlántico*. Madrid: Libros de la Catarata.

PLATT, Tristan, Thérèse BOUYSSE-CASAGNE y Olivia HARRIS *Qaraqara-Charka*.
2006 *Mallku, Inka y Rey en la provincia de Charcas (siglo XVI-XVII). Historia antropológica de una confederación aymara*. La Paz: Instituto Francés de Estudios Andinos.

POLONI-SIMARD, Jacques

2000a "Historia de los indios en los Andes. Los indígenas en la historiografía andina: análisis y propuestas". *Anuario IHES*, n.º 15: 87-100.

2000b *La mosaïque indienne. Mobilité, stratification sociale et métissage dans le corregimiento de Cuenca (Équateur) du XVIe au XVIIIe siècle*. París: École des Hautes Études en Sciences Sociales. (Traducido al español con el título *El mosaico indígena. Movilidad, estratificación social y mestizaje en el corregimiento de Cuenca (Ecuador) del siglo XVI al XVIII*, Quito, 2006, Abya-Yala, Instituto Francés de Estudios Andinos.)

POLVARINI DE REYES, Alicia

2007 "Mercado interno y región: Moquegua y las rutas del aguardiente de uva en los siglos XVIII y XIX". En: Margarita Guerra, Cristina Mazzeo y Denisse Rouillon, eds., *Historias compartidas: economía, sociedad y poder, siglos XVI-XX. Actas del primer ecncuentro de historia Perú-Argentina*. Lima: Pontificia Universidad Católica del Perú-Instituto Riva-Agüero.

PONCE, F. y Eusebio QUIROZ PAZ SOLDÁN

1975 "Informe de los datos bibliográficos-documentales de orden demográfico de la ciudad de Arequipa, Perú". En Clacso-Celade, *Fuentes para la demografía histórica de América Latina*. Ciudad de México: Celade.

POWERS, Karen Vieira

1990 "Indian Migrations in the Audiencia de Quito: Crown Manipulation and Local Cooptation" (pp. 313-323). En David J. Robinson, *Migration in Colonial Spanish America*. Cambridge: Cambridge University Press.

1991 "Resilient Lords and Indian Vagabonds: Wealth, Migration, and the Reproductive Transformation of Quito's Chiefdoms, 1500-1700". *Ethnohistory*, n.º 38: 225-249.

1995 *Andean Journey. Migration, Ethnogenesis, and the State in Colonial Quito*. Albuquerque: University of New Mexico Press. (Traducido al español bajo el título *Prendas con pies:*

migraciones indígenas y sobrevivencia cultural en la Audiencia de Quito, Quito, 1994.)

PUENTE BRUNKE, José de la
1992 *Encomienda y encomenderos en el Perú*. Sevilla: Diputación Provincial.

QUIROZ, Francisco
2008 *Artesanos y manufactureros en Lima colonial*. Lima: Banco Central de Reserva del Perú, Instituto de Estudios Peruanos.

RAMÍREZ, Susan
1991 *Patriarcas provinciales. La tenencia de la tierra y la economía del poder en el Perú colonial*. Madrid: Alianza Editorial.

2002 *El mundo al revés. Contactos y conflictos transatlánticos en el Perú del siglo XVI*. Lima: Fondo Editorial de la Pontificia Universidad Católica del Perú.

RAMÍREZ DEL ÁGUILA, Pedro
1978 [1639] *Noticias políticas de Indias y relación descriptiva de la ciudad de la Plata metrópoli de las provincias de los Charcas*. Sucre: Imprenta Universitaria.

RAMÍREZ VALVERDE, María
1970 "Visita a Pocona". *Historia y Cultura*, n.º 4: 269-308.

RAMÓN, Armando de
1978 *Historia urbana: una metodología aplicada*. Buenos Aires: CLACSO.

1981 *Santiago de Chile (1541-1991). Historia de una sociedad urbana*. Madrid: Mapfre.

RAVENSTEIN, Ernest
1889 "The Laws of Migration". *Journal of the Royal Statistical Society*, n.º 52: 241-301.

Recopilación de leyes de los reynos de las Indias.
1973 [1681] Madrid: Ediciones de Cultura Hispánica.

RÍO, Ignacio del

1979 "Sobre la aparición y el desarrollo del trabajo libre asalariado" (pp. 92-110). En Elsa Cecilia Frost et ál., *El trabajo y los trabajadores en la historia de México*. Ciudad de México: El Colegio de México, University of Arizona Press.

RÍO, Mercedes del

2002 "Pucará, tambo y reducciones. Poder político y territorialidad entre los *suras* de Paria (Charcas) del siglo XVI" (pp. 663-678). En Javier Flores Espinosa y Rafael Varón Gabai (eds.), *El hombre y los Andes. Homenaje a Franklin Pease G. Y.*, vol. 2. Lima: Fondo Editorial Pontificia Universidad Católica del Perú.

ROBINSON, David J. (comp.)

1979 *Social Fabric and Spatial Structure in Colonial Latin America*. Boulder: Westview Press.

1981 *Studies in Spanish American Population History*. Boulder: Westview Press.

1990a "Introduction: Towards a Typology of Migration in Colonial Spanish America" (pp. 1-17). En David J. Robinson (comp.), *Migration in Colonial Spanish America*. Cambridge: Cambridge University Press.

1990b *Migration in Colonial Spanish America*. Cambridge: Cambridge University Press.

2003 "Estudio" (pp. XXXVII-CXII). En *Homenaje a Franklin Pease G. Y. Collaguas II. Lari Collaguas. Economía, sociedad y población, 1604-1605*. Lima: Fondo Editorial Pontificia Universidad Católica del Perú.

RODRÍGUEZ MOREL, Genaro

2012 *Orígenes de la economía de plantación de La Española*. Santo Domingo: Editora Nacional.

ROMERO, José Luis

1976 *Latinoamérica. Las ciudades y las ideas*. Ciudad de México: Siglo XXI.

Rostworowski, María

1978 *Señoríos indígenas de Lima y Canta.* Lima: Instituto de Estudios Peruanos.

1981 *Recursos naturales renovables y pesca. Siglos XVI y XVII.* Lima: Instituto de Estudios Peruanos.

1993 *Ensayos de historia andina. Elites, etnías, recursos.* Lima: Instituto de Estudios Peruanos.

Saignes, Thierry

1978 "De la filiation à la résidence". *Annales. Economies, Sociétés, Civilisation*, vol. 33, n.os 5-6: 1160-1181.

1981a "El piedemonte amazónico de los Andes meridionales: estado de la cuestión y problemas relativos a su ocupación en los siglos XVI y XVII". *Bulletin de l'Institut Français d'Etudes Andines*, vol. 10, n.os 3-4: 141-176.

1981b "Les lupacas dans les vallées orientales des Andes. Trajets spatiaux et repères démographiques (XVI-XVII siècles)". *Mélanges de la Casa Velázquez*, n.o 17: 147-182.

1983 "Les 'colons' de Machaca dans la vallée de Túmsi: terre, alliances et verticalité dans les Andes orientales". En Credal, *Structures familiales*, Documents de Recherche 2. París.

1984 "Las etnias de Charcas frente al sistema colonial (siglo XVII): ausentismo y fugas en el debate sobre la mano de obra indígena, 1595-1665". *Jahrbuch für Geschichte von Staat, Wirtschaft und Gesellschaft Lateinamerikas*, n.o 21: 27-75.

1985a *Caciques, Tribute and Migrations in the Southern Andes, Indian Society and the 17 th Century Colonial Order (Audiencia de Charcas).* Londres: University of London.

1985b *Los Andes orientales: historia de un olvido.* Cochabamba: Instituto Francés de Estudios Andinos, Ceres.

1985c "Notes on the Regional Contribution to the Mita in Potosi in the Early Seventeenth Century". *Bulletin of Latin American Research*, vol. 4, n.o 1: 65-76.

1987a "Ayllus, mercado y coacción: el reto de las migraciones internas en Charcas (siglo XVII)" (pp. 111-158). En Olivia Harris, Brooke Larson y Enrique Tandeter (comps.), *La participación indígena en los mercados surandinos. Estrategias y reproducción social. Siglos XVI a XX.* La Paz: Ceres.

1987b "Parcours forains: l'enjeu des migrations internes dans les Andes coloniales". *Cahiers des Amériques Latines*, n.º 6: 33-57 (versión en español en 1985a).

1987c "Politiques du recensement dans les Andes coloniales: décroissance tributaire ou mobilité indigène?". *Histoire. Economie. Société,* n.º 4: 435-464.

1988 "Nuevas fuentes para la historia demográfica del sur andino colonial". *Historia y Cultura*, n.º 5: 29-49.

1991 "Lobos y ovejas. Formación y desarrollo de los pueblos y comunidades del sur andino (siglos XVI-XX)" (pp. 91-135). En Segundo Moreno y Frank Salomon (comps.), *Reproducción y transformación de las sociedades andinas. Siglos XVI-XX,* vol. 1. Quito: Abya-Yala.

1995 "Indian Migration and Social Change in Seventeeth-Century Charcas". En Brooke Larson, Olivia Harris y Enrique Tandeter (eds.), *Ethnicity, Markets, and Migration in the Andes: At the Crossroads of History and Anthropology*. Durham: Duke University Press.

SALLES, Estela Cristina y Héctor Omar NOEJOVICH

2008 *La "visita general" y el proyecto de gobernabilidad del virrey Toledo,* t. 1, vol. 1. Lima: Universidad de San Martín de Porres.

SALOMON, Frank L.

1986 *Native Lords of Quito in the Age of the Incas: The Political Economy of the Northern Andean Chiefdoms*. Cambridge: Cambridge University Press.

SALOMON, Frank L. y Sue GROSBOLL

1981 "Names and People in Incaic Quito: Retrieving Undocumented Historical Processes through Anthroponomy and Statistics". *American Anthopologist*, n.º 84: 387-397.

SAMUDIO, Edda

1988 *El trabajo y los trabajadores en Mérida colonial. Fuentes para su estudio*. San Cristóbal: Universidad Católica del Táchira.

SÁNCHEZ-ALBORNOZ, Nicolás

1965a "La extracción de mulas de Jujuy al Perú. Fuentes, volumen, negociantes". *Estudios de Historia Social*, n.º 1: 107-120.

1965b "La saca de mulas de Salta al Perú, 1778-1810". *Anuario del Instituto de Investigaciones Históricas*, n.º 8: 263-314.

1974a "La dénomination des personnes en Amérique latine" (pp. 15-20). En *Noms et prénoms. Aperçu historique sur la dénomination des personnes en divers pays*. Dolhain : Ordina.

1974b "Tributo abolido, tributo repuesto. Invariantes socioeconómicas en la Bolivia republicana" (pp. 159-200). En Tulio Halperín Donghi (ed.), *El ocaso del orden colonial en Hispanoamérica*. Buenos Aires: Sudamericana.

1974c "Una dicotomía indígena: originarios y forasteros en el Alto Perú". *Ibero-Americana Pragensia*, n.º 10: 87-110.

1978 *Indios y tributos en el Alto Perú*. Lima: Instituto de Estudios Peruanos.

1982a "Migración urbana y trabajo. Los indios de Arequipa, 1571-1645". *De historia e historiadores. Homenaje a José Luis Romero*. Ciudad de México: Siglo XXI.

1982b "Migraciones internas en el Alto Perú: el saldo acumulado en 1645". *Historia Boliviana*, vol. 2, n.º 1: 11-19.

1983a "Migración rural en los Andes. Sipesipe (Cochabamba), 1645". *Revista de Historia Económica*, vol. 1, n.º 1: 13-36.

1983b "Mita, migraciones y pueblos. Variaciones en el espacio y en el tiempo. Alto Perú, 1573-1692", *Historia Boliviana*, vol. 3, n.º 1: 31-59.

1987 "El trabajo indígena en los Andes. Teorías del siglo XVI". *Revista Ecuatoriana de Historia Económica*, n.º 2: 153-181.

1988 “La mita de Lima. Magnitud y procedencia”. *Histórica*, vol. 12, n.º 2: 193-211.

1989 “Territorio y etnia. La comunidad indígena de Santa Cruz de Oruro (Collao) en 1604”. *Historia Mexicana*, n.º 39: 167-179.

1999 “Migraciones indígenas en los Andes coloniales”. *Investigaciones y Ensayos*, n.º 49: 653-661.

2002 “Los ausentes perdidos de Chayanta, 1684” (pp. 795-803). Javier Flores Espinoza y Rafael Varón Gabai (eds.), *El hombre y los Andes. Homenaje a Franklin Pease G. Y.*, vol. 2. Lima: Instituto Francés de Estudios Andinos.

2003 *La ciudad de Arequipa, 1573-1645. Condición, migración y trabajo indígenas*. Arequipa: Universidad Nacional de San Agustín.

2005 “Migraciones indígenas en el Quito colonial”. *Boletín de la Academia Nacional de la Historia*, vol. 84, n.º 176: 433-444.

2006 *Rumbo a América. Gente, ideas y lengua*. Ciudad de México: El Colegio de México.

2009 *La población de América Latina. Desde los tiempos precolombinos hasta el año 2000*. Madrid: Alianza Editorial.

2014 *Historia mínima de la población de América Latina, desde los tiempos precolombinos al año 2025*. Ciudad de México: El Colegio de México.

2015 “La sustitución de la energía humana por la animal en las Indias” (pp. 125-141). En Carlos Martínez Shaw, Pedro Tedde de Lorca y Santiago Tinoco Rubiales (comps.), *Andalucía. España. Las Indias, pasión por la historia. Homenaje al profesor Antonio Miguel Bernal*. Sevilla: Universidad de Sevilla-Marcial Pons.

Sánchez-Albornoz, Nicolás (comp.)

1985 *Población y mano de obra en América Latina*. Madrid: Alianza Editorial.

Sánchez Moreno Bayarri, Víctor

1987 *Arequipa colonial y las fuentes de su historia*. Lima: Aserprensa.

Santamaría, Daniel J.

2007 *Chaco Gualamba. Del monte salvaje al desierto ilustrado*. Jujuy: Cuadernos del Duende.

Santillán, Hernando de

1968 "Relación del origen, descendencia política y gobierno de los incas" (pp. 97-149). En *Crónicas peruanas de interés indígena*. Madrid: Biblioteca de Autores Españoles, vol. 209.

Santo Tomás, Domingo de

1951 [1560] *Lexicón o vocabulario de la lengua general del Perú*. Lima: Instituto de Historia.

Santolaria Sierra, Félix

2003 *El gran debate sobre los pobres en el siglo XVI. Domingo de Soto y Juan de Robles*. Barcelona: Ariel.

Saravia Viejo, María Justina

1992 *Francisco de Toledo. Disposiciones gubernativas para el virreinato del Perú* (2 vols.). *1569-1574* y *1575-1580*. Sevilla: Escuela de Estudios Hispanoamericanos.

Serrera, Ramón

1992 María *Tráfico terrestre y red vial en las Indias españolas*. Madrid: Dirección General de Tráfico.

Sica, Graciela Beatriz

2005 "Maíz y trigo; molinos y cananas; mulas y llamas; tierras, cambios agrarios y participación indígena en los inicios del sistema colonial (siglo XVII)" (pp. 106-123). En Daniel Santamaría (comp.), *Jujuy: arqueología, historia, economía, sociedad*. Jujuy: Centro de Estudios Indígenas y Coloniales.

2010 "Del tráfico caravanero a la arriería colonial indígena en Jujuy. Siglos XVII y XVIII". *Revista Transporte y Territorio*, n.º 3: 23-29.

2014a "Forasteros, originarios y propietarios en la quebrada de Humahuaca, Jujuy (siglos XVII y XVIII)". *Estudios Sociales del Noa*, n.º 14: 15-39.

2014b "Las otras mitas. Aproximaciones al estudio de la mita de plaza en la jurisdicción de Jujuy, gobernación de Tucumán, siglo XVII". *Anuario de Estudios Americanos*, vol. 71, n.º 1: 201-226.

SMIL, Valclav

2017 *Energy transitions: global and national Perspectives.* Santa Bárbara: Praeger.

2017 *Energy and Civilization. A History.* Cambridge: MIT Press.

SOLÓRZANO Y PEREYRA, Juan de

1972 *Política indiana* (2 vols.). Madrid: Real Academia Española.

SPALDING, Karen

1984 *Huarochirí. An Andean Society under Inca and Spanish Rule.* Palo Alto: Stanford University Press.

STERN, Steve

1986 *Los pueblos indígenas del Perú y el desafío de la conquista española. Huamanga hasta 1640.* Madrid: Alianza Editorial.

STERNFELD, Gabriela

2007 *La organización laboral del imperio inca: las autoridades locales básicas.* Madrid: Iberoamericana Vervuert.

SUÁREZ, Margarita

2001 *Desafíos transatlánticos, Mercaderes banqueros y el Estado en el Perú virreinal, 1600-1700.* Lima: Pontificia Universidad Católica del Perú, Fondo de Cultura Económica, Instituto Francés de Estudios Andinos, Instituto Riva-Agüero.

TANDETER, Enrique

1981 "Forced and Free Labour in Late Colonial Peru". *Past and Present*, n.º 93: 98-136.

1982 *Coacción y mercado. La minería de la plata en el Potosí colonial, 1692-1826.* Madrid: Siglo XXI.

TANDETER, Enrique, Vilma MILLETICH y Roberto SCHMIT

1994 "Flujos mercantiles en el Potosí colonial tardío". *Anuario IEHS*, n.º 9: 97-126.

Taylor, Gerald
1987 *Ritos y tradiciones de Huarochirí del siglo XVII*. Lima: Instituto de Estudios Peruanos.

Te Paske, John
2010 *A New World of Gold and Silver*. Leiden: Bill.

Toledo, Estela B.
1962-1963 "El comercio de mulas en Salta: 1657-1698". *Anuario del Instituto de Investigaciones Históricas*, n.º 6: 168-172.

Toledo, Francisco de
1924 "Libro de la visita general del Virrey don...". *Revista Histórica*, n.º 7: 204-216.

Tovar Pinzón, Hermes
1999 *El imperio y sus colonias. Las Cajas Reales de la Nueva Granada en el siglo XVI*. Bogotá: Archivo General de la Nación.

Trelles, Efraín
1991 *Luis Martínez Vegazo: funcionamiento de una encomienda peruana inicial*. Lima: Pontificia Universidad Católica del Perú.

Truhan, Deborah L.
1995 "De repartimiento a reducción. La experiencia colonial del pueblo de San Francisco de Paccha (corregimiento de Cuenca)". *Universidad Verdad*, n.º 17: 91-124.

1997 "Repopulating the Countryside: Rural Forasteros in the Corregimiento de Cuenca during the Seventeenth Century". Comunicación para *The Conference on Latin American History*, Nueva York. Ms.

2011 *Apuntes para la historia de Cuenca, 1557-1739*. Cuenca: s. e.

Truhan, Deborah L. y Luz María Guapizaca Vargas (eds.)
2010 *Libros del Cabildo de la ciudad de Cuenca (1606-1614)*. Cuenca: Casa de la Cultura Ecuatoriana.

Tyrer, Robson Brines
1988 *Historia demográfica y económica de la Audiencia de Quito. Población indígena e industria textil, 1600-1800*. Quito: Banco Central del Ecuador.

VALENZUELA MÁRQUEZ, Jaime
2010 "Indígenas andinos en Chile colonial: inmigración, inserción y movilidad social (Santiago, siglos XVI-XVII). *Revista de Indias*, n.º 250: 749-778.

VARGAS UGARTE, Rubén
1951 *Pareceres jurídicos en asuntos de Indias (1601-1718)*. Lima: s. e.

VÁZQUEZ DE CISNEROS, Alonso
1946 "Ordenanzas del licenciado [...] para el gobierno de los indios de la ciudad de Mérida". *Anuario de Estudios Americanos*, n.º 3: 1158-1215.

VÁZQUEZ DE ESPINOSA, Antonio
1948 *Compendio y descripción de las Indias Occidentales*. Washington D. C.: Smithsonian Institute.

VEGA, Garcilaso de la
1960 *Obras completas del Inca Garcilaso de la Vega*. Madrid: Biblioteca de Autores Españoles, vols. 132-135.

VELASCO, Luis de
1604 *Relación del señor Virrei D. Luis de Velasco al Sr. Conde de Monterrei (sobre el esto. d. Perú)*. Cuadernos de Investigación: Lima: Instituto Riva-Agüero.

VERGARA ORMEÑO, Teresa
1995 *Hombres, tierras y productos. Los valles comarcanos de Lima (1532-1650)*. Cuadernos de Investigación. Lima: Instituto Riva-Agüero.

VILLAMARÍN, Juan y Judith VILLAMARÍN
1981 "Colonial Censuses and Tributary Lists of the Sabana de Bogotá Chibcha: Sources and Issues" (pp. 45-92). En David J. Robinson (comp.), *Studies in Spanish American Population History*. Boulder: Westview Press.

VILLANUEVA URTEAGA, Horacio
1982 *Cuzco 1689. Economía y sociedad en el sur andino*. Cuzco: Centro de Estudios Rurales Andinos Bartolomé de Las Casas.

Villarías-Robles, Juan e Ítala de Mamán
1998 "El encomendero Polo de Ondegardo y los *mitimaes* del valle de Cochabamba: los interrogatorios contra los indios de Paria y Tapacarí". *Anuario de Estudios Americanos*, vol. 55, n.º 2: 631-651.

Villarías-Robles, Juan y David Pereira Herrera
1995 "El emplazamiento de Canata y la fundación de la villa de Oropesa: una contribución a la geografía histórica del valle de Cochabamba (Bolivia) en los siglos XV y XVI". *Revista Andina*, vol. 13, n.º 1: 199-236.

Vitar, Beatriz
1997 *Guerra y misiones en la frontera chaqueña del Tucumán (1700-1767)*. Madrid: Consejo Superior de Investigaciones Científicas.

Vives, Luis de
1942 [1525] *Tratado de socorro de los pobres*. Valencia: Universidad de Valencia.

Vollmer, Gunter
1967 *Bevölkerungspolitik und Bevölkerungs struktur im Vizenkönigreich Peru zum Ende der Kolonialzeit, 1741-1821*. Berlín: Bad Homburg vor der Hohe.

Wachtel, Nathan
1976 *Los vencidos. Los indios del Perú frente a la conquista española (1530-1579)*. Madrid: Alianza Universidad.

1981 "Los mitimaes del valle de Cochabamba: la política de colonización de Wuayna Capac". *Historia Boliviana*, vol. 1, n.º 1: 21-57.

Wayar, Eduardo A.
2011 "Gastos militares en Salta, 1770-1809" (pp. 108-130). En Sara E. Mata y Cristina López (comp.), *Historia regional en perspectiva comparada*. Salta: Cepha, Universidad Nacional de Salta.

Wightman, Ann M.
1990a *Indigenous Migration and Social Change. The Forasteros of Cuzco, 1520-1720*. Durham: Duke University Press.

1990b "'Residente en esta ciudad...': Urban Migration in Colonial Cuzco" (pp. 86-111). En David J. Robinson, *Migration in Colonial Spanish America*. Cambridge: Cambridge University Press.

WIEDNER, Douglas L.
1960 "Forced Labor in Peru". *The Americas*, n.º 16: 357-383.

ZAGALSKY, Paula C.
2007 "Huellas en las revisitas: imposiciones coloniales y tensión social". *Memoria Americana*, vol. 17, n.º 2: 241-279.

2014 "La mita de Potosí: una imposición colonial invariable en un contexto de múltiples transformaciones (siglos XVI-XVII; Charcas, virreinato del Perú)". *Chungara, Revista de Antropología Chilena*, vol. 46, n.º 3: 375-395.

ZAVALA, Silvio
1968 *Los esclavos indios en Nueva España*. Ciudad de México: El Colegio Nacional.

1973 *La encomienda indiana* (2.ª ed.). Ciudad de México: Porrúa.

1978-1980 *El servicio personal de los indios en el Perú* (3 vols.). Ciudad de México: El Colegio de México.

ZEGARRA LÓPEZ, Dante E.
1985 *Monasterio de Santa Catalina de Sena de Arequipa y Da. Ana de Monteagudo Priora*. Arequipa: Editorial e Imprenta DESA.

Zimmerman, Arthur F.
1938 *Francisco de Toledo. Fifth Viceroy of Peru, 1569-1581*. Caldwell: Caxton Printers.

Zulawski, Ann
1985 "Mano de obra y migración en un centro minero de los Andes: Oruro, 1683" (pp. 95-114). En Nicolás Sánchez-Albornoz (comp.), *Población y mano de obra en América Latina*. Madrid: Alianza Editorial.

1987 "Forasteros y yanaconas: la mano de obra en un centro minero en el siglo XVII" (pp. 159-182). Olivia Harris, Brooke Larson y Enrique Tandeter (comps.), *La participación indígena en los mercados surandinos. Estrategias y reproducción social. Siglos XVI a XX*. La Paz: Centro de Estudios de la Realidad Económica y Social.

1990 "Frontier Workers and Social Change: Pilaya y Paspaya (Bolivia) in the Early Eighteenth Century" (pp. 112-127). En David J. Robinson (comp.), *Migration in Colonial Spanish America*.

1995 *They Eat from Their Labor. Work and Social Change in Colonial Bolivia*. Pittsburgh: Pittsburgh University Press.

Made in United States
North Haven, CT
10 November 2026

22091505R00157